이솝의
투자 수업

이솝의 투자 수업

ⓒ 서명수 2026

초판 1쇄 2026년 5월 11일

지은이 서명수
펴낸이 정미화
기획편집 정미화 남은영 | **디자인** [★]규

펴낸곳 이케이북(주) | **출판등록** 제2013-000020호 | **주소** 서울시 관악구 신원로 35, 913호
전화 02-2038-3419 | **팩스** 0505-320-1010
홈페이지 ekbook.co.kr | **전자우편** ekbooks@naver.com

ISBN 979-11-86222-84-3 03320

결국 돈을 버는 사람들의 실전 원리 32

이솝의 투자수업

서명수 지음

Investment Lessons from Aesop's Fables

이케이북

수익으로 이어지는
단단한 투자 멘탈

2012년《이솝우화로 읽는 경제 이야기》가 출간된 이후 어느덧 14년이란 세월이 흘렀다. 동물들이 펼치는 약육강식의 세계에서 경제 원리를 뽑아내어 청소년들이 경제를 쉽게 이해할 수 있도록 돕는 입문서 역할을 했다고 자부한다. 복잡하고 낯설게 느껴지던 경제 개념을 이솝우화로 풀어내어 자연스럽게 사고의 틀을 열어주었다는 점에서 의미 있는 시도였다.《이솝우화로 읽는 경제 이야기》는 해를 거듭할수록 독자층을 넓혀가는 가운데 여러 기관으로부터 추천 도서로도 선정되었다. 2024년에는 중국 칭화대학 교수가 중국어판을 출간해 화제가 되기도 했다.

왜 내가 사면 내려가고, 팔면 오를까?

《이솝우화로 읽는 경제 이야기》가 인기를 끌자 '시즌 2'를 만들고 싶은 욕심이 생겼다. '시즌 1'이 거시경제를 다루었으니 시즌 2는 미시 분야에 집중하면 좋을 것 같았다. 사실 나는 오래전부터 주식투자를 해왔다. 경제 기자 출신인데다 나름대로 열심히 공부도 하고 전문가로 자처하는 사람의 조언도 받아 투자에 나섰다. 하지만 그 성적표는 늘 초라했다. 투자 대상 종목을 연구하고 분석해도 샀다 하면 상투를 잡기 일쑤였다. 손실이 난 종목을 될 대로 되라는 식으로 마냥 붙들고 있다가 반토막이 나기도 했다. 버티다 못해 팔면 그 주식은 얄밉게도 그날부터 상승하는 일도 있었다.

어느 날 책 한 권이 우연히 내 손에 들어왔다. 제목이《부자들의 생각법》이고 '모르면 당하는 그들만의 경제학'이란 부제가 달린 독일 경제학자 하노 백의 저서였다. 자본시장에서 발생하는 수많은 현상을 심리학으로 설명한 내용이었다. 소비와 저축부터 부동산, 주식, 노후 대비에 이르기까지 우리와 밀접한 경제 현상을 자세히 살펴보고, 늘 같은 실수를 하게 만드는 심리적 약점을 짚었다. 책을 읽어 내려가면서 마치 나의 잘못된 투자 행태를 하나하나 지적당하는 것 같아 얼굴이 화끈거렸다. 죽비를 얻어맞은 것처럼 정신이 번쩍 들었다. 그렇다, 나의 잘못은 지식이 부족해서가 아니라 '마음'에 있었던 게 아닐까? 이는 나뿐만 아니라 대부분의 일반 투자자들도 안고 있는 문제이지 싶었다. 이솝이라면 답을 알려줄 것만 같았다.

이것이 《이솝의 투자 수업》이 태어난 배경이다. 《이솝우화로 읽는 경제 이야기》의 흐름을 이어받되, 한층 더 깊이 있는 내용을 담았다. 대상 독자를 청소년과 성인으로 확장하고 주제를 미시경제, 그중에서도 투자론으로 옮겨 보다 현실적이고 구체적인 경제 활동에 초점을 맞췄다. 개인의 선택과 판단, 시장에서 행동이 어떻게 결과로 이어지는지를 다양한 우화와 사례를 통해 풀어내며, 독자들이 자신의 투자 행태를 돌아보도록 했다. 이솝우화 특유의 간결한 이야기 속에서 경제의 본질을 읽어내며 독자들에게 현명한 투자 판단과 균형 잡힌 시각을 가지도록 했다.

투자는 결국 심리다

우리는 재무제표와 차트를 분석한다고 말하지만, 매도와 매수의 마지막 버튼을 누르는 순간 작동하는 것은 공포와 탐욕, 후회와 기대 같은 감정이다. 시장을 움직이는 것은 결국 인간이며, 인간은 늘 이성적이지만은 않다. 그래서 투자에 실패하는 이유는 정보 부족 때문이 아니라, 마음을 잘 다루지 못해서일 때가 많다.

이 책은 그 '마음의 문제'를 이솝우화를 통해 풀어보고자 한다. 이솝우화 속 동물들은 단순하고 짧은 이야기 속에서 인간의 본성을 적나라하게 드러낸다. 여우는 교묘하게 자기 합리화로 실패를 감추려 하고, 늑대는 힘이 세지만 자만하며, 까마귀는 지혜롭다. 염소는 자존심이 세고 고슴도치는 우직하다. 이 모습들은 낯설지 않다. 우리는 강세장에서 늑대가 되고, 하락장에서 여우가 되며, 군중 속에서는 양이 되기 일쑤다. 수천 년 전 이야기 속 동물의 행동은 투자자들의 그것과 놀라울 만큼 닮았다.

예컨대 〈여우와 신포도〉는 손실을 본 투자자의 합리화를 떠올리게 한다. 매수한 종목이 오르지 않는 것을 두고 '원래 별로인 회사였다'고 말하는 순간, 우리는 이미 자신의 판단 오류를 감추고 있다. 〈여우와 고슴도치〉에서는 주식시장에서 꾀보다는 단순 우직함이 승리한다는 걸 보여준다. 〈사자와 농부〉는 주식 투자자 사이에 벌어지는 게임 이론을 유추해낼 수 있다.

주식 투자자들은 투자 결정을 내리기에 앞서 정보 수집과 종목 분석에 힘을 쏟지만 자주 비합리적인 선택을 한다. 확증편향, 손실회피, 과잉확신, 군집행동 등 이상 심리들은 이솝우화에 잘 묘사되어 있다. 우리는 이론을 알면서도 반복해서 똑같은 실수를 저지른다. 왜냐하면 머릿속에 지식은 많아도 행동은 순간의 감정에 흔들리기 때문이다. 그러므로 투자에서 중요한 점은 더 많은 정보를 아는 것이 아니라, 자신의 마음이 어떻게 움직이며 다스려지는지를 이해하는 일이다.

불안한 시장에서 나를 지키는 법

투자는 투자자 자신을 비추는 거울에 가깝다. 거울은 묻는다. 당신은 지금 여우가 먹기를 단념한 신포도를 말하고 있지 않은가? 늑대처럼 돈 좀 벌었다고 자만하고 있지 않은가? 군중심리에 휘둘리고 있지 않은가? 이러한 질문을 스스로에게 던질 수 있다면, 우리는 이미 절반은 성공한 셈이다.

세상은 늘 변하지만, 인간의 본성은 크게 달라지지 않는다. 그렇기에 오래된 이솝우화는 오늘을 살아가는 우리에게 여전히 유효하다. 이솝우화는 그 안에 담긴 재치와 유머, 허를 찌르는 반전과 역설로 엄중한 도덕적 경고와 함께 지혜를 가르친다. 이 때문에 이솝우화는 2,600년이란 긴 시간 동안 인류의 사랑을 받아왔다. 이솝우화는 아이들을 위한 짧은 이야기이지만, 그 안에는 어른의 세계를 꿰뚫는 통찰이 담겨 있다. 투자 또한 겉으로는 복잡해 보이지만, 그 핵심에는 단순한 인간 심리가 자리한다.

이 책을 통해 여러분이 시장을 예측하는 능력보다, 자신을 성찰하는 힘을 얻기를 바란다. 수익률은 시장이 결정하지만, 투자의 태도는 스스로 선택할 수 있다. 우화 속 동물들을 따라가다 보면, 결국 만나게 되는 것은 다름 아닌 '나 자신의 모습'일 것이다. 그리고 그 순간, 투자는 단순한 돈의 게임을 넘어 마음을 단련하는 여정이 된다.

끝으로 《이솝의 투자 수업》은 내가 '이코노텔링'이란 온라인 매체에 연재해온 '이솝 경제학'이 모태가 됐다. 이코노텔링의 고윤희 대표에게 감사드린다. 아울러 《이솝우화로 읽는 경제 이야기》에 이어 이 책의 출간에 애써주신 이케이북 가족에게도 감사의 말을 전한다.

2026년 4월
서명수

Part 1
굴려라, 돈

Part 2
살아 있는 모든 것은 게임을 한다

Part 3
투자는 심리다

Part 4
경제의 미래는 아무도 모른다

Part 1

굴려라, 돈

돈은 씨앗과도 같다. 손에 쥐고만 있으면 마르지만, 좋은 흙에 묻고 시간을 견디게 하면 뿌리를 내린다. 재산을 늘린다는 것은 바람을 뒤쫓는 일이 아니라 계절을 믿는 일이다. 유행의 파도에 몸을 맡기기보다 가치 있는 나무를 골라 묵묵히 물을 주는 태도가 필요하다. 수익은 조급한 열매가 아니라 인내의 그늘에서 익는다. 흩어 심어 위험을 나누고, 이익은 다시 씨앗으로 남겨라. 돈을 굴린다는 것은 결국 시간을 아군으로 만드는 일이다.

1

돈의 상대성 원리
베버-페히너의 법칙

가죽 냄새에 길들여진 부자

어느 마을에 재산이 엄청나게 많은 부자가 살았다. 그 부자는 날마다 따뜻한 물로 목욕을 하고 정원에는 향기로운 냄새를 풍기는 꽃과 나무를 심었다. 그런데 부자의 집 근처에 가죽장이가 이사를 왔다. 가죽장이의 집에서는 부자의 집과 달리 날마다 동물 가죽을 말리는 냄새가 그치지 않았다. 고약한 냄새가 물씬 풍겨 오자 부자는 이렇게 중얼거렸다.

"이게 도대체 무슨 냄새야? 정말 지독하구나."

향기로운 냄새만 맡고 싶던 부자는 고약한 냄새 때문에 미칠 것만 같았다. 부자는 옆집 가죽장이를 멀리 쫓아내는 것이 좋겠다고 생각했다. 부자는 가죽장이를 불러서 당장 다른 곳으로 이사를 가라고 호통쳤다.

"정말 죄송합니다."

가난한 가죽장이는 허리를 굽신거리며 곧 이사를 가겠다고 대답했다. 하지만 자신의 집으로 돌아간 가죽장이는 여전히 자기 일에만 열중할 뿐이었다. 부자는 날마다 가죽장이에게 이사를 가라고 재촉했다. 그럴 때마다 가죽장이는 곧 이사를 가겠다면서도 차일피일 미뤘다. 시간이 흐르자 부자는 가죽 냄새에 점차 익숙해졌다. 그래서 더는 가죽장이에게 이사를 가라고 못살게 굴지 않게 되었다.

자극과 감각의 관계, 베버-페히너의 법칙

좋은 환경에서만 살다가 갑자기 환경이 나빠지면 살기 힘들 것이다. 하지만 힘들다고 해서 그 환경에서 살 수 없는 것은 아니다. 나쁜 환경이라도 시간이 지나면서 조금씩 익숙해진다. 가죽 냄새보다 더 지독한 악취가 나오지 않는 한, 부자는 가죽장이한테 이사가라고 하지 않을 것이다. 사람의 후각은 일정한 자극에 익숙해지면 그것을 잘 인식하지 못하고, 기존보다 더 강한 자극이 주어질 때에야 비로소 변화가 있음을 느끼기 때문이다.

독일의 해부학자 에른스트 베버(Ernst Weber, 1795~1878)와 심리학자 구스타프 페히너(Gustav Fechner, 1801~1885)의 이름을 딴 '베버-페히너의 법칙'은 자극의 강도와 사람의 감각 사이에는 일정한 비례 관계가 있다고 설명한다. 자극이 강할수록 자극의 변화를 느끼려면 그 변화의 차이가 커야 한다는 말이다. 예를 들어, 양초 10개가 켜져 있는 방에 초 1개를 더 켜면 방이 환해졌다고 느낀다. 그러나 양초 100개가 켜져 있는 방에 초 1개를 더 켜봐야 별 차이를 느끼지 못한다. 이 법칙에 따르면 양초 100개를 켠 방에서는 양초 10개를 더 켜야, 양초 10개에서 1개 더 켰을 때만큼의 차이를 느낄 수 있다. 양초 하나를 켜는 경우 양초 100개가 켜진 방보다는 캄캄한 방에서 켰을 때 굉장히 밝아진 것처럼 느끼듯이 말이다. 이처럼 인간의 감각에 영향을 미치는 외부 자극의 강도는 상대적이다. 말하자면 '반응의 상대성'이다. 어떤 조건에서 자극을 받느냐에 따라 느낌이 완전히 달라진다는 뜻이다.

반응의 상대성은 일상 곳곳에서 쉽게 찾아볼 수 있다. 예를 들어, 음악 콘서트장에서는 조용한 데서 이야기할 때보다 더 큰 소리로 이야기해야지만 서로 알아들을 수가 있고, 밤에는 달이 잘 보여도 낮에는 태양 빛의 자극이 세기 때문에 달이 보이지 않는다. 기온이 똑같이 3도 상승하더라도 13도에서 16도가 되었을 때보다 3도에서 6도가 되었을 때 온도 변화를 더 쉽게 느낀다.

옛날 어른들이 "젊어서 고생은 사서도 한다"라고 했는데, 크게 고생한 이후에는 웬만한 어려움이 닥쳐도 크게 느껴지지 않아 잘 극복한다는 의미일 것이다. 바쁜 직장 생활을 할 때 틈을 내어 갔다 온 3박 4일의 달콤한 여름휴가와 은퇴자가 여유롭게 갔다 온 휴가의 묘미가 같지 않은 것도 결국 이런 이유에서이다. "끊임없이 계속되는 휴일이란 지옥이나 다름없다"고 한 버나드 쇼의 말도 같은 맥락이리라. 똑같은 어려움, 똑같은 휴가인데 어떤 상황에 처해 있느냐에 따라 다르게 느껴지는 원리가 바로 베버와 페히너가 이야기한 반응의 상대성에 관한 핵심 내용이다.

5천 원이 상황에 따라
다르게 느껴진다?

돈에 대한 감각에서도 베버-페히너의 법칙이 나타난다. 1만 원과 1만 5천 원은 차이가 커 보이지만, 10만 원과 10만 5천 원의 차이는 그리 커 보이지 않는다. 1만 5천 원짜리 휴대용 배터리를 1만 원에 살 수 있다면 멀리 있는 편의점이라도 그리로 간다. 그러나 10만 원 하는 무선 이어폰을 9만 5천 원에 살 수 있다고 해도 단지 5천 원을 아끼겠다고 굳이 다른 가게까지 찾아가지는 않는다. 10만 원을 쓸 때는 5천 원이 마치 푼돈처럼 느껴지기 때문이다.

이처럼 어떤 상황이냐에 따라 사람들은 돈을 상대적으로 판단한다. 그 결과 같은 1만 원이라도 크게 혹은 작게 느끼기도 한다. 보통 사람과 부자의 차이가 바로 여기에 있다. 부자는 돈의 상대성이 만들어내는 착각에 잘 속지 않는다. 수백억 원을 가지고 있더라도 부자는 1만 원을 절대 푼돈이라고 생각하지 않는다. 반면에 보통 사람은 100만 원을 쓰는 상황에서 5만 원을 더 쓰는 일쯤은 큰돈이 아니라고 여긴다. 그러나 큰돈이 아니라는 착각이 결국 이제껏 애써 모은 돈을 감쪽같이 사라지게 만든다. 만약 언제든 만 원이 별 게 아니라는 생각이 든다면 씀씀이가 헤픈 건 아닌지 스스로 점검해보기를 권한다. 내 돈이 지금 어디에선가 줄줄 새고 있다는 뜻이니까 말이다.

해외여행을 예로 들어보면, 항공권과 숙박비에 큰돈을 쓰면 외식비는 상대적으로 저렴해 보인다.

그러나 나중에 카드 사용 내역을 확인하는 순간 외식비가 의외로 많이 나온 것을 보고 놀란다. 대형 마트에서 쇼핑할 때도 마찬가지이다. 몇 가지 사지도 않은 것 같은데 예상보다 금액이 많이 나와 놀란 경험이 있을 것이다. 한꺼번에 여러 물건을 사다 보면 자질구레한 물건 값은 크게 신경 쓰지 않는다. 그래서 필요하지도 않은 이런저런 물건을 카트에 담는다. 푼돈의 무서움은 한참 쌓인

다음에야 알게 된다.

값비싼 물건을 소비할 때 특히 조심해야 한다. 엄청난 손해를 가져올 수 있기 때문이다. 예컨대 새집을 하나 장만했다고 치자. 집은 전 재산이나 다름없을 정도로 아주 비싸다. 큰돈을 쓰고 나면 불필요한 지출이 늘어난다. 새집에 필요한 가전제품, 가구 등은 집값에 비해 상대적으로 가격이 저렴해 보인다. 결국 지름신이 강림한다. 기왕 사는 김에 고급 가구로 집 안을 채우겠다며 마구 질러댄다. 이런 식으로 물건을 사다가는 부자가 되기 힘들다.

돈의 상대성이
부르는 착각

주식이나 부동산 투자도 마찬가지이다. 처음부터 큰 금액을 투자하다 보면 100만 원, 200만 원 손실은 아무것도 아닌 것처럼 여겨진다. 하지만 적은 금액부터 투자해 서서히 늘려가면 감정적 동요나 실수를 잘 통제할 수 있게 된다. 예를 들어 10만 원을 투자해 1만 원을 잃은 사람은 10분의 1이나 잃었다는 생각에 가슴을 치며 다음에는 절대 같은 실수를 하지 않으려고 노력한다. 하지만 처음부터 500만 원을 넣고 50만 원을 잃은 사람에게는 1만 원 잃는 것쯤은 아무것도 아닌 게 된다. 즉, 돈에 대한 감각이 무뎌져 1만 원을 우습게 보게 되는 것이다. 그런 상태가 지속되면 자연스럽게 큰돈도 흥청망청 쓰게 돼 나중에는 돈이 쥐도 새도 모르게 사라져 버린다.

수백억 원을 가지고 있어도 1만 원은 언제나 1만 원일 뿐이다. 10만 원, 1천만 원, 1억 원을 먼저 소비했든 안 했든 1만 원은 늘 1만 원이다. 그렇다고 무조건 아껴야 한다는 말은 아니다. 해외여행에서 약간의 호기를 부리고 싶다면 그렇게 하시라. 집을 살 때 평소 마음에 두고 있었던 가구가 있다면 사라. 그러나 돈의 상대성이 일으키는 착각만큼은 알아둘 필요가 있다. 그 사실을 인지하는 것만으로도 불필요한 지출을 막을 수 있고 과소비 뒤에 밀려오는 자책감에서도 한결 자유로워질 수 있기 때문이다.

 행복지수 1위 부탄이 불행해진 이유

인도와 중국 사이에 부탄이라는 작은 나라가 있다. 2010년만 하더라도 행복지수 세계 1위로 유명한 나라였다. 그런데 8년 후인 2019년도 조사에서 행복지수 순위가 95위로 곤두박질쳤다. 무슨 일이 있었던 걸까. 여기에는 여러 복합적인 사연이 있다.

부탄은 국가의 부를 국내총생산(GDP)으로 측정하는 다른 나라들과 달리 국민행복지수(GNH)를 국가 정책의 기본 틀로 채택했다. 경제 발전이 불교적 전통 문화에 기초해 국민의 삶의 질과 행복감을 높이는 방향으로 추진되어야 한다는 취지에서였다. 2007년 12월부터 2008년 3월 사이 12개 행정구역의 주민을 대상으로 72개 문항으로 구성된 GNH 조사가 실시되었다. 2015년에는 전체 인구의 2~2.5% 정도인 8,500명을 조사했는데, 74%가 행복하다는 결과가 나왔다.

부탄이 '세계에서 가장 행복한 나라'로 주목받게 된 계기는 2010년 유럽신경제재단(NEF) 행복지수 조사에서 1위를 차지하면서부터였다. 그러나 그 이후 순위는 크게 달라졌다. 불과 6년 후인 2016년엔 56위, 2019년엔 95위까지 떨어졌다. 부탄의 국민 소득이 큰 폭으로 늘어났음에도 행복지수는 급락한 것이다.

애초 부탄은 전통 문화를 파괴한다는 우려 때문에 TV와 인터넷 등 선진 문물의 사용을 전적으로 금지하다가 1999년 이를 전격 허용했다. 휴대전화는 2003년 허용돼 많은 젊은이가 개방의 물결 속에 살게 됐다. 젊은이들은 국경 없는 인터넷, SNS(사회적 관계 통신망) 등 정보의 바다에서 첨단기기를 통해 주변에 잘 사는 국가들의 편리함과 발전상을 알게 되었다. 결국 현상 유지와 정신적 행복을 고집하던 국가 전략은 한계를 드러냈고 젊은 층의 불만도 날로 커져갔다.

부탄 국민들은 오랫동안 서로의 삶을 기준 삼아 살아왔기에 가난을 특별히 의식하지 않았다. 그러나 외부 세계의 문물이 들어오고, 다른 나라의 발전상과 자신들의 현실을 비교하면서 자국의 가난함을 뼈저리게 알게 됐다. 부탄의 불행은 남과 비교하면서 싹텄다고 볼 수 있다. 그렇다고 개방화·국제화 시대에 영원히 우물 안의 행복한 개구리로 살 수도 없는 노릇이다.

행복은 실체가 있는 것이 아니고 일종의 상대적 느낌이다. 얻는 것이 많을수록 느끼는 행복은 작아지게 마련이다. 베버-페히너 법칙의 상대성이 행복에도 작용한다는 말이다. 철학자 쇼펜하우어는 "행복은 오직 비교를 통해서만 인식될 수 있다"라고 말하기도 했다. 하지만 행복을 느끼지 못할 때도 행복은 여전히 우리 주위에 있다. 단지 마음속에 행복을 감지하는 감성이 무뎌졌을 뿐이다.

2

모으지 말고 굴려라

재테크

돈의 속성을 몰랐던 구두쇠

목숨보다도 재물을 더 소중히 여기는 구두쇠가 있었다. 수중에 돈이 들어오면 한 푼도 쓰지 않고 오로지 모으기만 했다. 그리고 늘 자신의 재물을 잃어버리지나 않을까 전전긍긍하며 살았다.

어느 날 구두쇠는 모든 재산을 금괴와 바꾸어 한곳에 묻었다. 재산을 금괴로 만들어 땅속에 묻어두면 도둑을 맞거나 잃어버리지 않으리라 생각했다. 구두쇠는 금괴가 마치 자기의 심장이라도 되는 것처럼 소중하게 여겼다. 구두쇠는 날마다 보물이 묻혀 있는 곳으로 가 흡족한 마음으로 금괴를 바라보다가 집으로 돌아오곤 했다. 구두쇠에게는 그 시간이 유일한 인생의 행복이었다.

그런데 우연히 하인 하나가 그 광경을 보게 되었다. 하인은 거기에 무엇이 묻혀 있는지 궁금했다. 혼자 몰래 가서 땅을 파보았다. 그러자 거기서 엄청난 양의 금괴가 나왔다. 하인은 금괴를 가지고 멀리 도망쳤다. 그 사실을 알게 된 구두쇠는 보물이 사라진 텅 빈 구덩이를 보면서 통곡했다.

"아니, 당신은 무슨 일을 당했기에 그렇게 슬프게 울고 있습니까?"

그 옆을 지나가던 나그네가 구두쇠에게 눈물을 흘리는 이유를 물었다. 구두쇠는 억울하고 원통한 자신의 처지를 설명했다. 그러자 나그네는 이렇게 말했다.

"너무 슬퍼 마오. 당신은 그 금괴를 가지고 있었지만 진짜로 가지고 있었다고 말할 수 없어요. 이제라도 차라리 돌멩이를 땅속에 묻어두고 금덩어리라고 생각하지 그러오. 내가 보기에는 당신처럼 금괴를 묻어두기만 한다면 금덩어리나 돌멩이나 매한가지일 테니 말이오."

✦

시간이 지날수록
가치가 떨어지는 돈

돈을 모으기만 하고 굴리지 않으면 절대 부자가 될 수 없다. 게다가 쓸 줄 모른다면 불행하기까지 하다. 돈은 행복한 생활을 하기 위한 도구이지 그 자체가 목적은 아니니까 말이다. 위 이야기에서 돈의 가치를 지키기 위해 금으로 바꾼 것은 재테크 측면에서 잘한 선택이었지만, 보관 방법이 잘못됐다. 금을 땅속에 묻으면 도난 위험이 크기 때문이다. 금은 물가 상승기에 자산가치를 지켜주는 대표적인 안전자산이다. 다만 실물 자산인 만큼 보관이라는 현실적인 문제가 있다. 요즘은 은행에 보관료를 내고 맡기는 방법도 있지만 비용과 번거로움을 감수해야 한다. 그렇다면 돈은 어떻게 굴려야 할까? 지키면서도 키우는 방법은 없을까?

돈에는 우리가 알아야 할 중요한 속성이 있다. 시간이 흐를수록 가치가 떨어진다는 사실이다. 오늘의 100만 원과 1년 후의 100만 원은 그 가치가 다르다. 돈은 위대하지만 시간 앞에선 맥을 못 춘다.

경제 성장에 따라 물가가 오르고 시중에 돌아다니는 통화량이 늘어나므로 돈의 가치는 하락한다. 이를 '인플레이션(Inflation)'이라고 한다.

돈의 가치는 시간이 길수록, 물가 상승이 심할수록 하락세에 속도가 붙는다. 주어진 물가 상승률에서 현재 돈의 가치가 절반으로 줄어들기까지 걸리는 시간을 간단히 계산하는 방법이 있다. 바로 '72의 법칙'이다. 72란 숫자를 연간 물가 상승률로 나누면 원금의 가치가 반 토막 날 때까지 걸리는 햇수를 쉽게 계산할 수 있다. 예를 들어 연간 물가 상승률이 3%라면 24년 뒤 화폐 가치가 절반이 돼 그 시점의 1천 원은 구매력 기준으로 현재의 500원에 해당한다. 현재 짜장면 값이 7천 원이라면 24년 뒤에는 1만 4천 원을 줘야 사 먹을 수 있다는 이야기이다.

물가에 치명적인 돈의 가치 하락을 막으려면 어떻게 해야 할까? 굴려야 한다. 돈를 굴린다는 것, 다시 말해 투자를 하는 것은 원금 이상의 수익을 목표로 한다. 투자 대상은 많다. 은행 예금을 비롯해 주식, 채권, 원자재가 있고, 이 우화의 구두쇠가 땅속에 묻은 금도 있다. 여기서 은행 예금은 고금리 상황에선 안전한 투자 대상이 될 수 있지만, 금리가 낮을 때는 그렇지 않다. 은행 예금은 원금을 지켜줘 그 어떤 투자상품보다 안전하나 그 대신 작은 수익에 만족해야 한다. 반면에 주식이나 채권은 원금을 까먹을 가능성이 있는 대신 운용을 잘하면 상당한 수익을 거둘 수도 있다. 다만 그런 수익도 물가 상승률을 넘어서는 수준이어야 의미가 있다. 그렇지 않으면 숫자는 늘어난 것처럼 보여도 실질적인 자산가치는 오히려 줄어든 것일 수 있기 때문이다.

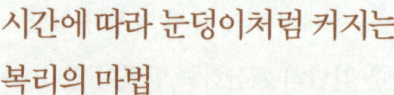

시간에 따라 눈덩이처럼 커지는
복리의 마법

'수익'과 '시간'의 관계를 이해하면 기적을 만들어낼 수 있다. 바로 '복리의 마법'이란 것인데, 투자의 귀재 워런 버핏(Warren Buffett, 1930~)은 이걸 '스노볼 이펙트(Snowball Effect)', 즉 '눈덩이 효과'라고 불렀다. 조그만 눈덩이를 굴리면 커다란 눈사람이 되듯이, 수익도 시간의 흐름과 함께 복리로 불어난다는 얘기이다. 복리란 중복된다는 뜻의 한자어 복(復)과 이자를 의미하는 리(利)가 합쳐진 단어로, 말 그대로 이자에 이자가 붙는다는 뜻이다. 은행 이자는 주식이나 펀드 투자에서 얻는 수익과 같은 개념이다. 따라서 원금과 이자(또는 투자 수익)를 재투자한다고 가정하면 자산은 복리로 불어나게 된다. 그 계산 방식은 다음과 같다.

$$FV=PV\times(1 + r)n$$

*FV=미래가치, PV=현재가치, r=연수익률(연이율), n=투자기간(연 단위)

예를 들면 매월 30만 원씩 42년을 투자하면 연 8% 수익으로 10억 원을 만들 수 있다. 대학 입학 기념으로 연수익률 8%짜리 펀드에 두 눈 질끈 감고 다달이 30만 원씩 넣는다면 은퇴 시점에

10억 원을 만들어 두둑한 노후자금으로 쓸 수 있다는 말이다. 수익이 4%로 줄어들면 기간이 엄청 늘어난다. 매월 30만 원씩 저축하면 66년이 걸린다. 그러나 매월 투자하는 돈을 50만 원으로, 또는 60만 원으로 늘린다면 당연히 기간은 왕창 줄어든다. 매월 30만 원 투자로 10억 원 이상을 만들 수 있다니 놀라울 따름이다.

그렇다면 가장 맛 좋은 투자자산은 어떤 것일까? 한정된 자원으로 최대한의 수익을 올리려면 투자 대상을 잘 골라야 한다. 투자자산은 크게 주식, 채권, 부동산 세 가지로 나눌 수 있다.

각각의 수익률을 따져보자. 10년 만기 국고채 금리가 2.93%이니 이 채권의 수익률은 연 2.93%이다. 부동산은 연간 월세 수입을 시세로 나눈 임대수익률로 평가한다. 대표적인 수익형 부동산인 오피스텔의 서울 평균 임대수익률은 2025년 9월 말 기준 4.95%이다. 부동산이 채권보다 수익률 측면에서 한 수 위라는 점은 비교적 분명하다.

주식의 수익률은 주가수익비율(PER)로 환산할 수 있는데, 채권이나 부동산에 비해 다소 복잡하다. PER은 주당 순이익을 주가로 나눈 것으로 순이익에 비해 주가가 얼마 정도인지를 나타내는 지표이다. 여기서 재미있는 사실은 PER의 역수가 주식가치 대비 얼마의 이익을 버는지를 나타내는 수익률 값을 의미한다는 점이다. 즉, PER의 역수가 해당 종목에 투자했을 때 기대할 수 있는 수익률인 셈이다. 2025년 말 기준 국내 상장주식의 평균 PER은 11이다. 증권시장 상장기업들의 주당 수익 창출력이 1인 데 비해 주식은 그것의 11배 값에 거래되고 있다는 뜻이다. 결국 주식의 기대수익률은 연 9.9% 정도 된다. 최근 수년간 경기불황으로 기업들의 이익이 줄었는데도 수익률이 이 정도이니 앞으로 경기가 회복되면 주식의 투자수익률도 상승할 가능성이 크다. 재테크 대상에 주식을 반드시 포함시켜야 하는 이유이다.

그런데 은행 예금과 달리, 이러한 투자자산에는 원금 손실 가능성이라는 치명적인 약점이 있다. 그것은 바로 가격이 오르내리는 변동성이다. 변동성을 이기려면 안정성을 보강해야 한다. 구체적으로 말하면 자산을 이것저것 섞어 '하이브리드'를 만드는 것이다. 하이브리드란 특정 목적을 달성하기 위해 두 가지 이상의 기능이나 요소를 결합한 것을 말한다. 서로 다른 요소의 장점을 선택해 합친 것이니 성능이나 경제성이 뛰어나다.

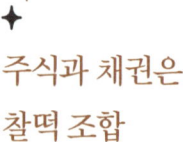

주식과 채권은
찰떡 조합

시장은 여러 요인에 따라 오르고 내리기를 반복한다. 이러한 위험에 대처하기 위해 주식, 채권, 부동산 등 성격이 다른 자산을 적당한 비율로 섞어서 투자한다. 이들 중 주식과 채권은 자산 배분에서 가장 많이 활용되는 '찰떡 조합'이다. 한 증권사가 주식 6, 채권 4 비율로 자산을 배분한 뒤 연도별 성과를 과거 100년에 걸쳐 분석해본 결과, 주식과 채권이 동시에 하락한 해는 네 번에 그친 것으로 나타났다. 자산 배분이 주식이나 채권 하나만으로 운용할 때보다 원금 손실 가능성이 그만큼 작다는 뜻이다.

주식 차트를 본 적이 있을 것이다. 푸른색과 붉은색 봉이 어지럽게 오르락내리락한다. 주식은 '두 얼굴'을 가진 투자상품이다. 변동성과 수익성이 춤을 춘다. 주식의 변동성만 보는 투자자는 채권에 머물러 있고, 주식의 수익성만 보는 투자자는 대박의 헛된 꿈을 꾼다. 자산 배분은 이런 양극단 사이에서 현실적이고 합리적인 중도의 길을 제시한다. 게다가 장기투자를 통한 복리의 힘까지 빌리면 실질적으로 자산가치를 증대시킨다. 재테크는 안정성도 중요하지만 수익성이 뒷받침되어야 지속 가능성이 생긴다.

금값도 달러값도 금리가 좌지우지

금, 달러, 금리는 서로 밀접한 관계가 있다. 보통 달러와 금은 안전자산으로 여겨진다. 하지만 이 둘의 차이점 중 하나는, 금은 한정된 자산인 반면 달러는 무한정으로 발행이 가능하다는 점이다. 그래서 보통 달러의 양이 늘어나면 달러 가치가 하락하고 그 돈으로 달러보다 더 안전한 금을 사는 수요가 많아진다. 반대로 금의 가치가 하락하면 달러 투자수요가 증가해 달러 가치가 상승한다. 그렇기 때문에 보통 달러와 금은 음의 상관관계를 가지게 된다.

금리도 이론적으로 금과 역관계이다. 금리가 오르면 금은 불리해진다. 금을 가지고 있다고 해서 이자가 붙지는 않는다. 주식은 배당을 받고 채권엔 이자가 붙고 부동산은 집세가 나오지만, 금은 가격이 오르지 않으면 어떤 이익도 없다. 안정성은 금의 덕목이지만 동시에 약점이기도 하다. 금리 상승은 금의 기회비용 증가를 의미한다. 금리가 높아지면 금에 묻어놓은 돈이 은행으로 향한다는 얘기이다. 그렇다고 금리가 오른다고 돈이 무조건 은행으로 몰리는 것은 아니다. 물가라는 변수를 따져봐야 한다.

예를 들어 1년 동안 은행 이자가 10%라고 하자. 만약 이 기간에 물가가 10% 뛰었다면 실제로 받는 이자는 한 푼도 없다. 실질이자율이 0%이기 때문에 금이 유리하다. 그러나 이자가 10%인데, 물가는 5%밖에 오르지 않았다면 실질이자율은 5%가 돼 은행 예금이 금보다는 매력적이다. 금값 상승의 최적 조건은 저금리에 고물가이다.

이와 달리 환율과 금리는 같은 방향이다. 예를 들어 미국이 금리를 올리면 달러값도 꿈틀거리면서 원달러 환율이 상승하는 경향이 있다. 이는 더 높은 이자를 얻으려는 외국 투자자들의 자본이 미국으로 이동할 가능성이 커지기 때문이다. 특히 미국이 다른 나라보다 금리가 높을 때 자본 유입은 가속화한다. 미국에 투자하려면 달러화

로 환전해야 하기 때문에 달러값은 오를 수밖에 없다. 그래서 강(强)

달러는 미국에는 축복이지만 우리나라 같은 신흥국에는 재앙이다.

결국 금값도 달러값도 그 향방은 미국 기준금리에 달려 있다.

3

꾀보단 단순·우직하게

고슴도치 투자법

고슴도치의 도움을 뿌리친 여우

강을 건너던 여우 한 마리가 깊은 도랑에 빠졌다. 여우는 도랑에서 벗어나기 위해 발버둥을 쳐보았으나 허사였다. 기진맥진해 꼼짝도 못 하는 여우의 몸에 거머리마저 달라붙었다. 때마침 그곳을 지나던 고슴도치가 여우를 발견했다. 고슴도치는 온몸에 가시가 돋아 있어 거머리가 달라붙을 걱정을 하지 않아도 된다. 고슴도치는 여우를 측은히 여겨 자기가 거머리라도 떼어주겠다고 했으나 여우는 완강히 거절했다. 고슴도치가 물었다.

"왜 안 된다는 거예요?"

여우가 대답했다.

"이것들은 이미 배불리 먹어서 더는 많은 피를 빨아먹지 못할 거야. 하지만 이 거머리들을 떼어버린다면 굶주린 또 다른 거머리가 와서 내 남은 피를 모조리 빨아먹겠지."

여우형 vs. 고슴도치형

가시가 잔뜩 돋은 고슴도치는 거머리로부터 공격당할 일이 없지만 여우의 꾀를 들으며 자신보다 한 수 위라고 생각했을지도 모른다. 고슴도치는 한 가지를 깊이 팔 줄만 알았지 여우처럼 여러 가지를 두루 짚을 줄은 모르니까. 그렇다고 꾀 많은 여우와 우직한 고슴도치가 싸우면 늘 여우가 이길까?

여우는 민첩하고 교활하다. 반면 고슴도치는 촌스럽고 우둔하기까지 하다. 여우가 확실한 승자일 것 같다. 그러나 여우가 공격하면 고슴도치는 몸을 돌돌 말아 공처럼 변신한다. 온몸에는 작고 날카로운 가시가 돋아나 있다. 여우는 공격을 멈출 수밖에 없다. 여우가 훨씬 꾀가 많음에도 이기는 건 고슴도치라고 한다.

영국의 정치사상가 이사야 벌린(Isaiah Berlin, 1909~1997)은 1953년 작성한 논문 〈고슴도치와 여우〉에서 인간을 여우형과 고슴도치형, 두 유형으로 나누었다. 여우형은 여러 가지 목적을 동시에 추구하며 세상의 복잡한 면면을 두루 살핀다. 그러다 보니 자신의 생각을 하나의 통합적인 개념이나 통일된 비전으로 만들지 못하는 약점이 있다. 아리스토텔레스나 셰익스피어 같은 인물이 여우형이다. 이에 반해 고슴도치형은 세상이 제아무리 복잡해도 모든 과제를 지나치다 싶을 정도로 단순화한다. 자신의 생각과 맞지 않는 것에는 아예 눈길조차 주지 않는다. 본질적인 것에만 몰두하고 나머지는 무시해버린다. 프로이트나 아인슈타인이 이에 해당한다.

주식시장에 더 적합한
고슴도치형

주식에 투자할 때는 공부를 많이 해야 한다. 복잡한 게임 같은 주식시장에서 민첩하게 대처하려면 여우형이 승리할 것처럼 보인다. 하지만 현실은 그렇지 않다. 전문가라는 사람도 쪽박을 차는 곳이 주식시장이다. 오히려 단순하고 엉덩이가 무거운 고슴도치형이 이길 때가 많다. 비둘기와 대학생이 투자 게임을 벌인 결과 비둘기의 수익률이 나왔다는 실험 결과도 있다.

지난 2008년 미국 증시에선 여우형과 고슴도치형 투자 고수 사이에 투자 게임이 벌어졌다. 버크셔 해서웨이 회장 워런 버핏과 헤지펀드 회사 프로테제 파트너스 창립자 테드 세이즈(Ted Seides)가 10년 후 누구의 투자수익률이 나은지 가리는 게임을 한 것이다. 각자 32만 달러를 걸고, 승자가 지정한 자선단체에 패자가 돈을 기부하기로 했다. 투자 대상으로 버핏은 인덱스 펀드(Index Fund)를, 세이즈는 5개의 헤지펀드(Hedge Fund)를 골랐다. 인덱스 펀드는 힘들게 개별 종목을 분석하지 않고, 종합지수에 포함된 종목 전체를 시가총액에 비례해 그냥 사버린다. 고슴도치형 투자 방법이다. 이 펀드의 핵심은 시장 평균만큼의 수익률을 얻는 데 있다. 그만큼 펀드매니저가 딱히 운용에 고민할 일은 별로 없다. 그렇기에 그들에게 지급되는 보수도 거의 들어가지 않는다. 이와 달리 헤지펀드는 여우형으로 막대한 비용과 우수한 인력을 투입해 시장보다 높은 성과를 낼 종목을 발굴해 투자하면서 단기 매매를 위주로 치고 빠지는 전략을 구사한다. 이 세기의 대결은 발표되자마자 격한 논쟁을 불러일으켰다. 화려한 개인기의 헤지펀드가 인덱스 펀드보다 수익률이 좋을 것이라고 점치는 사람이 많았다.

실제로 초기엔 헤지펀드가 앞서 나갔다. 내기가 시작된 2008년은 글로벌 금융위기의 여파로 미국 증시가 급락한 해였다. 1년 동안 수익률이 버핏은 마이너스 37%, 세이즈는 마이너스 24%로 세이즈의 손실 폭이 상대적으로 작았지만 버핏은 여유 만만했다. 버핏의 인덱스 펀드는 그 후 몇 년 동안 꾸준히 좋은 실적을 보이며, 내기 5년 차에 접어들자 드디어 세이즈를 따라잡기 시작했다. 결국 2017년 12월 말까지 인덱스 펀드는 연평균 7.1%의 수익률을 올렸다. 세이즈의 헤지펀드는 연평균 2.2%에 불과했다. 결국 10년에 걸친 세기의 투자 게임은 버핏의 승리로 막을 내렸다.

이 내기에서 버핏이 전하는 메시지는 분명하다. 정보력이나 자금력에서 프로 투자자에게 뒤처질 수밖에 없는 개인에게 가장 합리적인 투자 방법은 인덱스 펀드에 꾸준히 장기간 투자하라는 것이다. 사실 버핏은 대표적인 장기투자 신봉자이다. 그가 권하는 주식 보유 기간은 10년 이상이다. 그는 "10년간 보유할 생각이 없다면 단 10분도 보유하지 말라"라고 말했다. 또한 그는 매도 시점을 가늠하는 투자 방식을 경계했다. "나는 언제, 얼마에 팔지를 고민하지 않는다. 회사의 내재가치가 만족스러운 속도로 증가할 것이라고 기대되는 한, 그 주식을 영원히 보유할 수도 있다."

투자에 대한 그의 철학은 배우자를 고르는 태도에 비유되기도 한다. "배우자를 찾는 마음으로 주식을 고른 뒤, 한 번 매수했다면 죽음이 갈라놓을 때까지 보유하라."

고슴도치형
인덱스 펀드의 승리

이러한 버핏의 생각은 세계적인 펀드회사 뱅가드그룹 창립자이자 인덱스 펀드의 창시자인 존 보글(John Bogle, 1929~2019)의 생각과 맞닿아 있다. 보글은 인덱스 펀드가 소위 전문가가 운용하는 액티브 펀드(Active Fund)를 이긴다고 주장하며 일반 투자자는 저비용 인덱스 펀드에 투자해야 한다고 주장했다. 보글은 왜 단순한 인덱스 펀드가 액티브 펀드보다 더 높은 성과를 낸다고 믿을까?

존 보글은 이들 펀드를 고슴도치와 여우에 비유했다. 즉, 단순한 고슴도치는 인덱스 펀드를, 여우는 똑똑하고 수완이 풍부한 펀드매니저가 운용하는 액티브 펀드를 상징한다고 했다. 액티브 펀드매니저는 시장을 이기기 위해 다양한 전술을 사용한다. 그들은 정교한 조사와 데이터에 접근해 종목을 선택한다. 또 대규모 애널리스트 팀을 고용해 기업과 산업을 심도 있게 연구한다. 전문가라는 이들은 방대한 정보와 기술자원을 보유하고 있다. 보글의 눈에 이들은 여우에 해당한다. 반면 단순한 인덱스 펀드는 고슴도치를 닮았다. 인덱스 펀드는 단순함이 강점이다. 광범위한 시장 지수를 반영하는 주식 포트폴리오를 소유함으로써 장기적으로 안정적인 시장 수익을 창출할 수 있다. 이런 점이 위험 앞에서 몸을 공처럼 만들어 방어하는 고슴도치를 닮았다는 것이다.

여러 분석 자료는 인덱스 펀드 수익률이 지속적으로 액티브 펀드를 능가한다는 것을 보여준다. 일부 액티브 펀드가 가끔 시장을 이기긴 하지만 지속성이 부족하다. 시장을 이기려면 다른 시장 참여자들보다 정보 우위에 있어야 한다. 현실은 그러한 우위가 오래 이어지기 어렵다는 한계가 있다. 시장은 새로운 정보가 나오면서 빠르게 진화하고, 그 변화를 활용하는 전략이 등장한다. 한 해 시장을 이긴 펀드가 그다음 해에는 성과가 낮은 경우가 많은 건 그래서이다.

설상가상으로 액티브 펀드는 인덱스 펀드보다 수수료가 상당히 비싸다. 액티브 펀드는 연간 운용보수가 1%를 넘는 경우가 많은 반면 인덱스 펀드는 0.03% 이하의 낮은 비용으로 이용할 수 있다. 작은 차이로 보이는 수수료도 시간이 지날수록 복리 효과를 잠식하며, 결국 순수익률에 걸림돌로 작용한다. 게다가 시장의 변화에 따라 손익이 급격하게 변동하는 역풍도 맞는다. 이 때문에 액티브 펀드는 장기적으로 시장을 이기기 힘들다. 반면 인덱스 펀드는 매년 최소 비용을 차감한 시장 수익률을 안정적으로 올린다. 10년, 20년이 넘는 기간 동안 고슴도치는 단순한 전략과 낮은 수수료 덕에 여우를 이길 수 있다.

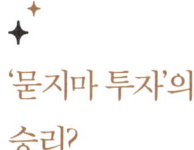

'묻지마 투자'의
승리?

버핏과 보글의 사례는 개인들이 펀드 투자를 어떻게 해야 하는지 답을 제시해준다. 인덱스 펀드에 투자해 비용을 최소화하며 기복이 심한 장세에 흔들리지 않고 장기투자해야 한다는 이야기이다. 전문가가 운용하는 화려한 액티브 펀드는 피하는 것이 좋다. 전문가들이 내거는 과대 광고와 수익률 약속에 현혹되지 말아야 한다. 고슴도치가 여우를 이긴다는 신념을 가지고 시간과 복리를 이용하면 개인들도 꾸준히 자산을 늘릴 수 있다.

  주식을 잘 모르는 한 지인의 이야기이다. 지난해 정년퇴직한 그는 노후가 별로 걱정 안 된다고 했다. 그동안 꾸준히 사 모은 주식 덕분이라고 했다. 그는 회사에서 직원 사기 진작을 위해 급여와 별도로 매달 지급하는 금액을 입사 때부터 한 푼도 쓰지 않고 모으기 시작했다. 명절 떡값이나 실적 보너스도 마찬가지였다. 그렇게 돈이 어느 정도 모이면 없는 돈이라 생각하고 주식을 샀다. 당시 인기 있었던 종목을 앞뒤 안 가리고 무작정 샀다. 예를 들면 1990년대 증권주, 2000년대 초반엔 IT주를 사는 식이었다. 한번 사놓은 주식은 팔지 않고 끝까지 보유했다. 자주 주가를 들여다보지도 않았다. 그렇게 하기를 30년. 그동안 보유한 종목마다 심하게 오르락내리락했다. 어떤 종목은 부도를 맞아 휴지 조각이 됐는가 하면 어떤 주식은 수백 배의 수익을 남겼다. 퇴직하면서 따져보니 전체적으로 투입 원금의 10배 가까운 수익을 올렸다. 노후자금으로 쓰기에 충분한 돈이었다. 그는 "오래 묻어둘 주식을 여러 개 골라 산 다음 퇴직할 때 결산해보는 것도 직장 생활을 의미 있게 보내는 방법"이라고 말했다.

인덱스 펀드

인덱스(Index)는 우리나라 주식시장의 코스피, 미국의 나스닥, S&P500, 다우존스 같은 주가지수를 뜻한다. 인덱스 펀드에 투자한다는 것은 시장을 통째로 사는 것과 같은 효과가 있다. 이 펀드는 주식을 해당 기업의 시가총액이 코스피 전체 시장에서 차지하는 비중에 따라 사들여 운용한다. 그만큼 펀드매니저가 종목을 선별하거나 매매 시점을 고민할 필요가 없기 때문에 지급되는 보수도 거의 없다.

인덱스 펀드를 만든 뱅가드그룹 창립자 존 보글은 이렇게 말했다. "건초 더미에서 바늘을 찾기보다는 그 건초 더미를 통째로 사는 게 더 쉽다."

보글은 비용을 줄이면 기대수익이 커진다는 간단한 원리에 주목했다. 당시 미국 시장은 액티브 펀드가 주류였다. 펀드매니저의 역량에 따라 수익률이 달라졌고 그만큼 비용도 많이 들어갔다. 하지만 보글의 인덱스 펀드는 시장 지수를 그대로 추종하는 방식이었기 때문에 개별 종목을 발굴하는 데 별도의 노력을 기울일 필요가 없었다. 그만큼 운용 비용도 매우 낮게 유지할 수 있었다. 마침내 인덱스 펀드의 수익은 액티브 펀드를 앞지르기 시작했다.

비용이 줄면 기대수익이 왜 높아지는지 그 이유를 살펴보자. 스무 살에 투자를 시작한 사람이 매년 8%의 수익률을 얻는다고 치자. 그의 50년 뒤 자산은 약 47배 증가할 것이다. 만약 액티브 펀드라면 수수료 비용 1.5%를 감안할 때 자산은 약 23배 증가에 그친다. 수익의 절반은 펀드매니저에게 갔다는 이야기이다. 한마디로 수익이 나면 펀드 가입자와 펀드매니저가 절반씩 나누지만 손실이 나면 가입자가 모두 떠안는 구조이다.

물론 인덱스 펀드라고 해서 단점이 없는 것은 아니다. 시장에서 비중이 큰 기업을 많이 사들이기 때문에 그 기업에 문제가 생겨도 비중을 줄이거나 즉각적으로 매도하기 어렵다. 그 결과 개별 기업의 부진이 곧바로 전체 수익률에 반영될 수 있다. 또 고평가된 기업은 돈이 몰려 더 고평가되고 저평가된 기업은 지속적으로 소외될 가능성이 크다. 이러한 비판에 대해 보글은 "투자에 성공하는 공식은 시장 전체를 보유한 상태에서 아무 행동도 하지 않는 것이다. 단지 끝까지 버티기만 하면 된다"라며 오히려 단순함을 강조했다. 결국 시장을 믿고 장기적으로 보유하라는 것이다.

워런 버핏은 펀드매니저와 원숭이 중 누가 투자를 잘하는지 실험을 했다. 펀드매니저는 수많은 정보를 취합해 과학적인 기법으로 종목을 골랐지만, 원숭이는 다트를 던져 종목을 선정했다. 오랜 기간 수차례에 걸쳐 진행된 실험에서 펀드매니저는 원숭이를 이기지 못했다. 이에 대해 버핏은 투자를 잘 알지 못하는 개인이 종목을 선정하는 것은 어려운 일이며, 시장을 이길 것이라는 보장은 어디에도 없다고 말했다. 그는 "인덱스 펀드가 수백만 명에 달하는 미국 개인 투자자의 수수료 부담을 줄여줬다"라고 말했다. 버핏은 아내에게 남긴 유언장에도 기부하고 남는 유산의 90%를 뱅가드그룹의 인덱스 펀드에 넣으라고 당부했다.

4

노후에 타는 월급
연금자산

노는 매미와 일하는 개미

여름날, 땀을 뻘뻘 흘리며 열심히 먹이를 모으는 개미를 보며 매미가 물었다.

"주위에 먹을 것이 이렇게 많은데 뭘 그렇게 힘들게 일해? 나처럼 노래나 부르며 여름을 즐기라고."

그러자 개미가 말했다.

"곧 겨울이 올 거야. 추위를 대비해 지금부터 음식을 모아두어야 해. 너도 그렇게 놀지만 말고 겨울을 대비해두는 것이 좋을 거야."

하지만 매미는 다가올 겨울에 대한 걱정을 전혀 하지 않았다. 지금 이렇게 먹을 것이 많은데 갑자기 먹이들이 모두 어디론가 사라질 리가 없다고 생각했다.

"개미야, 넌 도대체 뭘 걱정하는 거야? 먹을 건 얼마든지 있어. 하루아침에 이 풍성한 먹이들이 없어지기라도 한다는 거야?"

개미는 매미의 말에 아랑곳하지 않고 일을 계속했다. 매미는 그런 개미를 비웃으면서 노래를 불렀다. 드디어 겨울이 찾아왔다. 숲속은 꽁꽁 얼어붙었고, 흰 눈이 쌓여 먹을 것이라고는 찾아볼 수 없었다. 개미는 여름 동안 부지런히 모아놓은 먹이를 창고 가득히 쌓아놓았기 때문에 아무런 걱정이 없었다. 그런데 먹이를 찾지 못해 몹시 배가 고픈 매미가 개미의 집을 찾아왔다. 매미는 먹이를 좀 달라고 개미에게 애원했다. 그러자 개미가 대답했다.

"여름에 양식을 준비해놓지 그랬니?"

"나는 노래를 부르느라 그럴 시간이 없었어."

개미는 "아, 그랬니? 여름에 실컷 노래를 불렀으니 겨울에는 춤을 추어야겠구나"라고 비꼬았다.

은퇴 후 연금으로 받을래,
일시금으로 받을래?

나중을 생각하지 않고 현재를 즐기다간 매미 같은 신세가 될 수 있다. 한번 흘러간 시간은 돌아오지 않으니 현재를 즐기는 걸 나무랄 수는 없다. 다만 현재를 즐기되 훗날 어려운 시기가 닥칠 것에 대비해 준비하는 자세도 필요하다. 유비무환(有備無患)이라는 말도 있지 않은가.

한때 교사나 공무원이 일반인에게 부러움의 대상이 된 적이 있다. 급여가 많아서도, 일이 편해서도 아니었다. 물론 정년을 보장하기 때문에 사기업보다 오래 일할 수 있는 장점도 있지만 그보다는 연금이라는 혜택 때문이 아닌가 생각한다. 국민연금보다 금액이 더 많은 공무원연금은 든든한 노후 버팀목이 되기 때문이다. 연금이란 경제 활동을 통해 소득을 얻는 동안 노후를 대비해 그 소득의 일부를 적립해두는 제도이다. 하지만 2000년대 이전에는 공무원연금이 연금이라는 이름이 무색할 정도로 제구실을 못 했다. 퇴직하면서 그동안 납부한 연금을 일시금으로 받아서 목돈처럼 활용하는 예가 많았기 때문이다. 1982년부터 2012년까지 30년 이상 재직하고 퇴직한 공무원 가운데 일시금 대신 연금으로 선택한 비율을 찾아보면 뚜렷한 변화를 확인할 수 있다. 1982년부터 1998년까지 연금 선택 비율은 50%가 채 되지 않았다. 2명 중 1명은 일시금을 선택했다. 1999년부터 이 비율이 본격적으로 역전해 2005년 이후부터는 연금 선택 비율이 90% 아래로 떨어진 적이 없었으며 2012년 기준으로 약 93%가 연금을 선택한 것으로 나타났다.

연금 선호 현상의 배경은 무엇일까? 공무원들의 연금 선택 비율이 높아진 것은 단순한 수치 이상의 의미가 있다. 사실 연금 자체는 썩 매력적이지 않다. 다달이 돈을 조금씩 받는 것보다 나중에야 어찌 되든 일시금으로 한 번에 챙기는 편이 더 나을지 모른다. 인간은 본능적으로 미래보다는 눈앞의 이익을 좇는 경향이 있기 때문이다. 그런데 2000년대 들어 연금 선호 현상이 두드러진 것은 금리의 움직임과 관련이 있다.

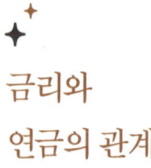

금리와
연금의 관계

연금은 미래에 생길 자산이다. 미래 자산을 지금 가치로 얼마인지, 즉 현재가치를 따져보려면 할인율을 알아야 한다. 현재가치는 할인율에 따라 결정되니까. 미래 자산을 현재가치로 환산하는 것을 '할인하다'고 하며, 그때 적용되는 비율을 할인율이라고 한다. 할인율은 은행 이자율, 즉 금리와 같은 말이다. 예를 들어 은행 이자율이 연 10%라고 할 때 오늘 1,000원을 은행에 넣어두면 1년 후 1,100원이 된다. 그럼 1년 후의 1,000원을 현재가치로 계산하면 얼마일까.

1년 후의 가치(1,000원)=현재가치×1.1

현재가치는 '1,000원/1.1=909.09원'이 된다. 오늘 은행에 909.09원을 넣으면 1년 후에 1,000원이 되는 것이다. 같은 방식으로 은행 이자율이 20%라면 1년 후의 1,000원은 오늘 833원(1,000원/1.2)이다. 이 계산식에서 확인할 수 있듯이 할인율과 현재가치는 서로 반비례 관계이기 때문에 할인율이 높아질수록 현재가치는 감소하며, 반대로 낮아질수록 현재가치는 올라간다. 할인율은 미래 자산의 현재가치를 추정할 때 매우 중요한 변수로 금융회사에서 널리 활용하는 개념이다.

연금의 가치는 할인율이 낮은 저금리일 때는 올라가고, 고금리가 되면 그 가치가 떨어진다. 간단히 예를 들어보자. 노후에 매달 국민연금을 100만 원 받는데, 금리가 연 3%라면 4억 원(100만 원×12/0.03)의 금융자산을 가지고 있는 것과 같다. 그런데 금리가 연 1%로 떨어지면 금융자산 보유액은 12억 원으로 급증한다. 1980년대만 해도 20%를 오르내리던 우리나라의 금리는 1990년대 말부터 큰 폭으로 떨어지더니 2000년대 들어 5%대로 진입, 저금리 시대를 열었다. 이에 따라 할인율이 큰 폭으로 떨어져 이때부터 목돈보다는 현금 나오는 자산이 주목받기 시작했다. 공무원연금, 국민연금, 퇴직연금, 개인연금의 인기가 올라간 이유이다. 2026년 3월 기준 한국은행에서 정하는 기준금리는 2%대이다. 2021년 8월 이전만 하더라도 1%대였던 것이 미국의 연속적인 금리 인상 영향으로 시장 금리가 전반적으로 높아졌다. 금리가 올라 할인율도 오른 만큼 연금의 인기는 예전만 못하다. 그래서 국민연금 가입자가 줄고 있다는 뉴스가 나온다. 만약 기준금리가 5%를 넘어서면 과거처럼 연금보다는 목돈을 선호하는 현상이 다시 나타날까? 하지만 그럴 가능성은 작다는 것이 전문가들의 분석이다. 아직 연금은 미래 자산으로서 충분히 매력적이라는 이야기다.

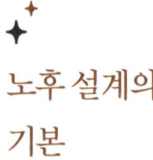

노후 설계의
기본

은퇴를 준비하는 사람들은 연금자산을 가급적 많이 만들어놓아야 한다. 집을 지을 때 층수를 올리는 것은 대지의 효율을 높이는 방법이다. 고층 아파트는 좁은 공간에 많은 가구를 수용함으로써 도시민의 거주문제를 해결하는 데 기여한다. 노후자금도 마찬가지다. 노후설계에서 국민연금은 1층, 퇴직연금 2층, 개인연금은 3층에 해당한다. 3층 구조는 노후 설계의 기본인 셈이다.

그래도 노후 생활비가 모자랄 수 있다. 아파트를 가진 사람은 주택연금으로 4층을 만들 수 있다. 아파트를 담보로 제공하되 소유권과 거주권은 유지한 채, 그 가치를 활용해 평생 또는 일정 기간 매월 연금을 받는 제도이다. 일반 주택도 주택연금이 가능하지만 가치를 크게 인정받지는 못한다. 노후 설계 5층 공법도 있다. 월 지급식 금융상품으로 목돈을 미리 맡겨두고, 그 자금을 운용해 매달 일정 금액을 월급처럼 지급받는 구조다. 즉, 자산을 한 번에 투자한 뒤 정기적인 현금 흐름으로 전환하는 방식이다. 은행이나 증권사에서 다양한 상품을 선택할 수 있다. 수익형 부동산을 산 다음 월세를 받을 수도 있다.

5개 층의 연금자산들은 저마다 성격이 조금씩 다르다. 크게 나누면 공적 연금과 사적 연금이다. 공적 연금은 나라에서 국민의 복리증진을 위해 만들어놓은 것으로 공무원연금과 국민연금이 대표적이다. 나라에서 지급을 보증하는 것이니 운용기관이 잘못해도 연금을 타지 못하는 불상사는 일어나지 않는다. 사적 연금은 개인들이 자발적으로 가입하는 것이다. 운용 결과에 대한 책임은 개인의 몫이다. 공적 연금은 물가 상승률을 반영해 지급액을 조정하는 등 국가가 일정 부분 수익률과 실질 가치를 관리해주지만, 사적 연금은 이러한 보장이 없다.

국민연금이 고갈되면 연금을 못 받나?

국민연금은 국민의 노후소득을 보장하기 위해 국가에서 시행하는 사회보험제도이다. 가입자가 납부한 보험료를 기반으로 나이가 들거나, 갑작스런 사고나 질병으로 사망 또는 장애를 입어 소득 활동이 중단될 때 본인이나 유족에게 연금을 지급하여 기본 생활을 유지하게 하는 연금제도이다.

국민연금은 국내에 거주하는 18세 이상, 60세 미만의 국민이 가입 대상이다. 최소 가입 기간 10년을 채우면 수급 연령이 되었을 때 본인이 지불한 보험료에 따라 연금을 받을 수 있다. 원래는 60세부터 연금을 수령할 수 있었는데, 고령화 사회가 됨에 따라 1998년부터 법이 개정돼 61세부터 65세 사이에 연금 지급이 시작된다.

그런데 이 국민연금이 고갈되고 있다는 뉴스가 간혹 들려온다. 도대체 무슨 말일까? 국민연금의 곳간 사정이 나빠지고 있는 것은 들어오는 돈보다 나가는 돈이 많아서이다. 연금 지출이 많은 것은 빠르게 진행되는 고령화에 비해 출생률은 매우 낮기 때문이다. 2021년 고령인구가 42만 명 느는 동안 15~64세 생산가능인구는 34만 명 줄었다. UN은 2070년 한국의 생산가능인구 100명이 부양해야 할 고령인구를 뜻하는 노년부양비가 100.6명으로 늘어날 것으로 전망했다. 2022년 노년부양비가 24.6명이니 4배 이상 늘어나는 셈이다. 국민연금공단은 2027년부터 국민연금의 지출이 보험료 수입을 넘어설 것으로 전망하고 있다. 이런 추세라면 적자가 계속 쌓여 2055년 전후로 기금이 소진될 것으로 예상된다.

정부가 5년마다 연금 개혁에 나서는 것은 연금 고갈 시기를 늦춰보자는 취지에서이다. 보험요율을 인상해 보험료 수입을 늘리고 연금을 받는 수급 연령을 높여서 연금 기금의 운용 수익률을 개선하는 것이 연금개혁의 골자이다.

다만 연금 고갈로 국민연금을 못 받을까 봐 걱정은 하지 않아도 될 듯하다. 고갈 여부와 상관없이 국가가 존재하는 한 무조건 지급되기 때문이다. 국민연금법에 따르면 국민연금은 반드시 지급하도록 규정돼 있고, 전 세계적으로 봐도 연금 지급을 하지 않은 나라는 없다. 심지어 현재 전쟁 중인 우크라이나에서도 연금만큼은 중단 없이 지급하고 있다. 국민연금은 내가 납입한 보험료를 돌려받는 권리이기 때문에 요건을 충족한다면 어떠한 경우라도 돌려받는다고 알면 된다.

5

숲속의 새보다 '손안의 새'

가치투자

매의 먹잇감 된 불쌍한 나이팅게일

나이팅게일은 몸이 아주 작았지만 고운 노래를 부를 수 있었다. 나이팅게일은 참나무 가지에 앉아서 즐겁게 노래를 불렀다. 그런데 사나운 매가 나이팅게일을 발견했다. 매는 먹이를 찾아다니는 중이었다.

"저 녀석이라도 잡아먹는 것이 좋겠어."

배가 몹시 고팠던 매는 번개처럼 날아와서 나이팅게일을 잡았다. 매가 가까이 다가오는 것도 모르고 노래만 부르고 있던 나이팅게일은 달아날 수 없었다. 당장 목숨이 끊어지게 생긴 나이팅게일은 간절한 목소리로 매에게 애원했다.

"매님, 저는 아주 작은 새입니다. 매님이 저를 잡아먹는다고 해도 간에 기별도 가지 않을 겁니다. 제발 저를 놓아주십시오. 정말로 배가 고프시다면 저보다 더 큰 비둘기나 토끼를 잡아먹는 편이 훨씬 나을 겁니다."

하지만 매는 나이팅게일의 애원을 뿌리치면서 말했다.

"미안하다, 작은 새야. 하지만 내가 아직 구경도 못한 먹이를 쫓기 위해 이미 내 발톱 안에 들어온 먹이를 놓아준다면 그보다 더 멍청한 짓이 어디 있겠니? 그러니까 너라도 우선 확실하게 먹어두는 것이 좋겠어."

불쌍한 나이팅게일은 그렇게 매의 먹이가 되고 말았다.

워런 버핏의
제1 투자원칙 '손안의 새'

숲속에 새가 아무리 많더라도 이미 손아귀에 들어온 작은 먹잇감이 훨씬 낫다는 말이다. 경제생활의 목적은 효용, 즉 주관적 만족감을 최대한 늘리는 데 있다. 그런데 효용은 시간과 반비례하는 특성이 있다. 오늘의 효용이 내일의 효용보다 더 값진 것이다. 매에게는 언제 잡을 수 있을지 알 수 없는 비둘기보다, 지금 당장 손에 쥔 나이팅게일이 훨씬 더 확실한 가치로 보였다. 결국 매는 본능적으로 현재와 미래의 먹잇감을 비교해, '지금의 확실성'을 선택한 셈이다. 이는 일종의 현재가치 계산과도 닮아 있다.

미국의 투자 전설 워런 버핏은 매의 '손안의 새' 사냥법을 투자 원칙으로 활용했다. 그는 투자자 자신의 능력 범위에서 가장 잘 알고, 잘할 수 있는 때를 선택하라고 했다. 괜히 잘 알지도 못하는 주식을 싸다는 이유로 사서는 안 된다고도 했다. 언제 잡힐지 모르는 비둘기나 토끼보다 손안의 나이팅게일에 집중한 매의 사냥법을 닮았다. 버핏은 "적당한 회사를 훌륭한 가격에 사는 것보다 훌륭한 회사를 적당한 가격에 사라"며 훌륭한 기업의 조건은 사업 구조를 이해할 수 있고, 장기적으로 경제성이 좋으며, 유능하고 신뢰할 수 있는 경영진이 있는 회사라고 강조했다.

버핏이 2000년대 초반 주주들에게 보낸 서한에서 이 우화를 소개하며 가치투자에 대해 역설한 적이 있다.

"이득을 얻으려고 구매한 모든 자산을 평가하는 공식은 기원전 600년경 매우 지혜로운 사람이 처음 제시한 이후 바뀌지 않았습니다. 그 말을 한 사람은 이솝입니다. 다소 불완전하지만, 지금까지 전해지는 투자 통찰은 '손안의 새 한 마리가 숲속의 새 두 마리보다 낫다'입니다. 이 원칙을 지키려면 세 가지 질문에 답해야 합니다. 숲속에 실제로 새가 있는지 어떻게 확신하는가. 새가 언제 몇 마리 나타날 것인가. 무위험 이자율(미국 재무부 장기채권 수익률)은 얼마인가. 이 세 가지 질문에 답할 수 있으면 숲의 최대 가치를 알 수 있습니다. '성장투자'와 '가치투자'가 대조적인 투자 스타일이라고 입심 좋게 말하는 시장 논평자와 펀드매니저(자산운용책임자)들은 모두 자신의 무지를 드러내는 것입니다. 성장은 가치 방정식을 구성하는 한 요소에 불과합니다. … 나는 입증되지 않은 수많은 기업 중에서 몇몇 승자를 골라내려 하지 않았습니다. 대신 2600년 전 이솝이 제시한 낡은 방정식을 우리가 어느 정도 확신할 만한 기회에 적용했습니다. 숲속에 새가 몇 마리가 있으며 언제 나타날지를 가늠하는 방식이었죠. 분명히 말하지만, 우리는 기업의 현금 유출입 시점이나 그 규모를 절대로 정확하게 예측할 수 없습니다. 그래서 우리는 항상 보수적으로 추정하며, 예상 밖의 좋지 않은 실적으로 주주들이 피해 보는 일이 없을 만한 산업에 집중합니다. 투자와 투기는 시장 참여자 대부분이 수익을 올리며 환호하는 시기에는 구분하기가 더욱 어려워집니다. 아마추어 투자자는 물론 전문가들까지도 일부 업종의 주가가 기업의 실질 가치와 괴리되어 있다는 사실을 외면한 채, 마치 다른 논리가 작동하는 듯한 착각에 빠지곤 하지요. 이처럼 비이성적인 국면에서는 언제나 '가치 창출'이라는 모호한 표현이 따라다닙니다. 최근 몇 년 동안 증권 업계는 새도 없는 숲을 파렴치하게 팔아넘기면서, 대중의 주머니에서 수십억 달러를 빼앗았습니다. 그러나 모든 거품은 결국 터지게 돼 있죠."

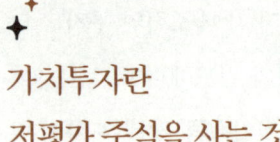

가치투자란
저평가 주식을 사는 것

가치투자는 한마디로 100원짜리 물건을 40원에 사는 투자법이다. 이를 워런 버핏은 "1달러 지폐를 40센트에 사는 것"이라고 설명한다. 100원의 가치가 있는 물건이 어떻게 40원에 시장에 나올 수 있을까? 그 이유는 시장이 비효율적이기 때문이다. 정보의 비대칭, 과도한 공포나 낙관 같은 심리적 요인으로 인해 가격이 본질 가치에서 벗어나는 일이 발생한다. 주식시장은 인간의 광기와 탐욕이 춤을 추는 공간이다. 그러나 길게 보면 주가는 기업의 내재 가치를 찾아간다. 이때 주가가 해당 기업의 내재 가치보다 낮게 거래되는 주식이 있다면 매입했다가 그 가치에 수렴하기를 기다리는 것이 가치투자의 원리이다.

가치투자는 기업의 가치와 적정 주가 평가 능력을 갖추는 것을 전제로 한다. 기업의 실제 가치가 얼마인지 파악해야 주가가 싼지 비싼지 알 수 있고, 주식을 매입할지를 결정할 수 있다. 버핏은 기업의 내재 가치란 "해당 기업이 향후 벌어들일 수 있는 현금을 현재가치로 할인한 값"이라고 주장한다. 예를 들어 어느 기업이 해마다 1억 원씩 현금을 벌어들인다면 이 기업의 내재 가치는 약 50억 원이 된다. 요즘 시중 은행 이자율 2%를 할인율로 가정할 경우이다. 다시 말해 서울의 어느 가게가 30억 원에 매물로 나왔는데, 이 가게가 해마다 1억 원의 현금을 벌어들이고 있다면 가게를 매입할 만하다고 볼 수 있다.

그런데 이런 내재 가치 계산방식은 매우 주관적이고 이상적인 수준에 머무른다는 단점도 있다. 더구나 수익을 창출하지 못하고 있는 기업의 가치는 평가할 수 없다는 한계가 있다. 이런 한계를 보완하기 위해 주가수익비율(PER)·주당순자산비율(PBR) 등의 척도로 기업의 가치와 적정 주가를 따지는 상대 평가법이 등장했다. 그러나 이마저도 허점이 많다는 지적이 있다. 이를테면 기업이 회계원칙 안에서 순이익을 인위적으로 조정할 때 기업 가치가 왜곡될 수 있다는 것이다.

달도 차면 기울고 10년 이상 가는 권력이 없듯이 영원할 것 같았던 버핏의 회사에 그늘이 생기기 시작한 건 2023년 말이다. 4차 산업혁명의 회오리가 몰아치면서 성장주 쏠림 현상이 나타나자, 가치투자가 뚜렷한 퇴조 조짐을 보인 것이다. 2024년 2월 말 공개된 버핏의 서한은 적잖은 충격을 던졌다. 버크셔 해서웨이가 그 전해에 기록한 순이익은 40억 달러로, 2017년(449억 달러)에 비해 10분의 1에 불과하다. 2001년 이후 최저 수준이었다. 투자의 귀재가 고전하자 언론은 이렇게 평했다. "가장 유명한 투자자가 가장 나쁜 한 해를 보냈다."

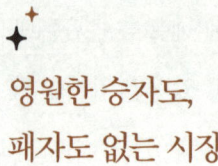

영원한 승자도,
패자도 없는 시장

저조한 성적의 원인으로 지목된 것은 '거꾸로 세워진 케첩 병'으로 유명한 세계 5위 식품기업 크래프트하인즈에 대한 투자 부진이었다. 경영난을 겪던 크래프트하인즈는 150억 달러 규모의 상각 처리, 배당금 삭감을 발표하며 주가가 폭락했다. 이 회사의 지분 26.7%를 갖고 있던 버크셔 해서웨이도 30억 달러를 손실 처리할 수밖에 없었다. 버핏은 자신의 실수를 인정했다. 하인즈가 여전히 훌륭한 사업을 하고 있지만 너무 비싸게 샀다는 것이다. 그러면서 실현되지 않은 이익이나 손실도 순이익 계산에 반영하도록 바뀐 미국의 회계기준 때문에 실적 변동성이 커졌다고 불만을 토로하기도 했다. 버핏은 스스로가 '콜라 충성자'라 말할 정도로 코카콜라의 팬이다. 실제로 코카콜라 지분 9.4%를 보유할 정도로 거액을 투자했다. 하지만 탄산음료가 건강에 해롭다는 공감대가 형성되면서 코카콜라는 최근 10년 새 최고 낙폭을 기록할 정도로 변동성이 컸다. 그동안 가치투자의 핵심이었던 소비재 투자전략이 근본부터 흔들리는 것 아니냐는 분석이 나왔다.

그런 워런 버핏이 2025년 12일 31일 버크셔 해서웨이 회장 직에서 공식 퇴임했다. 버핏은 인공지능(AI) 열풍 속에서도 마지막 해까지 가치투자 원칙을 고수하며 61년의 여정을 마무리한 것이다. 1965년 버핏 회장이 버크셔 해서웨이를 인수한 이후 버크셔 해서웨이 주가는 610만% 급등했다. 같은 기간 배당금을 포함한 S&P500지수 수익률 4만 6,000%를 훌쩍 뛰어넘는 성과이다. 뉴욕 증시가 수차례 사상 최고치를 경신한 2025년에도 버핏 회장은 끝까지 자신의 경영 철학을 고수했다. AI 열풍으로 빅테크 주식이 급등하는 가운데서도 그는 주식 매수보다 매도에 힘을 쏟았다. 2025년 9월까지 버크셔 해서웨이는 100억 달러(약 14조 7,000억 원)어치의 주식을 순매도했다. 2026년까지 버크셔는 3년 연속 주식을 순매도할 전망이다. 버핏은 AI 열풍에 올라타는 것보다 잠재적 인수합병(M&A)을 위한 현금 비축을 택했다는 소식이다. AI 관련주 등 성장주의 열풍이 꺾일 때까지 은인자중하면서 가치투자의 타이밍을 저울질할 가능성이 크다.

 성장주 vs. 가치주

지난 2022년 말 미국 증시에서 시선을 끌 만한 뉴스가 있었다. 워런 버핏이 세계 최대 파운드리 업체인 대만 TSMC의 주식을 처음으로 대거 사들인 것이다. 그동안 기술주 투자에 인색했던 버핏이 이 같은 매입을 한 것은 매우 이례적인 일로 받아들여졌다. 시장에서는 그간 금리 상승 기조 속에 낙폭을 키웠던 기술주에 대한 버핏의 시선이 달라졌다고 진단했다.

그해 버핏이 회장으로 있던 투자회사 버크셔 해서웨이는 TSMC 주식 41억 달러어치를 사들여 지분율을 1.2%로 끌어올리면서 포트폴리오 상위 10위에 올렸다. 버크셔의 매입 사실이 공개되자 TSMC 주가는 6%나 뛰었다. TSMC의 편입으로 버크셔 포트폴리오 상위 10위에 든 정보통신(IT) 업체는 애플, 액티비전블리자드를 포함해 총 3개로 늘어났다. 시장에선 이번 버핏의 투자가 기술주에 훈풍을 몰고 올지 주목했다. 금리 인상의 충격이 컸던 만큼 주가가 충분히 싸다는 신호가 될 수 있기 때문이다.

기술주로 대표되는 성장주는 가치주와 대척점에 있다. 가치주는 실적 등 펀더멘털에 비해 기업 가치가 저평가돼 낮은 가격에 거래되는 주식을 말한다. 반면 성장주는 현재 성장률이 높고 신제품 출시 등으로, 앞으로도 성장이 기대되는 주식이다. 가치주에 비해 창출하는 이익이 적지만 주가가 고평가돼 주가수익비율(PER)과 주가순자산비율(PBR)이 높은 편이다.

그러나 버핏은 가치주인지 성장주인지 구분하는 것이 별 의미가 없다고 봤다. 가치주가 따로 존재하는 것이 아니라 성장주도 얼마든지 가치주로 바뀔 수 있기 때문이다. TSMC 매입도 그런 맥락이었다.

그러나 투자 지표로 기업의 내재 가치를 중시한다는 점에서 버핏은 가치주 옹호론자다. 그는 투자할 때 성장주 15%, 가치주 85%의 비율을 유지했다. 다만 어떤 주식이든 객관적인 분석을 통해 투자 원금을 안전하게 보호하고 동시에 적당한 수익을 올린다는 원칙은 철저하게 지켰다.

문제는 보석 같은 가치주를 찾기가 하늘의 별 따기만큼 어렵다는 점이다. 좋은 가치주를 찾으려면 정보력이 관건인데, 검색만으로 찾을 수 있는 정보라면 이미 대부분의 사람에게 공개가 된 상태라 그 가치가 높지 않다. 그러나 시장 침체기라면 이야기는 달라진다.

최근 투자 환경은 AI(인공지능) 열풍 속에 성장주는 기술주를 중심으로 기세가 등등한 반면 가치주는 상대적으로 풀이 죽어 있다. 반도체 회사인 미국의 엔비디아나 대만의 TSMC 같은 글로벌 기업은 주가가 천정부지로 치솟았고 다른 기술주들도 상승 열기가 뜨겁다. 우리나라 삼성전자와 SK하이닉스도 지난 1년 동안 2배 이상 뛰었다. 지금으로선 성장주가 가치주를 압도하는 상황이다. 그렇다면 이런 현상은 언제까지 이어질까?

일반적으로 경제성장률이 높거나 신기술이 등장하는 시대에는 대부분의 종목들이 상승세를 나타내기 때문에 어떠한 종목에 투자하더라도 수익이 난다. 특히 성장주의 수익률은 타의 추종을 불허한다. 그러나 저성장 시대에는 전체 파이가 크게 늘지 않아서 기업 간 격차가 뚜렷해지면서 주가도 차별화된다. 그래서 아무 주식이나 사서는 수익을 내기 어려워 투자는 '흙 속의 진주 찾기'가 된다. 이런 상황에서 빛을 발하는 전략이 시장에서 저평가된 주식을 사서 기다리는 방식이다. 가치주의 성과는 장기적으로 시장을 능가해왔다. 주가의 조정 국면에서 가치주는 성장주를 늘 이겼다. 저성장 시대에는 가치주에 관심을 가져야 하는 이유다. 하지만 단기적으로 가치투자가 시장을 이기지 못하는 구간이 있다. 옥석 구분 없이 투매가 나타나는 바닥 구간이다. 개인들이 가장 견디기 어려워하는 구간이지만 오히려 전문 투자자들한테는 가치주를 매입할 수 있는 절호의 기회가 주어진다.

6

본전 생각은 버려라

매몰비용

머리에 이고 가던 우유통을 엎지른 처녀

어느 시골 처녀가 우유통을 머리에 이고 걸어가면서 속으로
이런저런 생각을 하고 있었다.

"우유 판 돈으로 달걀 300개를 사면, 썩은 것과 족제비가 물어
가는 것을 빼더라도 족히 250마리의 병아리가 부화하겠지. 그
병아리들은 금세 자랄 것이고 값이 가장 좋을 때 내다 팔 수
있겠네. 그러면 내년쯤에는 새 옷을 살 수 있을 거야. 초록색
으로…. 그래, 초록색이 내 얼굴에 가장 잘 어울릴 거야. 그 옷

을 입고 파티장에 나가면 청년들은 모두 나와 춤을 추고 싶어 할 거야. 하지만 난 누구도 선뜻 받아주지 않고 오만하게 물리칠 거라고."

처녀는 이런 식으로 끝도 없이 상상의 나래를 펼치다가 한순간 몸의 균형을 잃고 말았다. 머리에 이고 있던 우유통은 그대로 바닥으로 굴러떨어져 행복하게 이어지던 상상도 허망하게 박살 나버렸다.

본전 생각을 하다가
점점 수렁에 빠진다

엎질러진 물처럼 우유통에서 쏟아진 우유 역시 다시 주워 담을 수 없다. 우유를 팔 수 없으니 한껏 부풀려진 시골 처녀의 꿈도 산산조각 났다. 아쉽지만 쏟아진 우유를 빨리 잊는 것이 정신 건강에 좋다. 이 우화처럼 사람은 살면서 원상복구가 불가능한 실수를 자주 저지른다. 그것이 돈이나 시간과 관련돼 있으면 더 뼈아프다. 그래서 어떻게든 만회할 방법을 찾으려 미련을 갖지만 그럴수록 아픈 상처만 키울 뿐이다. 이미 엎질러진 물이니까.

경제 활동을 하다 보면 이 우화처럼 엎질러진 물과 같은 상황과 자주 마주친다. 이럴 때 재빨리 포기하고 다른 대안을 찾는 게 최선이지만 대개 아까운 마음을 버리지 못하고 만회할 요량만 궁리하는 경향이 있다. 그러나 만회는커녕 손해만 키울 수 있다. 경제 용어 중에 매몰비용이 있다. 한번 지출하면 자신의 의지로는 회수할 수 없는 비용이라는 뜻이다. 합리적으로 선택하려면 매몰비용에 매달려서는 안 된다. 잊어야 한다. 하지만 원하든 원치 않든 사람은 종종 매몰비용의 함정에 빠진다. 이미 들인 비용과 시간, 노력이 아까워 더 큰 손해를 볼 수 있음에도 쉽게 포기하지 못한다.

어디서나 찾기 쉬운 매몰비용의 사례

매몰비용은 우리 일상에서도 쉽게 찾을 수 있다. 이를테면 남녀가 연애할 때이다. 상대방과 오래 사귀다 보면 단점이 드러나고 싫증이 날 때가 있다. 흔히 정 떨어지는 순간이 찾아온다. 이때 계속 사귈지 말지 고민한다. 그동안 상대방에게 들인 시간과 정성이 매몰비용인데, 이게 아까워 헤어지지 못하면 매몰비용의 함정에 빠진 것으로 볼 수 있다.

　도박, 경마, 카지노, 로또와 같은 사행성 오락게임에서 사람들은 매몰비용에 집착하는 경향이 강하다. 가장 큰 이유는 본전 생각 때문이다. 안 된다는 사실을 일찍 인정하고 멈춘다면 매몰비용은 그리 크지 않을 것이다. 그러나 미련을 붙들고 본전을 만회하려다 보면 오히려 더 깊은 수렁으로 빠져들게 된다.

매몰비용의 교과서적 사례로는 1969년 영국과 프랑스가 공동 개발에 착수한 초음속 여객기 콩코드가 자주 언급된다. 콩코드 프로젝트는 사업을 진행할수록 비용이 예상보다 훨씬 많이 들었다. 성공적으로 끝마친다 해도 수익을 낼 수 있을지 불투명했다. 그러나 양국 정치인들은 이미 많은 비용이 들어간 데다 개발도 거의 끝나간다며 이 프로젝트를 밀어붙였다. 프로젝트를 중단하면 전 세계의 웃음거리가 될지 모른다는 두려움도 한몫했다. 생돈을 쏟아붓더라도 체면치레가 급했던 것이다. 그러나 콩코드 여객기는 예상대로 엄청난 적자를 감당하지 못하고 2003년 운항이 중단됐다. 세계에서 가장 빠르다는 이 비행기는 제대로 빛도 보지 못한 채 짧은 생을 마감했다.

매몰비용이 아까워 인명을 대거 희생시킨 사례도 있다. 2000년대 초 이라크 전쟁 당시 미국 대통령 조지 부시는 전쟁은 사실상 실패이며, 더 이상 얻을 게 없다는 분석 보고에도 "이대로 끝내면 그동안 떠나간 우리 장병들의 희생을 헛되이 하는 꼴"이라며 전쟁을 계속 이어갔다. 그 때문에 안 죽어도 될 미국 군인들의 희생은 더더욱 늘어만 갔다. 이미 손실을 입은 부분은 되돌릴 수 없는 매몰비용이라는 사실을 간과했기 때문이다.

주식을 사는 순간
원금을 잊어야 투자에 성공한다

주식투자자들은 이미 투자한 곳에 계속 투자하려는 속성이 있다. 잘 안다고 믿기 때문일 것이다. 혹 잘못된다 해도 잘 모르는 데 투자했다가 낭패를 당하는 것보다는 덜 억울하다고 생각하기도 한다. 그런데 투자를 계속할지, 아니면 그만둘지를 결정하는 데 지금까지 투자한 돈이 영향을 미쳐선 안 된다. 앞으로 수익 가능성이 낮다고 판단한다면 지금까지 얼마를 투자했든 바로 발을 빼야 지혜로운 투자자이다. 망설이는 시간이 길면 길수록 더 많은 돈을 잃는 것은 물론이고 만회할 기회마저 날아가버린다. 이미 잃은 돈에 집착하는 한 절대 투자에 성공할 수 없다.

주식시장에 발을 들여놓았다가 생돈을 날리는 개미들이 대개 그렇다. 이들이 구사하는 수법 중 대표적인 것이 이른바 '물타기'이다. 손실 구간에서 같은 주식을 추가로 매수해 매입 단가를 낮춰 본전 회복 기간을 단축하는 기법이다. 예를 들어 A라는 회사의 전망이 밝다는 소식을 듣고 그 회사 주식을 10만 원에 샀다고 하자. 주가가 매입 후 며칠 오르다가 이내 곤두박질치기 시작했다. 어느새 투자 원금의 절반이 사라져, 평가 금액은 5만 원까지 떨어졌다.

누가 봐도 실패한 투자이다. 하지만 투자자는 자신의 실패를 인정하고 싶지 않다. 이 경우 선택지는 두 가지이다. 첫 번째는 앞으로 이런 주식에 손을 대지 않겠다며 5만 원을 손해 보고 처분하는 것이다. 이걸 '손절'이라고 부른다. 두 번째는 '물타기'이다. 물타기의 계산법은 이렇다. A주식이 5만 원이 된 상태에서 아무것도 하지 않다가 8만 원으로 오르면 여전히 2만 원 손해다. 그러나 5만 원일 때 같은 수량을 한 번 더 매수하면 이후 주가가 8만 원이 됐을 때 처음 산 주식은 여전히 2만 원 손해이더라도 추가 매수한 주식 덕분에 3만 원을 벌게 돼 결과적으로 1만 원 이익이라는 것이다.

하지만 주가가 8만 원까지 오를지 어떻게 확신하겠는가. 앞으로 더 떨어질 수도 있다. 10만 원일 때도 확신이 있었으니까 과감히 사지 않았던가. 그런데 오르기는커녕 5만 원으로 떨어졌다. 주식을 추가 매수한 이유가 본전이 아까워서라면 '매몰비용의 함정'에 빠진 것이다. 매몰비용의 함정에 빠지지 않으려면 스스로에게 이런 질문을 던져보자. "지금 A주식을 처음 알았다면 과연 사겠는가?" 만약 '아니'라는 답이 나오면 물타기를 하지 말아야 한다. 돈을 잃었다는 이유만으로 더 이상 희망이 없는 주식을 끌어안고 있는 것은 현명한 판단이라 보기 어렵다. 주식투자자는 주식을 사는 순간 원금을 잊어버리는 게 중요하다. 본전 생각을 버리라는 얘기이다. 만약 매수한 주식이 계속 떨어지기만 한다면 어느 지점에서는 물타기가 아닌 손절을 결심해야 한다.

 기회비용

경제에서 매몰비용 못지않게 중요한 비용 개념이 기회비용이다. 기회비용이란 어떤 선택을 할 때 포기해야 하는 다른 대안 중 가장 가치 있는 것의 이익을 말한다. 우리는 늘 여러 선택지 앞에 서 있고, 시간과 돈, 자원은 한정되어 있기 때문에 하나를 택하면 다른 하나는 내려놓아야 한다. 그때 사라지는 가능성의 가치가 바로 기회비용이다. 선택이 합리적이기 위해서는 그 선택으로 기대되는 다른 대안을 포기함으로써 발생하는 기회비용보다 커야 한다.

예를 들어 1천만 원이 있을 때 사업에 투자하면 10%의 수익을 기대할 수 있지만 주식에 투자하면 연 7%의 이익을 얻을 수 있는 경우 사업에 투자하면 기회비용은 주식투자 예상 수익 70만 원이다. 사업의 예상 수익은 100만 원이므로 주식투자보다는 사업투자가 유리하다. 직장인이 주말에 쉬는 대신 아르바이트를 한다면, 그가 포기한 휴식과 여가의 가치 역시 기회비용이다.

기회비용은 회계장부에 기록되지 않는 '보이지 않는 비용'이지만, 경제적 의사결정에서는 매우 중요하다. 합리적 선택이란 단순히 눈앞의 지출만 보는 것이 아니라, 포기한 최선의 대안과 비교해 더 큰 가치를 얻는 선택을 하는 것이다. 특히 투자에서는 자금을 묶어두는 것 자체가 다른 투자 기회를 잃는 행위가 되므로, 항상 대안 수익률과 비교해야 한다.

결국 기회비용은 선택의 책임을 일깨워주는 개념이다. 우리는 무엇을 얻었는가만이 아니라, 무엇을 포기했는가를 함께 따져볼 때 비로소 더 현명한 결정을 내릴 수 있다.

7

나는 투기꾼인가 투자자인가?

투기의 정체

비만증 걸린 암탉

어느 농가의 주인이 암탉 한 마리를 기르고 있었다. 주인은 암탉을 아주 소중히 여겼다. 통통하고 건강한 암탉은 날마다 신선한 달걀을 하나씩 낳아주었다. 암탉이 달걀을 낳으면 주인은 그것으로 맛있는 반찬을 만들었다. 그리고 때로는 달걀을 모았다가 시장에 내다 팔아 다른 물건을 사기도 했다. 암탉이 낳는 달걀은 크고 맛이 좋아 특별히 비싼 값에 팔렸다. 그러던 어느 날 주인은 문득 욕심이 생겼다.

"암탉이 하루에 달걀을 한 번만 낳으니, 달걀 반찬을 하루 한 번밖에 먹을 수 없어. 그리고 며칠 동안 모아도 겨우 시장에 내다 팔 정도밖에 안 되잖아. 암탉이 알을 좀 더 많이 낳게 할 방법은 없을까?"

주인은 잠시 생각에 잠겼다. 그러다가 드디어 한 가지 방법이 떠올랐다.

"그래 먹이를 2배로 주면 달걀도 2배로 낳을 거야."

주인은 암탉의 먹이를 2배로 늘렸다. 암탉은 금방 몸이 불어나기 시작했다.

"이제 몸이 불어났으니까 알도 많이 낳겠지."

주인은 흐뭇한 마음으로 암탉이 알을 여러 개 낳기만 기다렸다. 그러나 지나치게 몸이 불어난 암탉은 예전처럼 하루에 하나의 알조차 낳지 못했다.

투자와 투기의
경계선

농가 주인의 욕심 때문에 암탉은 비만증에 걸려 하루 하나씩 낳던 알조차 낳을 수 없게 됐다. 소탐대실이다. 이처럼 욕심이 앞서면 리스크가 커진다. 경제 행위라는 게 다 그렇다.

투기와 투자는 무엇이 다를까? 투자는 뭔가 정의롭고 좋은 것이고, 투기란 떳떳하지 못하고 나쁜 것이란 느낌이 든다. 투기의 사전적 정의는 시세 변동에 따른 차익을 노리는 매매행위이다. 다시 말해 값이 오를 것으로 기대해 물건을 사고 단기간에 이득을 남기고 파는 것이다. 실제 그 물건이 필요해서 사는 실수요와는 다르다. 그런데 시장은 실수요만으로 굴러갈까? 그렇지 않다. 실수요만 있으면 사려는 사람이 충분하지 않아, 장사하는 사람이 원하는 만큼 물건을 팔지 못한다. 그래서 밉지만 투기꾼의 도움도 필요할 때가 있다.

따지고 보면 투자와 투기는 한 혈통이다. '투'자 돌림이고 끝 글자만 다를 뿐이다. 둘의 고향은 시장이다. 같은 곳에서 같이 놀면서 자랐지만 성격은 판이하다. 투자는 감성과 이성이 균형을 이뤄 차분하고 얌전한 편이다. 그러나 투기는 이성보다는 감성이 강해 변덕스럽고 때로는 거칠다. 그래서 시장은 이 투기 때문에 바람 잘 날 없다.

시장에서는 균형이 중요하다. 시장이 이상하게 움직이다가도 결국은 사는 쪽과 파는 쪽이 팽팽하게 맞서는 균형점으로 돌아오도록 돼 있다. 만약 균형점보다 높은 수준에서 가격이 형성될 경우 공급자는 많이 공급하고 소비자는 적게 소비한다. 이 때문에 물건은 넘쳐나는데, 살 사람이 부족해 결국 공급자는 다시 가격을 내린다. 그렇게 해서 균형점이 회복되는 것이다. 마찬가지로 균형

점보다 가격이 낮으면 공급자는 덜 생산하고 소비자는 더 사려고
하니 가격은 다시 올라간다. 이처럼 쌀 때 사서 비쌀 때 파는 것은
가장 기본적이고 자연스러운 투자원칙이다.

반면 투기는 그와 다르다. 가격이 오를수록 더 사들이고, 그 수
요가 다시 가격을 끌어올린다. 이것이 거품이고, 거품은 언젠가는
'펑' 하고 터지게 마련이다. 그러나 언제 거품이 터질지는 아무도
모른다. 터지고 나서야 '아, 그게 거품이었구나' 하고 뒤늦게 인식
할 뿐이다. 만약 가격이 떨어지면? 투기는 일어나지 않는다. 부동
산이 꼭 그렇다. 부동산 가격이 꾸준히 올라가면 사람들은 부동산
을 사려고 한다. 부동산 가격은 다시 올라간다. 그러면 정부에서
부동산 대책을 내놓는다. 시장엔 매물이 넘쳐나는데, 사려는 사람
은 꼬리를 감춘다. 정부는 부동산 시장을 살린답시고 불쏘시개로
투기 수요를 이용하기도 한다. 가격이 오를수록 사려는 사람이 더
많아지는 것, 이것이 투기의 정체이다.

투자와 투기는 사람들의 '기대'를 먹고 자란다. 가격이 오르리
라는 기대가 없으면 투자든 투기든 꿈쩍도 안 한다. 투자는 균형
가격보다 더 떨어졌으니까, 적어도 그 가격을 회복할 때까지 오르
리라는 기대에서 이루어진다. 이는 시장이 정상궤도로 돌아오는
것이므로 크게 문제 될 것이 없다. 하지만 지금까지 올랐으니 앞
으로도 오를 것이라는 기대가 사람들의 투기를 부추기고 다시 가
격을 밀어 올려 시장의 거품이 형성된다. 투기는 시장 과열을 빚

고 경우에 따라선 참여자 모두를 루저로 만드는 문제를 낳는다.

투기가 자라는 토양은 몇 가지 조건을 갖춰야 한다. 먼저 경제가 잘 돌아가야 한다. 또 시중에 돈이 넉넉하게 풀려 있어야 한다. 저금리가 이어지는 상황에서는 언제든지 투기가 준동할 태세를 갖춘다.

경제가 호황기에 접어들면 사람들은 어디든 돈을 투자하고 싶어 한다. 그 대상이 주식이든 부동산이든 암호화폐든 크게 상관이 없다. 그럴듯한 미래 전망이나 다른 사람의 성공담 같은 투기심을 자극하는 요소가 더 중요하게 작용한다.

예를 들어 암호화폐가 단 며칠 사이 폭등하면서 힘들이지 않고 큰돈을 벌어 월급쟁이 생활을 때려치웠다는 이야기가 언론에 자주 나온다. 적게 일하고도 쉽게 돈 벌 수 있다는 말에 누가 마음이 흔들리지 않겠는가. 경기 전망은 장밋빛이고 실탄도 충분하다. 이제 남은 것은 사람들의 탐욕에 불을 지피는 일뿐이다.

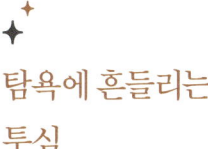

탐욕에 흔들리는
투심

그 내용이 진실인지 아닌지는 별로 중요하지 않다. 그저 그럴듯하게 들리기만 하면 된다. 이제껏 망설이던 사람들도 '사자' 대열에 올라탄다. 혹시 막차 타는 게 아니냐는 불안감이 없지 않지만 나만은 빠져나올 수 있다고 자신한다. 그러면 시장엔 더 많은 돈이 풀리고 가격은 폭등한다. 가격이 오르면 오를수록 미래에 대한 전망은 더욱 그럴듯하게 포장된다. 시장은 이제 '폭탄 돌리기' 게임에 접어든다. 폭탄이 언제 터질지 아무도 알 수 없지만 사람들은 자신의 능력을 과대평가한 나머지 제때 팔 수 있다고 자신한다. 그러면서 거래는 계속되고 폭탄은 마지막 투자자의 손에서 터지고 만다. 자기 과신, 헛된 희망, 욕심 등이 어우러지며 시장은 대재앙의 길로 들어서는 것이다. 그 대재앙의 최대 피해자는 다름 아닌 개인들이다. 17세기 네덜란드의 튤립 투기, 1929년 대공황, 2008년 글로벌 금융위기 등 시장이 파국을 맞을 때마다 희생양이 된 것은 언제나 개인들이었다. 수년 전 광풍이 몰아친 비트코인도 거품이 끼었는지 알 수 없지만, 만약 시장이 거품이라고 판단하고 가격이 급격하게 하락한다면 그 피해는 개인들이 고스란히 뒤집어쓸 것이다.

인간의 욕망이 꿈틀대는 증시에서도 한순간에 큰돈을 벌려다 있는 재산마저 탈탈 털리는 투자자가 부지기수이다. 시장은 투기의 유혹이 똬리를 틀고 있는 곳이다. 시장 분위기에 휩쓸리는 순간 유혹의 먹잇감이 될 가능성이 크다.

투기로 폭락과 폭등을 반복하는 시장에서 살아남는 길 중 하나는 장기투자이다. 과거 20년간 코스피 지수 궤적을 그려보면

1997년 외환위기, 2000년대 닷컴 버블, 2008년 금융위기 같은 험한 세월을 겪으면서도 전체적인 흐름은 조금씩 고점을 경신하며 상승했다. 굵직한 악재가 터져도 최소 3년만 지나면 원래 주가 수준을 회복하며 상승곡선을 그렸다. 과거 지수 움직임이 미래에도 되풀이된다는 보장은 없지만 주식은 심리게임이고 주가를 만들어가는 것은 군중심리라는 사실을 생각하면 장기투자가 답이라는 결론이 나온다.

기축통화

국제 거래에 결제 수단으로 통용되고 환율 결정에 기준이 되는 통화를 말한다. 기축통화로서 지위를 유지하려면 몇 가지 조건을 갖춰야 한다. 기축통화 발행국은 우월한 군사력을 보유해서 전쟁으로 국가의 존립이 문제시되지 않아야 한다. 또한 다양한 재화나 서비스를 생산하고, 통화가치가 안정적으로 유지되어야 한다. 아울러 고도로 발달한 외환시장과 금융·자본시장을 갖추고 있어야 하며, 국제 거래에 대한 과도한 규제도 없어야 한다.

현재 대표적인 기축통화는 미국 달러화이다. 1960년 미국의 로버트 트리핀 교수가 처음 사용한 용어이다. 그는 달러화 중심의 금본위제인 브레턴우즈 체제에서 달러화의 구조적 모순을 지적했다. 한

국가의 재화와 서비스의 수출입 간 차이인 경상수지는 수입이 수출을 초과하면 적자이고, 수출이 수입을 초과하면 흑자이다. 그는 "미국이 경상수지 적자를 허용하지 않아 국제 유동성 공급이 중단되면 세계 경제는 크게 위축될 것"이라면서도 "반면 적자 상태가 지속돼 달러화가 과잉 공급되면 준비 자산으로서 신뢰도가 떨어지고 고정환율제도도 붕괴할 것"이라고 말했다. 이래저래 브레턴우즈 체제는 오래 못 갈 것이라는 예언이었다.

1970년대 초 미국은 경상수지 적자가 누적되고 달러화가 과잉 공급돼 미국의 금 준비량이 급감했다. 이에 따라 미국은 달러화의 금태환 의무를 감당할 수 없는 지경에 이르렀다. 이를 해결하는 방법은 달러화의 가치를 내리는 평가절하, 또는 달러화에 대한 다른 나라 통화의 환율을 하락시켜 그 가치를 올리는 평가절상이었다. 하지만 브레턴우즈 체제에서 달러화의 평가절하는 규정상 불가능했고, 당시 대규모 대미 무역 흑자 상태였던 독일, 일본 등 주요국들은 평가절상에 나서려고 하지 않았다. 이 상황이 유지되기 어려울 것이라는 전망으로 독일의 마르크화와 일본의 엔화에 대한 투기적 수요가 증가했고, 결국 환율의 변동 압력은 더 커질 수밖에 없었다. 이러한 상황에서 각국은 자국이 보유한 달러를 대규모로 금으로 바꾸기를 원했다.

결국 1971년 미국은 달러화의 금태환(지폐를 일정한 비율로 금과 바꿔주는 제도) 정지를 선언했고, 브레턴우즈 체제는 붕괴되었다. 그러나 붕괴 이후에도 1,2차 오일쇼크를 거치면서 달러화의 기축통화 위치는 더욱 공고해졌다. 현재 국제 결제의 45%가 달러로 이뤄진다. 세계 외환 보유액의 60%가 달러고, 외화 표시 부채도 60% 이상이 달러이다. 저축을 해도 달러로 하고, 빚도 달러로 낸다는 얘기이다. 한마디로 미국은 달러 패권을 쥐고 세계 경제를 쥐락펴락할 수 있다는 말이다.

기축통화국은 국제적으로 통용되는 통화를 발행하는 권한을 가지고 있다. 화폐를 마음껏 찍어내어 다른 나라에 판매할 수 있다. 미국의 최고 수출품은 달러라는 말도 있다. 이는 기축통화국에 많은 이익을 안겨준다. 기축통화인 달러와 일반 화폐의 다른 점은 일반 화폐는 많이 찍어내면 인플레이션이 발생하지만 달러는 그 정도가 훨씬 덜하다는 것이다. 전 세계에 엄청난 달러 수요가 있기 때문이다. 중국이나 일본이 미국과의 무역에서 흑자를 내고 있지만 벌어들인 달러는 비상사태를 대비한 외환 비축과 무역 결제를 위해 미국 국채를 사는 방식으로 보유한다. 미국이 달러를 아무리 많이 찍어내도 인플레이션이 안 일어나고 달러 가치가 급격히 떨어지지 않는 이유이다. 이것이 미국 경제를 떠받치는 힘의 원천이다.

8

뭉치면 죽고 흩어져야 산다
분산투자

세 마리 쥐의 '삼인삼색' 식량보관법, 그 결과는?

옛날 옛적 넉넉한 곡창지대에 영리한 쥐 삼 형제가 살고 있었다. 삼 형제는 각자 튼튼한 창고를 지어 곡식을 보관하며 부자되는 꿈을 꾸었다.

첫째 쥐는 욕심이 많고 조심성이 없었다. 그는 가장 튼튼하고 넓은 창고를 짓고 싶어 했다. 그래서 온 힘을 다해 한 종류의 곡식, 튼실한 황금 보리만 잔뜩 사들여 창고를 가득 메웠다.

"황금 보리는 가장 귀하고 값비싸니, 이 창고만 든든하면 나는 부자가 될 거야!”

첫째 쥐는 코를 씰룩거리며 자랑했다. 둘째 쥐는 신중하고 계획적이었다. 그는 여러 종류의 곡식을 조금씩 사들여 창고를 채웠다.

“쌀은 밥을 지어 먹고, 콩은 반찬을 해 먹고, 옥수수는 간식으로 먹을 수 있지. 이렇게 다양한 곡식을 갖춰두면, 어떤 곡식의 값이 오르든 손해를 보지 않을 거야.”

둘째는 만족스러운 표정으로 창고를 바라보았다. 셋째 쥐는 꾀가 많고 지혜로웠다. 그는 창고를 짓는 대신 여러 곳의 밭에 곡식을 조금씩 나누어 심었다.

“한 곳에 모든 곡식을 심으면 혹시라도 재해가 닥칠 때 큰 손해를 볼 수 있어. 여러 곳에 나눠 심어두면 한 곳에서 실패하더라도 다른 곳에서 수확할 수 있겠지.”

셋째는 땀을 흘려가며 꼼꼼하게 밭을 관리했다. 어느 해 가뭄이 닥쳤다. 첫째 쥐의 창고에는 비교적 가뭄에 강한 황금 보리가 가득했지만, 공급이 넘치면서 가격이 폭락했다. 첫째는 망연자실했고 큰 손해를 보았다. 둘째의 창고는 쌀, 콩, 옥수수 등 다양한 곡식을 갖추고 있었지만, 가뭄으로 인해 모든 곡식의 수확량이 줄었다. 그래도 다양한 종류 덕분에 첫째 쥐보다는 손실이 적었다. 셋째의 밭은 여러 곳에 흩어져 있었고 가뭄의 피해도 밭마다 달랐다. 어떤 밭에는 옥수수가 잘 자랐고,

어떤 밭에는 콩을 많이 수확했다. 셋째는 곡식을 팔아 다른 쥐들보다 훨씬 많은 이익을 얻었다.

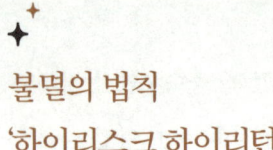

불멸의 법칙
'하이리스크 하이리턴'

세 마리 쥐는 각자의 방식대로 곡식을 수확해 식량 문제를 해결하려 했지만, 재해 발생의 위험을 최소화한 셋째가 수확의 기쁨을 누리면서 돈도 많이 벌었다. '모든 알을 한 바구니에 담지 마라'는 영국 속담을 떠올리게 하는 우화이다.

이 우화는 '분산투자'의 중요성을 말해주기도 한다. 첫째 쥐는 곡식을 한군데로 몰아 관리하다가 망했고, 둘째는 여러 군데 나눠 보관함으로써 위험을 분산하긴 했지만 그 한계가 있었으며, 셋째는 아예 투자 단계에서 분산 방법을 사용해 위험을 피할 수 있었다.

주식시장에서 자주 쓰이는 단어 중 하나가 '변동성'이다. 변동성은 한마디로 가격의 변화를 뜻한다. '변동성'이 커진다는 건 곧 가격이 심하게 출렁거린다는 뜻이다. 손실 구간이든 이익 구간이든 간에 변동성이 커진다는 것은 바람직하지 않다. 투자 수익에 나쁜 영향을 끼치기 때문이다. 변동성은 리스크, 즉 원금 손실 위험의 또 다른 이름이다. 그러나 리스크와 수익은 동전의 양면과 같다. 수익이 존재하지 않는 곳에는 리스크도 없다. 리스크는 결국 수익을 기대하는 순간 그 기대와 함께 생겨나는 것이다. '하이 리스크, 하이리턴'은 불멸의 투자원칙이다. 왜 그럴까?

리스크는 매우 큰데 투자자에게 돌아오는 수익은 고작 은행 이자 수준에 불과한 상품이 있다고 가정해보자. 이 상품에 가입할 사람은 없을 것이다. 인기가 떨어지면 수요가 줄어 가격도 내려간다. 하지만 가격이 내려가면 기대 수익률은 반대로 높아진다. 동일한 상품을 싼 가격에 사는 거니까 향후 회복 시 얻을 수 있는 수익의 폭이 커지기 때문이다. 가격 하락은 리스크 수용에 따른 보상, 즉 수익률이 어느 정도 올라갈 때까지 계속된다. 여기서 알 수 있는 점은 분명하다. 기대 수익률이 높다는 것은 그만큼 가격 변동 폭이 크고, 원금 손실 가능성 또한 크다는 뜻이다. '높은 위험(하이 리스크)=높은 수익(하이 리턴)'이 자동으로 실현됨을 알 수 있다.

그러나 아무리 적절한 수익에 위험도 적절히 낮춘 상품이더라도 시장에 나오면 이야기가 달라진다. 시장은 말 그대로 거친 바다와 같다. 잔잔할 땐 양처럼 순해 보이지만 폭풍우가 몰아칠 땐 무섭다. 지금 이 글을 쓰는 2026년 상반기처럼 하루가 멀다 하고 급등과 급락을 반복하는 우리나라 주식시장이 바로 그런 모습이다. 시장은 절대 경제이론에 맞추어 움직이지 않는다. 종국에는 경제 상황과 맞물리겠지만 거기까지 이르는 과정은 험난하고 굴곡이 심하다. 오죽하면 경제학자들이 시장의 움직임을 '술 취한 사람의 발자국'에 비유했겠는가. 술 취한 사람은 결국 집에 들어가지만 그때까지 비틀거리며 아슬아슬한 걸음을 걷는다. 그러다가 다치기도 하고 큰 사고를 만나 병원 신세를 지기도 한다.

시장은 우연이 지배하는 곳이자 인간 심리의 결정체로 보는 것이 옳다. 경제위기나 전쟁 등 예상치 못한 우연히 벌어지는 사건이 언제든 튀어나올 수 있다. 아무리 뛰어난 투자자라 해도 우연의 사건 앞에선 속수무책일 수밖에 없다. 만약 우연한 사건이 투자자들의 집단 광기와 만나면 파국으로 치닫는다.

주식시장의 특징 가운데 하나는, 격렬한 가격 변동이 일정한 간격으로 고르게 나타나는 것이 아니라 특정 시기에 집중해서 나타나는 경향이 있다는 점이다. 그래서 투자에서는 '무엇을 사느냐'만큼이나 '언제 파느냐'가 중요해진다. 장기투자를 해서 아무리 큰 수익을 얻었더라도 적절한 시기에 매도하지 못하면 도로아미타불이 된다는 말이다. 한번 지나간 매도 시기는 언제 다시 돌아올지 기약이 없다. 실제 세계적 펀드 회사 피델리티가 전 세계 투자자들을 상대로 조사했더니 15년 동안 투자한 사람은 매년 6%의 수익을 올렸지만, 최적의 매도 시기를 놓치면 수익률이 겨우 2%에 그쳤다.

리스크의 천적,
시간

지금 세상에 존재하는 금융제도와 기법을 모두 동원해도 시장에서 맞닥뜨리는 리스크를 완전히 제거하기란 불가능하다. 그나마 쓸모 있는 무기로 평가되는 것이 바로 '분산투자'이다. 뭉쳐놓으면 쉽게 위험의 먹잇감이 된다. 시장에선 '뭉치면 살고 흩어지면 죽는다'가 아니라 그 반대이다. 흩어져 있으면 맹렬한 리스크의 공세를 무디게 할 수 있다. 매수에 나설 때 여러 번에 나누어 사고, 한 종목이 아니라 여러 종목에 골고루 분산하는 것이 좋다.

리스크의 천적인 시간을 이용하는 것도 방법이다. 리스크는 시간 앞에서만큼은 맥을 못 춘다. 구체적으로 말하면 적립식 투자를 하는 것이다. 적립식 투자의 원리엔 시장이 언제 좋고 나쁠지 사람이 알 수 없다는 전제가 깔려 있다. 그래서 일정액을 정기적으로 투자하되 주가가 쌀 때는 많이, 비쌀 때는 적게 매수하여 시장 위험을 분산시킬 수 있다. 평균 매입 단가를 시장의 시세에 맞추어가는 이른바 '코스트 에버리징(Cost Averaging, 비용 평준화)'이라는 정액 분할 매입 기법이다.

매입 단가를 낮추려면 당연히 쌀 때 많이 사야 한다. 상식적으로는 시장이 침체일 때 주식을 싸게 살 수 있다. 하지만 현실에서는 이 상식과 반대되는 형태의 투자가 판을 친다. 주가가 좋을 때 적립식 투자를 시작했다가 시황이 나빠지면 중단하거나 아예 계약을 해지하는 경우가 많다. 이래서는 코스트 에버리징 효과를 제대로 누릴 수 없다. 나도 초년병 기자 시절 증시가 활황일 때 적립식 투자를 시작했다가 주가가 계속 내려가자, 겁이 나 계약을 해지해 큰 손해를 입었던 경험이 있다. 그 적립식 상품은 나중에 증시가 회복되면서 수익률이 플러스로 돌아섰고 뒤늦게 땅을 치며 후회했다.

적립식 투자를 제대로 하려면 '타이밍'이 아니라 '타임'에 투자하는 자세가 필요하다. 시간 투자, 즉 장기 보유가 꼭 수익을 보장한다기보다는 보유한 펀드를 좋은 가격에 팔 기회를 여러 차례 제공하기 때문이다. 또 중간에 손실이 나더라도 매수를 중단해서는 안 된다. 손실은 곧 시장의 침체를 의미하므로 오히려 공격적인 자세로 임해야 한다. 손실을 보더라도 두 눈 질끈 감고 뚝심 있게 버텨야 적립식 투자로 승부를 볼 수 있다. 전문가들은 적립식 투자기간이 최소한 3년에서 5년 이상은 돼야 한다고 주장한다.

포트폴리오 이론

유대인의 경전인 《탈무드》는 가계 자산의 3분의 1은 주머니에, 3분의 1은 집에, 3분의 1은 가게에 분산하라고 가르쳤다. 요즘으로 말하면 3분의 1은 현금성 자산에, 3분의 1은 부동산에, 3분의 1은 증권에 투자하는 것이다. 위험이 똬리를 틀고 있는 시장에서 이익을 얻는 방법치고는 너무 간단해 보인다.

유대인의 자산 3분법을 활용해 투자이론으로 정립한 사람이 현대 포트폴리오의 아버지라 불리는 미국의 경제학자 해리 마코위츠(Harry Max Markowitz, 1927~2023)이다. 마코위츠는 1952년 수익을 장기적으로 극대화하는 투자전략을 짜고 싶다면 포트폴리오를 잘 구성해야 한다고 주장했다. 당시는 투자자들에게 증권이란 그저 손길 닿는 대로 사면 그만인 것이며, 포트폴리오가 무엇인지, 이게 왜 중요한지 아무 개념이 없던 시절이었다.

포트폴리오 이론의 핵심은 다양한 개별 자산에 대한 투자비율을 적절하게 조합하는 것이다. 여기서 마코위츠가 강조한 것은 각 투자 자산의 개별 수익률이 같은 방향으로 움직이는 상관관계가 낮아야 한다는 점이다. 상관관계가 낮은 자산을 결합하면 수익성은 낮아지지만, 위험 또한 그만큼 낮은 포트폴리오를 만들 수 있다. 마코위츠는 이 연구에 대한 공으로 노벨경제학상까지 탔다. 실제로 마코위츠는 주식과 채권에 절반씩 투자했다.

그러나 전문지식이 부족한 개인들이 자산의 적정 분산비율을 분석해 계산하고 실행하는 것은 쉽지 않다. 다행히도 이 문제를 간단하게 해결하는 방법이 있다. 바로 펀드나 ETF(상장지수펀드)에 투자하는 것이다. 이들 상품은 그 자체로 위험을 어느 정도 버무려 순화시킨 비빔밥이다. 하나로 부족하다면 여러 개를 보유하여 위험의 날카로운 공격에 대해 겹겹이 보호막을 칠 수 있다. 투자 대상도 주식과 채권에 그치지 않고 부동산, 곡물, 원자재 같은 실물뿐 아니라 미국, 유럽, 중국 등 지역별로도 다양화하는 게 좋다. 이런 면에서 글로벌 시장을 대상으로 하는 해외 펀드는 위험분산 효과가 뛰어나다고 할 수 있다. 해외 투자는 시간과 장소, 종목이라는 리스크 관리 3대 요소를 한 울타리에 묶는 방법이다.

Part 2
살아 있는 모든 것은 게임을 한다

주식시장은 돈을 매개로 서로의 마음을 떠보는 게임장이다. 투자자들은 각자의 패를 쥐고 있지만 판을 움직이는 것은 타인의 선택이다. 내가 사는 순간 누군가는 팔고, 내가 기다리는 사이 누군가는 먼저 달린다. 이곳에서 이익은 혼자의 계산으로 오지 않는다. 상대의 두려움과 욕망을 읽는 자만이 승리하는 다음 수를 놓는다. 때로는 모두가 겁먹고 달아나는 '죄수의 딜레마'가 펼쳐지고, 때로는 협력의 숨은 약속이 시장을 지탱한다. 결국 투자란 타인의 선택을 가늠한 고독한 결정을 조심스레 내미는 한 수다.

9

최선 아닌 차선

게임이론

농부와 이빨 뽑은 사자

어느 농가에 아름다운 딸과 함께 사는 농부가 있었다. 근처 숲에서 살고 있던 사자는 농부의 딸을 보고 그만 사랑에 빠지고 말았다. 날마다 농부의 아름다운 딸을 훔쳐보기만 하던 사자는 드디어 용기를 냈다. 직접 찾아가서 딸을 달라고 간청하기로 한 것이다. 농부를 마주한 사자는 정중한 태도로 청혼했다. "댁의 따님을 사랑합니다. 따님을 제 아내로 허락해주신다면 행복하게 해줄 것을 사자의 이름을 걸고 맹세합니다."

사자의 말을 들은 농부는 고민에 빠졌다. 자기 딸을 사나운 맹수에게 줄 수는 없었다. 하지만 사자의 청혼을 그 자리에서 거절한다면 사자가 어떻게 나올지 너무나 두려웠다. 농부는 결정을 내리지 못한 채 한동안 고민하다 말했다.

"자네처럼 용맹한 사자라면 내 사윗감으로 나무랄 데가 없네. 하지만 내 딸과 결혼하기 위해선 조건이 하나 있네. 내 딸은 자네의 이빨과 발톱을 두려워한다네. 그러니까 전부 뽑아버렸으면 좋겠네."

농부의 딸을 너무나 사랑한 나머지 사자는 그 제안을 받아들여 비장한 각오로 이빨과 발톱을 모조리 뽑아버렸다. 그리고 사랑하는 농부의 딸을 데려가기 위해 다시 농부의 집으로 찾아갔다.

그러나 농부는 이빨과 발톱이 빠진 사자를 더 이상 두려워하지 않았다.

"고약한 녀석, 사자 주제에 감히 내 딸을 넘보다니… 썩 물러가지 못해!"

농부에게 모욕을 당한 사자는 억울하지만 어쩔 수 없었다. 사자는 어깨를 늘어뜨린 채 숲속으로 도망치고 말았다.

'이빨 뽑은 사자'에 숨어 있는
게임이론

사랑에 눈이 멀면 눈에 콩깍지가 씐다고 한다. 그래서 사자는 농부의 제안대로 자신의 가장 강력한 무기인 이빨과 발톱을 뽑아버렸다. 하지만 이빨과 발톱이 없는 사자는 종이호랑이에 불과하다. 아무런 힘도 없는 사자가 무엇이 무섭다고 딸을 주겠는가? 사자는 농부의 꾀에 너무 쉽게 넘어가버렸다.

이 우화는 경제학에서 가장 인기가 높은 '게임이론'의 내용을 담고 있다. 게임이론이란 각자의 행동이 서로의 결과에 영향을 미치는 상황에서, 합리적 주체들이 자신의 이익을 극대화하기 위해 어떤 전략적 의사결정을 내리는 것이 좋을지 분석하는 경제학의 한 분야이다. 우리 일상에서도 게임 상황은 도처에서 발생한다. 혼잡한 도로를 주행하는 운전자는 운전이라는 게임을 하는 것이다. 싼값에 물건을 사기 위해 온라인 시장에서 입찰하는 사람은 경매라는 게임을 한다. 기업과 노조는 임금 및 단체협약을 논의하는 협상이라는 게임을 한다. 정당들은 선거에서 정책과 정강을 통해 유권자의 지지를 얻는 정치적 게임을 한다. 그러니까 살아 있는 모든 것은 게임을 한다고 봐도 된다.

'이빨 뽑은 사자'의 이야기도 게임이론으로 분석할 수 있다. 자칫 목숨이 위태로워진 농부는 아무래도 게임이론을 알고 있었던 것 같다. 결정을 미루고 사자가 불리한 선택을 하게 만들어 상황을 반전시켰기 때문이다.

농부에게는 두 가지 선택지밖에 없었다. 사자에게 대들다 죽는 것, 딸을 사자에게 빼앗기는 것이다. 하지만 이빨과 발톱을 모두 뽑으면 결혼을 허락할 테니 어떻게 할지 선택하라고 결정권을 사자에게 넘기면 불리한 상황이 바뀐다. 사자에게 이빨을 뽑으면 결혼을 허락하고 그러지 않으면 허락하지 않겠다고 말하지만, 농부는 속으로 자기 말을 들으면 바로 때려잡고 이빨 뽑기를 거부하면 딸과 결혼을 시킬 수밖에 없다고 생각했을 것이다. 어쨌든 최악의 선택지인 죽임을 당하는 것은 사라지게 되는 셈이다. 사자를 때려잡는 것과 딸을 빼앗기는 것이라는 선택지만 남기 때문이다.

반면 사자는 진심이었으나 생각이 모자라 자신의 최대 강점인 이빨을 선택지에서 사라지게 하는 실수를 한다. 한마디로 농부의 전략에 완패를 당한 셈이다. 이처럼 상대방의 미래 행동을 예측한 후 그에 맞춰 현재 자신의 행동을 선택하는 방식이 바로 게임이론의 기본 개념이다.

퍼스트 무버보다는
세컨드 무버

게임에 참가하는 사람을 플레이어라고 하는데, 먼저 움직이는 플레이어를 퍼스트무버(First Mover), 나중에 움직이는 플레이어를 세컨드 무버(Second Mover)라고 한다. 위 우화에선 사자가 퍼스트 무버, 농부가 세컨드 무버인 셈이다. 게임이론에서 중요한 것은 게임하는 순서이다. 대개 세컨드 무버가 유리하다. 왜냐하면 퍼스트무버의 행동을 보고 대응할 수 있기 때문이다.

남북관계를 보면 서로 세컨드 무버가 되겠다며 상대방에게 퍼스트 무버가 되기를 요구한다. 남한은 풍부한 경제력이, 북한은 핵무기 보유라는 강점이 있다. 남한은 북한에게 핵무기를 포기하면 경제 원조를 하겠다는 것이고, 북한은 경제 원조를 먼저 해주면 핵 개발을 자제하겠다고 맞서고 있다. 그러나 남한은 북한의 요구를 들어줄 경우 북한이 원조만 받고 핵 개발을 지속하면 어떻게 하느냐는 입장인 데 반해 북한은 핵이 사라지면 이빨 뽑힌 사자꼴이 될 것이라고 우려한다. 그래서 중국 같은 믿을 만한 제3자의 중재에 의존하고 있지만 어느 나라도 역량을 발휘하지 못해 팽팽한 줄다리기가 이어지고 있는 현실이다.

게임이론은 헝가리 출신 컴퓨터 과학자이자 수학자인 폰 노이만(John von Neumann, 1903~1957)과 독일 경제학자 오스카르 모르겐슈테른(Oskar Morgenstern, 1902~1977)이 1944년에 공저한《게임 이론과 경제 행동(Theory of Games and Economic Behavior)》이 발간되면서 본격적으로 발전하기 시작했다. 이들은 두 경기자 사이의 '제로섬 게임(Zero Sum Game)'을 연구했다. 제로섬은 게임 참가자 중 한쪽이 득을 보면 반드시 다른 한쪽이 손해를 보는 상태를 말한다. 즉, 모든 이득과 손실의 총합이 항상 제로가 되는 것이다. 대표적인 제로섬 게임으로 화투나 포커를 들 수 있다. 그 밖에 승자의 이득이 패자의 손실보다 큰 '양의 합 게임(Positive Sum Game)'과 양쪽 모두 손실을 입는 '음의 합 게임(Negative Sum Game)'이 있다. 양의 합 게임은 국제 무역을 통해 무역 당사국 모두가 유리해지는 경우나 주식투자에서 호황기에 투자 이익이 발생하는 경우가 해당한다. 음의 합 게임은 전쟁, 폭력 등이 있다.

게임이론이 한 단계 더 발전한 계기는 1994년 게임이론으로 노벨경제학상을 공동 수상한 존 내쉬(John Nash, 1928~2015)에 의해서였다. 게임이론이 경제학에서의 여러 문제, 특히 과점시장의 문제를 분석하는 틀로 도입되기 시작했다. 그 이후 게임이론은 미시경제학에서는 없어서는 안 될 중요한 분석 도구로 자리 잡았다.

내쉬 교수는 게임이론의 모든 의사결정은 개인이 오로지 자기 이익만을 추구하는 과정에서 성립한다는 '비협조적 게임' 이론을 주장했다. 내가 다른 사람한테 뭔가를 주었다고 해서 상대방에게 그에 상응하는 반대급부를 기대할 수 없다는 뜻이다. 처음에는 많은 경제학자가 내쉬 교수의 가정을 지나친 주장이라고 비난했지만 그로부터 수십 년 지난 현재는 게임이론 연구의 99%가 비협조적 게임이론이 세운 가정하에 이루어지고 있다. 결국 인간은 자기 자신을 가장 중요시하기 때문에 자신이 속한 마을이나 국가, 친족, 심지어 가족마저 자기 자신에 비하면 중요하지 않다고 여긴다. 마을 사람들에게 협력한다는 것은 이웃을 위해 자기 자신을 희생한다는 의미가 아니라 서로 도움으로써 나에게 더 큰 이익이 돌아올 거라는 기대 때문에 가능하다는 것이다.

　내쉬 교수는 게임이론의 핵심 개념 중 하나인 '내쉬 균형'을 정립했다. 간단히 말해, 내쉬 균형이란 여러 경제 주체가 서로의 선택을 고려해 전략을 정할 때 '누구도 혼자서 자신의 전략을 바꿀 유인이 없는 상태'를 말한다. 즉, 상대의 선택을 전제로 할 때 현재의 선택이 각자에게 최선의 지점인 것이다. 그러니까 그 선택이 최적은 아니라는 말도 된다. 예컨대 두 기업이 가격을 동시에 결정할 때, 한쪽 기업만 가격을 바꿔서는 이익이 늘지 않는 상황이라면 그 가격 조합은 내쉬 균형에 해당한다. 이는 협력의 결과일 수도 있고, 경쟁 속에서 형성된 타협의 산물일 수도 있다. 중요한 점은 '모두가 만족하는 최선'이 아니라 누구도 혼자서는 쉽게 벗어나기 어려운 안정된 상태라는 데 있다.

　내쉬 균형은 전략적 상호작용을 설명하는 강력한 도구지만 몇 가지 비판도 받는다. 무엇보다 균형이 서로에게 바람직한 결과를 낳는 것은 아니라는 점이다. 만약 개인의 선택이 이기심과 결합하면 때에 따라 더 나쁜 결과를 낳을 수 있다. '죄수의 딜레마'가 대표적이다. 또 현실에서는 정보가 불완전하고 인간이 완전히 합리적이지 않기 때문에 이론이 가정하는 전제가 현실과는 거리가 멀다는 지적도 있다. 따라서 내쉬 균형은 유용한 분석 틀인 것은 분명하지만 현실을 완전히 설명하는 최종적인 해답으로 보기 어려운 한계가 있다.

죄수의 딜레마란?

내쉬 균형에는 여러 유형이 있는데, '죄수의 딜레마'가 그중 하나다. 죄수 A와 B가 있고, 조사관이 각각의 죄수와 따로따로 취조를 진행한다. 이때 조사관이 죄수들에게 다음과 같은 제안을 한다.

- 만약 네가 자백하고, 옆방에 있는 죄수도 죄를 자백하면 둘 다 5년 형을 받는다.
- 너는 자백했는데, 옆방 죄수는 부인할 경우, 너는 풀려나고 다른 죄수는 20년 형을 받는다.

- 반대로 너는 부인하고 옆방 죄수는 자백한 경우, 너는 20년 형을 받고 옆방 죄수는 풀려난다.
- 만약 둘 다 부인할 경우에는 둘 다 1년 형을 받는다.

이때의 내쉬 균형은 둘 다 자백하는 상황이다. 이게 차선책이기 때문이다. 여기서 알 수 있듯이 내쉬 균형이 언제나 최적인 것은 아니다. 내쉬 균형에 해당하는 '둘 다 자백하는 경우'에는 죄수들이 각각 5년 형을 받지만, 만약 둘 다 죄를 부인하면 각각 1년 형만 받기 때문이다. 그럼에도 두 죄수가 자백을 선택하는 이유는 서로 고립되어 전략을 공유할 수 없는 환경이어서다. 두 죄수가 서로 합의할 수 있다면, 둘 다 죄를 부인하고(협력) 1년 형을 받을 수 있겠지만, 현재는 상대가 어떤 선택을 할지 알 수 없으므로 만에 하나 혼자서 죄를 부인하면(배신) 20년 형을 받을 수도 있어서 결국 자백을 선택하게 되는 것이다.

 주식투자자와 '죄수의 딜레마'

주식시장에서 죄수의 딜레마는 개인에게는 합리적인 선택이지만, 모두가 그 선택을 하면 오히려 전체적으로 더 안 좋은 결과에 이르는 상황을 말한다. 협력하면 모두가 이익을 얻을 수 있음에도 불구하고, 상대를 신뢰하지 못해 각자 방어적으로 행동하면서 집단적 손실을 일으키는 구조다.

급락장에서의 투매 현상이 그렇다. 기업의 펀더멘털이 크게 훼손되지 않았음에도 불구하고, 투자자들은 '다른 사람들이 먼저 팔 것'이라고 예상해 서둘러 매도에 나선다. 각 개인으로서는 가격이 더 내려가기 전에 파는 것이 합리적이다. 그러나 모두가 같은 판단을 내리면 실제로 가격이 급락하며 시장 전체가 과도하게 하락한다. 만약 상당수 투자자가 보유를 유지했다면 낙폭은 제한적일 수 있다. 여기서 '보유'는 협력, '투매'는 배신에 해당한다.

또 다른 예는 단기 실적 발표 전후의 행동이다. 장기적으로 기업 가치가 상승할 가능성이 높더라도, 단기 실적이 기대에 못 미칠지도 모른다고 우려해 투자자들은 선제적으로 매도한다. '남들보다 먼저 움직여야 손실을 줄인다'는 심리가 작동한다. 그 결과 단기 변동성은 확대되고, 기업은 본질가치보다 더 낮은 가격에 거래되기도 한다. 장기투자라는 협력이 깨지고 단기 매매라는 비협력 균형이 이루어지는 것이다.

공모주나 테마주가 과열되는 국면에서도 죄수의 딜레마가 나타난다. 모두가 기업 가치를 냉정하게 평가하면 거품은 줄어들겠지만, '누군가는 더 비싼 가격에 사줄 것'이라는 기대 때문에 과열에 동참하게 된다. 각자는 차익 실현을 노리는 합리적 선택이라 생각하지만 결국 거품이 붕괴되는 시점에서 다수가 손실을 본다.

이처럼 주식시장에서 나타나는 죄수의 딜레마는 상대에 대한 불신과 상대가 어떻게 행동할지에 대한 예상에서 비롯된다. 이를 극복하는 방법은 장기적 관점과 원칙의 확립이다. 기업 가치에 대한 확신과 충분한 분산, 그리고 군중심리에 휘둘리지 않는 태도는 협력적 균형에 가까운 선택을 가능하게 한다. 결국 시장에서의 성숙한 투자란 타인의 공포에 반응하기보다 스스로의 기준을 지키는 일이다.

10

믿는 도끼에 발등 찍힌다

도박사 오류

늑대를 믿다가 낭패 본 양치기

양치기가 주위를 어슬렁거리는 늑대 한 마리를 발견했다. 깜짝 놀란 양치기는 양 떼를 한자리에 불러 모은 뒤 늑대의 행동을 감시했다. 그러나 늑대는 단 한 마리뿐이었으며, 이상하게도 양 떼에게는 전혀 관심이 없는 것 같았다. 양치기는 고개를 갸웃거리며 중얼거렸다.

"참 이상한 늑대로군. 하지만 언제 덤벼들지 모르니까 잘 감시하는 게 좋겠어."

날이 저물자 양치기는 양 떼를 몰고 마을로 돌아갔다. 하지만 늑대는 여전히 별다른 관심을 보이지 않았다. 다음 날 아침에 양치기는 양 떼를 끌고 들판에 나갔다. 그런데 양치기는 또 다른 장소를 어슬렁거리고 있는 늑대를 발견했다. 그 늑대는 양 떼에게 더 가까이 오거나 멀어지는 법도 없이 항상 적당한 거리를 유지하면서 양 떼 곁을 떠나지 않았다. 양 떼를 향해 이빨을 드러내거나 사나운 눈빛을 던지지도 않았다.

그다음 날이었다. 양치기는 다른 풀밭으로 양 떼를 몰고 나갔지만 여전히 그 늑대는 양 떼의 뒤를 따라왔다. 이제는 양들도 늑대에게 익숙해져서 늑대가 곁에 있든 없든 아랑곳하지 않고 풀을 뜯어 먹었다. 이 광경을 본 양치기도 마음을 놓게 되었다. 그 후로도 늑대는 날마다 양 떼의 주위를 어슬렁거렸지만 아무런 말썽도 피우지 않고 조용히 양 떼를 따라다닐 뿐이었다. 마침내 양치기는 사람 한 명 다니지 않는 외로운 들판에서 다정한 친구를 사귄 것 같은 기분이 들었다. 그리고 늑대를 양치기 개라도 되는 것처럼 여겼다.

그러던 어느 날이었다. 양치기에게 갑자기 마을로 내려가야 할 일이 생겼다. 그날도 늑대는 평소처럼 양 떼 주위를 어슬렁거리고 있었다. 양치기는 이 광경을 보았지만 별로 걱정하지 않고 마을로 내려갔다.

양치기가 눈앞에서 사라지자마자 갑자기 늑대의 태도가 돌변

했다. 늑대는 절호의 기회를 잡았다는 듯이 양 떼에게 달려들어 몽땅 잡아먹었다. 저녁이 되어 다시 풀밭으로 돌아온 양치기는 양 떼가 모두 사라지고 늑대 또한 모습을 감춘 사실을 알았다. 비로소 양치기는 자신의 어리석음을 깨닫고 가슴을 치면서 울부짖었다.

"어떻게 늑대를 양 떼와 같이 남겨둘 생각을 했을까?"

벼락 맞을 확률보다 낮은 복권 당첨률

양치기는 늑대가 양 떼 주위에서 어슬렁거릴 뿐 해치지 않는 일이 여러 차례 반복되자 그만 방심했다가 양들을 모두 잃고 말았다. 이처럼 누군가가 같은 행동을 수차례 반복하면 앞으로도 그렇게 행동할 것이라고 오인하는 게 인지상정이다. 그런 행동이 나타나고 안 나타나고는 반반인데도 말이다. 양치기의 예처럼 오랫동안 쌓아올린 공든 탑이 무너지는 건 한순간이다.

복권을 한두 번 사보고 그만두는 사람도 있지만 오랜 기간 꾸준히 구매하는 경우가 많다. 보통 복권 당첨 확률은 벼락 맞아 죽을 확률보다 낮다고 한다. 이렇게 당첨 확률이 말도 안 되게 낮은 복권을 왜 사는 것일까? 제1차 세계대전 때 실제로 있었던 일이다. 적군의 포탄이 한 번 떨어진 자리에는 다시 떨어지지 않으니 그 지점으로 피하라고 병사들을 교육했다는 것이다. 이는 전쟁터에서 속설이 되어 많은 병사가 이를 강하게 믿는 경향을 보였다고 한다. 실제로 전장에서 같은 자리에 포탄이 두 번 떨어지는 경우가 드물다는 관찰이 이어지면서 이런 믿음은 더욱 그럴듯한 사실처럼 받아들여졌다. 그러나 대포 전문가들은 이를 전혀 근거가 없다고 말한다. 왜냐하면 포탄이 한 번 어떤 지점에 떨어졌다고 해서, 그다음 포탄이 어디에 떨어지느냐는 전혀 별개의 문제이기 때문이다.

잘못된 기대, 도박사의 오류

경제학자들은 복권과 포탄의 예를 '도박사의 오류'라고 부른다. 지금 이 순간 A와 B가 일어날 확률은 각각 동일하게 절반씩임에도 불구하고 둘 중 어느 하나에 더 강한 느낌이 가는 현상을 말한다. 그 이유는 원래 서로 독립적으로 일어나는 사건들을, 마치 서로 연관된 사건인 것처럼 묶어 생각하기 때문이다.

도박사의 오류는 몬테카를로의 오류라고도 한다. 1913년 모나코 몬테카를로 보자르 카지노에서 벌어진 룰렛 게임 중 검은 구슬이 20번이나 나오는 일이 일어났다. 게이머들이 다음번에는 분명히 붉은색 구슬이 떨어질 것이라는 잘못된 기대, 즉 도박사의 오류에 빠져 붉은색에 돈을 걸었다. 하지만 26번째까지 연속적으로 검은색 구슬이 떨어지고 27번째 가서야 붉은색이 나왔다.

이 이야기에서 다음번 구슬은 붉은색으로 떨어질 것이라는 기대가 왜 오류일까? 그것은 바로 구슬이 검은색이나 붉은색으로 떨어질 확률은 항상 50 대 50으로 똑같기 때문이다. 도박사들은 구슬이 연속적으로 검은색이 떨어졌다는 사실에 다음에는 붉은색으로 떨어질 확률이 높다고 기대하지만 사실 매 게임은 그전 게임과 관계없이 독립적이고, 확률은 변하지 않는다. 이와 마찬가지로 사람들이 당첨 확률이 낮은 복권을 계속 사면서 이번에 당첨되지 않았으니, 다음에는 당첨 확률이 높아질 것이라고 착각하는 것도 같은 오류이다.

잘 아는 지인의 이야기이다. 그의 친척이 일곱 명의 딸을 낳았다고 한다. 어느 날 지인이 그 친척에게 물었다. "어쩌다 딸만 일곱을 낳았어?" 그러자 이런 대답이 돌아왔다. "딸을 셋 낳으니 사람들이 '딸 셋을 잇달아 낳으면 다음 아이는 틀림없이 아들'이라고 하기에 낳았더니 또 딸이더라." 이 말에는 그냥 웃어넘길 수 없는 확률적 오류가 있다. 어느 경우에나 아들을 낳을 확률은 2분의 1이다. 새로 태어날 아기는 그전에 언니들이 줄줄이 있었는지를 알지 못한다. 따라서 잇달아 딸 다섯을 낳았든 아들을 내리 다섯을 낳았든 다음에 아들 또는 딸을 낳을 확률은 여전히 2분의 1이다. 하지만 사람들은 딸을 셋 잇달아 낳으면 다음에 아들을 낳을 확률이 2분의 1보다 높아진다고 생각한다. 이는 '도박사의 오류'가 빚은 착각이다.

일주일 연속 떨어졌으니 오늘은 오를 것이라고?

주식투자자도 쉽게 도박사의 오류에 빠진다. 증시에서는 많은 투자자가 통계자료를 무시하고 주식 매매에 뛰어든다. "주식이 며칠 동안 계속해서 하락했으니 이쯤 되면 반등할 거야", "이 종목은 상승했으니 비싸군", "이건 많이 하락해 싸게 보이네"라고 생각한다면 영락없이 도박사의 오류에 빠진 것이다. 하지만 시간이 지나고 나서 보면 비싸다고 생각한 지점에서 100~200% 더 오르고, 싸다고 생각해서 매수했지만 반 토막 나는 경우가 많다.

주가가 아무리 올랐다 해도 그다음에 떨어질 확률은 100%가 아니라 50%이다. 하지만 많은 투자자가 계속 올랐으니 '이제는 떨어질 것'이라 확신하고 하락에 베팅한다. 그러나 예상과 달리 주가가 더 움직이면 판단이 흔들리고, 결국 적절한 매도 시점을 놓친 채 손실만 키우게 된다. 이렇게 투자자들은 소중한 자산을 허공에 날리고 뒤늦은 후회에 빠지곤 한다. '무릎에 사서 어깨에 팔라'는 증시 격언은 귀가 따갑게 들었지만 정작 실제 매매에 나서면 그런 격언은 뒤로한 채 시장 분위기에 휩쓸려 이성을 잃게 되는 것이 개인 투자자의 숙명이다.

도박사의 오류와 같은 편향성은 인간 인지력의 한계로 인한 자연스러운 현상이기에 사실 극복하기가 매우 어렵다. 그래서 피눈물 나게 손실을 본 뒤 매매 원칙을 세우고 또다시 반복하고 그렇게 진통을 겪고 나서야 정신차린다. 결국 뇌의 본능을 극복하려면 부단하게 자기 자신을 수양하는 수밖에 없고 수업 비용을 많이 들일수록 극복하는 시간이 빨라진다는 이야기이다. 예를 들면 "나는 매매를 하면 이성을 잃을 수밖에 없는 존재야"라고 스스로 인정하는 것이다. 시장을 이길 생각은 아예 버리는 것이 좋다. 확률적으로 독립적인 사건은 과거의 결과와 무관하며 원하는 결과를 얻지 못할 수 있다는 점을 인식해야 한다. 또 매수 주문을 내기 전 호흡을 가다듬고 다른 사람의 행동이나 의견에 휘둘리는 건 아닌지, 내 판단이 옳은 것인지 다시 한번 생각해보는 것이 중요하다.

 뜨거운 손의 오류

어느 스포츠에서나 특정 경기, 특정 시기에 평소 기량보다 뛰어난

실력을 보여주는 선수가 있기 마련이다. 이런 선수를 '뜨거운 손'이라고 부른다. 농구의 뜨거운 손은 골밑에서든 외곽에서든 쏘는 슛을 모조리 골로 연결한다. 이 선수에게 동료들의 패스가 집중되는 건 당연하다. 축구 경기에서도 전반전에 골을 넣은 선수에게 패스가 몰린다. 두 경우 모두 뜨거운 손은 자신에게 집중된 패스를 처리하다 힘이 빠져 제 기량을 발휘하지 못하게 된다. 뜨거운 손 현상이 빚은 오류이다. 뜨거운 손의 오류가 생기는 것은 기억 편향 때문이라고 한다. 연속으로 2~3개 슛에 성공하는 것은 일반적인 경우보다 훨씬 강한 인상을 준다. 인상에 남는 기록은 상대적으로 기억하기 쉽고, 그런 기록이 재현될 확률을 과대평가하게 된다는 것이다.

통계학에 '평균 회귀'란 말이 있다. 많은 자료를 토대로 결과를 예측할 때 평균에 가까워지려는 경향을 말하는데, 큰 값이 나왔다면 언젠가는 작은 값이 나와 전체적으로 평균 수준을 유지한다고 한다. 결국 모든 것은 원점으로 돌아간다는 자연현상을 보여준다. 아무리 날고 기는 뜨거운 손이라도 평균 회귀에 따라 언젠가는 평소 실력으로 되돌아간다. 햇빛이 강할수록 그림자는 짙어지는 법이다.

투자자들도 뜨거운 손의 오류에 자주 빠진다. 3년 연속 시장보다 나은 수익률을 올린 펀드매니저가 있다고 가정해보자. 우연의 관점에서 보면 전혀 불가능한 성과가 아닌데, 보통 투자자는 이 펀드매니저를 주시한다. 결국은 3년 동안 연속해서 성과를 보여줬으니 앞으로도 그리리라 믿고 돈을 맡긴다. 그의 성과는 실력이 좋아서가 아니라 운이 좋았기 때문인데도 말이다. 3년이 아니라 5년 동안 시장을 이겼어도 내년엔 어떻게 될지 아무도 모른다. 시장에서 성공을 거뒀다면 '운 70%, 기술 30%'인 경우가 대부분이다.

수익률 순위표상 상위에 올라 있다고 좋은 펀드로 생각해서는 안 된다. 오히려 그 반대일 수 있다. 다음 번 순위표 작성 때엔 그 자리를 지키지 못할 확률이 높다. 평균 회귀에 따라 다시 평균 실적으로 돌아갈 일만 남아 있을 수 있다. 그럼 어떻게 하면 뜨거운 손의 오류를 피할 수 있을까? 사람들은 어떤 현상이 반복적으로 일어나면 그것에 영향을 미치는 필연적인 뭔가가 있다고 믿고 싶어 한다. 필연을 구성하는 요소 중 하나가 연속성이다. 그렇지만 우연에도 필연처럼 보이게 하는 연속성이 있다. 대표적인 것이 우연이 판을 치는 주식시장에서 수익률 경쟁을 벌이는 펀드이다. 수익률 순위가 연속적으로 높아졌다고 이에 의미를 부여한다면 우연의 장난에 속아 넘어갈 가능성이 크다. 연관성을 먼저 찾아놓고 그에 맞게 해석을 덧붙이기 시작하면, 단순한 우연을 과도하게 의미 있는 것으로 착각할 위험이 커진다. 펀드 수익률은 의심하는 마음으로 접근해야 한다. 왜 연속적인지, 그리고 미래에도 그럴 것인지 따져보아야 한다.

11

나만 불행하다?

머피의 법칙

좋은 일보다 나쁜 일이 많은 까닭

나쁜 일은 좋은 일의 힘이 약하다는 걸 알고 그 뒤를 따라다니면서 훼방을 놓았다. 좋은 일은 나쁜 일을 떼어놓고 혼자 다니고 싶었다. 왜냐하면 좋은 일이 있는 곳에서는 웃음이 넘치고 활기가 있었지만 나쁜 일이 나타나 방해하면 사람들이 울상을 짓기 때문이다.

좋은 일은 사람들이 늘 웃으며 지내는 모습을 보고 싶어 했다. 그런데 나쁜 일 때문에 울상을 짓는 사람들을 보면 몹시 마음이 아팠다. 그래서 어느 날, 좋은 일은 나쁜 일에게 화를 내면서 말했다.

"넌 왜 자꾸만 내 뒤를 쫓아다니는 거야? 네가 없으면 사람들이 항상 웃으면서 살아갈 수 있을 텐데, 너 때문에 모두 슬퍼하잖아."

"그건 내 맘이야. 넌 사람들의 웃는 얼굴이 좋아 보이겠지만 난 찡그린 얼굴이 훨씬 더 좋아."

나쁜 일은 좋은 일을 비웃으면서 계속 말했다.

"게다가 나 혼자 가서 사람들을 곯려주는 것보다 네 뒤를 따라다니면서 웃다가 우는 사람들을 보면 더 재미가 있거든."

좋은 일은 자기 혼자의 힘으로는 나쁜 일이 쫓아다니는 것을 막을 수가 없을 것 같았다. 그래서 하늘에 있는 제우스 신을 찾아가 빌었다.

"제우스 신이여, 나쁜 일이 내 뒤를 쫓아다니지 않고 좋은 일만 생길 수 있도록 해주세요."

좋은 일의 말을 듣고 난 제우스 신은 말했다.

"그렇다면 이렇게 해보아라. 좋은 일, 너만 이곳 하늘에 숨어 있다가 나쁜 일 몰래 사람들을 찾아가거라."

제우스 신의 말을 듣고 좋은 일은 나쁜 일이 사람들을 괴롭히는 것을 하늘에서 보고 있다가 나쁜 일이 다른 곳에 신경을 쓸 때 살며시 사람들을 찾아가서 웃음과 기쁨을 주었다. 그 이후부터 사람들은 가까이 살고 있는 나쁜 일은 더 자주 만나게 되었지만 하늘에서 살고 있는 좋은 일은 가끔 만나게 됐다.

왜 일이 자꾸
꼬이기만 할까?

네잎클로버를 만나기 어려운 것처럼 행운은 잡힐 듯하면서 잘 잡히지 않는다. 하지만 불운은 어찌된 영문인지 밥 먹듯이 반복된다. 이는 불행에는 민감하고 행복에는 둔감한 인간의 본성 탓이 아닌가 싶다. 결국은 욕심이 문제이다. 욕심이 과하다 보니 어지간한 행운에 만족하지 못하고 조그만 불안엔 안달한다. 이솝은 인간이 불행보다는 행복의 조건을 더 많이 안고 태어났을지라도, 나쁜 일만 기억하다 보면 점점 더 불행해지고 결국 될 일도 안 된다는 메시지를 전하고 있다.

매일 지하철로 출근하다가 그날 따라 택시를 탔는데 교통이 막혀 지각하거나, 열심히 시험 공부를 했지만 자신이 공부하지 않은 곳에서 문제가 출제돼 당황했던 기억이 있을 것이다. 옆 차선으로 가는 게 빠를 것 같아서 재빨리 차선을 바꾸었는데, 바꾸자마자 다른 차선에 있는 차들이 쌩쌩 앞으로 가버리고 내 차선은 느리게 움직여 속상한 적도 있을 것이다. 식탁에서 잼 바른 빵을 먹다가 떨어뜨렸는데, 그럴 때마다 잼 바른 쪽이 바닥을 향한다. 주식시장에서 내가 사면 주가가 떨어지고 팔면 오르는 불상사가 반복되기도 한다.

우리가 사는 세상은 이처럼 일어나지 않았으면 하는 일일수록 더 잘 일어난다. 이른바 '머피의 법칙'이다. '우연히' 자신에게 불리한 상황이 '반복적'으로 나타나는 현상을 비유한 말이다. 여기서 주목해야 하는 단어는 '우연'과 '반복'이다. 우연이 어떻게 반복될 수 있을까? 우연이 반복된다면 그것은 더 이상 우연이 아니고 필연이다. 하지만 필연엔 합리성이 있다. 우연은 비합리적이고 비이성적이다. 머피의 법칙은 우연의 장난이다. 인간의 인지능력이 불완전하기 때문에 생기는 현상인데, 어쨌든 행동의 결과에 영향을 미친다. 하지만 그 행동이란 비합리적이어서 피해가 따른다. 사람은 자신이 당황했거나 손해를 본 경험은 머릿속에 오래 남기고, 그 일이 일어날 확률을 높게 평가하는 경향이 있다고 한다. 머피의 법칙은 그냥 재수 없는 현상이라기보다는 심리적이거나 통계적으로 또는 과학적으로 설명될 수 있는 것이 많다.

예를 들어 도로 위의 차선 4개 중 내가 택한 차선이 가장 빠를 확률은 4분의 1이다. 반대로 나머지 차선들이 빠를 확률은 4분의 3이다. 즉, 다른 차선들이 빠를 확률은 내가 달리는 차선이 빠를 확률의 3배다. 그러니 내 차선은 항상 다른 차선에 비해 평균적으로 느린 것이다. 도로에서 운전할 때 나뿐 아니라 다른 운전자들

역시 더 빠를 것 같아 보이는 차선으로 바꾸게 된다. 그러면 처음에 가장 빨리 움직일 것처럼 보였던 차선에 차들이 많이 몰려 결국에 가장 느린 차선이 된다. 다시 차선을 바꿔봤자 결과는 똑같다. 영국 과학 주간지 〈네이처〉에 발표된 "왜 내 차선은 다른 차선보다 느릴까" 연구 결과를 보면 대부분 운전자가 다른 차를 추월할 때보다 추월당할 때 더 강한 심리 반응을 보인다고 한다. 내가 추월한 자동차는 눈에 안 보이지만 나를 추월한 자동차는 기억에 오래 남아 있기 때문이라고 한다.

왜 내가 사면
주가가 떨어질까?

주식시장도 머피의 법칙이 강하게 작용하는 곳이다. 주식투자로 수익을 남기려면 쌀 때 사서 비싸게 팔면 된다. 이론적으론 아주 간단한 구조이다. 하지만 말처럼 쉬운 일은 아니다. 실제 행동은 오히려 그 반대가 되기 쉽다. 비쌀 때 사고, 쌀 때 파는 경우가 많다. 그래서 개인 투자자들 사이에서는 "내가 사면 주가는 내리고, 내가 팔면 올라" 하는 푸념이 나오곤 한다. 전문가 집단이 아닌 개인으로선 피하기 힘든 운명이다. 투자자들이 머피의 법칙 함정에 빠지는 이유를 수요와 공급의 원리로 간단하게 설명할 수 있다. 주식 값이 싼 것은 공급자가 수요자보다 많을 때이다. 그러나 팔려는 사람이 넘쳐나 주가가 쌀 때 매수에 나서는 강심장은 흔치 않다. 반대로 주가가 오르는 건 주식을 사려는 사람이 많을 때인데, 그제야 시장에 뛰어들어 비싸게 산다. 그러나 그때는 주가가 오를 대로 올라 내릴 일만 남은 상황이다. '내가 사면 내리고 내가 팔면 오른다'고 한숨짓는 투자자가 많은 것은 이런 이유에서이다. 이런 식으로 투자를 하면 백전백패이다. 투자 고수는 절대로 남들이 하는 대로 따라 하지 않는다. 시장에서 멀찌감치 떨어져 있으면서 폭락장에서 매입 기회를 엿보고 급등장에서 매매 차익을 실현하고 시장을 빠져나온다.

머피의 법칙은 미국 에드워드 공군기지에 근무하던 머피 대위가 1949년 처음으로 사용했다. 당시 미 공군에서는 조종사에게 전극봉을 이용해 가속된 신체가 갑자기 정지될 때의 신체 상태를 측정하는 급감속 실험을 진행 중이었으나 모두 실패했다. 나중에 조사해보니 조종사들에게 쓰인 전극봉의 한쪽 끝이 잘못 연결되어 있었는데, 이는 한 기술자가 배선을 제대로 연결하지 않아 생긴 사소한 실수 때문이었다. 전극봉을 설계한 머피는 이를 보고 "어떤 일을 하는 데는 여러 가지 방법이 있고, 그 가운데 한 가지 방법이 재앙을 초래할 수 있다면 누군가가 꼭 그 방법을 쓴다"라고 말했다. '잘못될 수 있는 일은 반드시 잘못되게 마련'이란 이야기이다.

이 말은 언뜻 지나치게 비관적으로 들릴 수 있다. 그러나 그렇게 단정 짓기보다 머피가 이러한 말을 한 이유를 조금 더 생각해 볼 필요가 있다. 잘못될 수 있는 원인이 있다면 그 일은 잘못되거나 실패할 수 있기 때문에 잘못된 원인을 바로잡아야 한다는 것이다. 즉, 어떤 일을 하거나 대상을 바라볼 때 최악의 상황을 가정하고 위험 요소를 미리 제거하든지 대책을 마련해야 한다는 점을 강조하는 얘기이다. 그러니까 '머피의 법칙'은 단순히 비관적인 시선이 아니라, 리스크를 어떻게 찾고 관리할 것인가에 대한 중요성을 일깨워주는 것이다.

머피의 법칙을 이해하고 활용하는 것은 개인과 조직 모두에게 유익할 수 있다. 먼저, 이 법칙을 통해 우리는 예상치 못한 문제와 실패에 대비하는 방법을 배울 수 있다. 이것은 위험 관리와 계획 수립에 중요한 역할을 한다. 예를 들어 주식투자에 나설 때 가능한 한 모든 문제와 위험 요소를 고려하여 계획을 세우는 것이 좋다. 그럴 경우 예상치 못한 문제가 발생하더라도 즉시 대응할 수 있으며, 투자 성공 가능성을 높일 수 있기 때문이다.

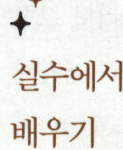

실수에서
배우기

머피의 법칙은 우리가 실수에서 배우고 성장하는 방법을 가르쳐 준다. 잘못될 가능성이 있는 상황에서 실수가 발생하면 그 원인과 결과를 분석해 앞으로 비슷한 상황에서 같은 실수를 반복하지 않도록 할 수 있다. 또한 이러한 경험은 인내심과 어려움을 견디는 힘을 길러준다. 일상생활에서든 직장에서든 어려움과 실패는 피할 수 없는 현실이다. 따라서 어려움이 닥쳤을 때 침착하게 대응하고 해결책을 찾는 데 집중해야 한다.

앞의 우화로 돌아가면, 우리가 사는 세상은 좋은 일이 많이 일어나지 않는 것이 자연스럽다. 좋은 일은 흘린 땀과 노력의 결과이기 때문이다. 만약 쉽게 얻을 수 있는 것이 좋은 일이라면 그로부터 얻는 기쁨도 오래가지 않을 것이다. 우리의 시선과 기억은 행복보다 불행에 더 오래 머무르는 경향이 있다. 그래서 고맙다는 말보다는 불평 불만을 더 많이 하고, 10번 잘하다 1번만 잘못하면 모두 허사가 돼버리는 경우가 많다. 어떤 사람은 자신이 불행을 불러오는 원인이라고 생각해 가는 곳마다 문제가 생기고 다툼이나 사고가 일어난다고 믿는다. 그래서 차라리 자신이 빠져주는 게 도움이 된다고 생각하기도 한다.

머피의 법칙을 믿지 말자. 그것은 우리의 생각이 행복보다는 불행, 기쁨보다는 슬픔, 보람보다는 아픔 쪽에 더 민감한 반응을 보이기 때문에 일어나는 착각에 불과하다.

바라던 일만 일어나는 '샐리의 법칙'

머피의 법칙과 반대되는 개념으로 '샐리의 법칙'이 있다. 계속해서 자신이 바라던 대로 일이 일어나는 것을 뜻한다. 예컨대 실컷 놀다가 시험 당일 아침에 급하게 펼쳐본 예상문제에서 여러 문제가 출제된다거나 지각이라 잔뜩 긴장하고 교실 문을 살짝 열었는데 아직 선생님이 안 들어오셨다든가, 공부하기 싫어 지겨운 참에 갑자기 정전이 된다거나 하는 일들이 샐리의 법칙에 해당한다.

샐리의 법칙은 영화 〈해리가 샐리를 만났을 때〉에서 주인공 샐리에게 좋지 않은 일만 일어나다가 영화 마지막에서 해피엔딩으로 끝난다는 데서 착안해 개념화한 법칙이다. 영화에서 샐리는 해리와 사랑에 빠지지만 해리는 그녀를 친구로만 생각하고 다른 여자와 결혼한다. 하지만 결혼 후 이혼한 해리는 다시 샐리를 찾아가고 샐리도 그를 받아들여서 결국 함께하게 된다.

샐리의 법칙은 우리가 일상에서 겪는 행운을 설명하는 재미있는 법칙이지만 실제로 우리의 삶에 영향을 미치는 것은 우연이 아니라 우리의 태도와 행동이다. 샐리의 법칙은 자신이 바라는 방향으로 일이 흘러간다는 뜻이다. 그래서 자신이 원하는 것을 분명히 알고, 그것을 이루기 위해 노력하며, 결국 이루어질 것이라고 믿는 태도가 중요하다. 긍정적인 마음가짐은 자신감과 희망을 줄 뿐만 아니라 기회를 발견하게 하여 좋은 결과를 만들어낸다.

좋은 일이 우연히 내게 일어났다면 감사하게 받아들이자. 감사한 마음은 행복과 만족감을 주고 좋은 관계와 상황을 유지하며 좋은 에너지를 뿜어낸다.

12

고양이한테 생선 맡긴 격

대리인 딜레마

나귀 그림자의 주인은 누구냐

무더운 여름날, 한 청년이 여행 중에 타고 갈 나귀와 마부를
고용했다. 정오가 되자 햇살은 살갗을 태워버릴 정도로 뜨거
웠다. 나귀에서 내린 청년은 나귀의 그림자에 앉아 휴식을 취
하려고 했다. 그런데 마부가 나귀의 그림자에 대해서는 자기
한테 권리가 있다고 주장했다. 두 사람은 뜻하지 않게 언쟁을
벌이게 되었다.

청년이 말했다.

"난 이번 여행길 전체를 놓고 나귀를 고용한 것이오."

마부 역시 물러서지 않았다.

"그렇지요. 당신은 나귀를 고용했지만 나귀의 그림자까지 고용한 건 아니지 않습니까?"

그런데 이런 식으로 두 사람이 옥신각신하는 사이에 정작 그늘을 제공하던 나귀는 냅다 줄행랑치고 말았다.

대리인 딜레마에 빠진 주인

당나귀 그림자의 소유권을 놓고 나귀를 고용한 청년과 마부가 서로 자신한테 권리가 있다고 다투자 그 틈을 타 나귀가 사라져버렸다. 이 우화의 그림자 소유권과 같은 문제는 현실에서도 일어난다. 주인이 대리인을 고용해 어떤 일을 맡길 경우 주인과 대리인 사이의 이해관계 불일치로 인해 갈등과 다툼이 생긴다. 흔히 대리인이 주인의 이익보다 자신의 이익을 추구할 때 발생하는 것으로, '대리인 문제' 또는 '대리인의 딜레마'라고도 부른다. 이 우화에서 청년은 주인이고, 마부는 대리인으로 볼 수 있다.

주인과 대리인 문제에 관한 이론은 1970년대부터 경제학자와 정치학자들이 제기하기 시작했다. 미국 펜실베이니아대학의 스티븐 로스(Stephen Ross, 1944~2017) 교수는 1973년 자신의 공저 논문에서 주인과 대리인 문제를 설명하며 흥미로운 비유를 들었다. 아이스크림 구입을 부탁받은 심부름꾼이 부탁한 사람의 취향을 정확히 알지 못하면 어떤 맛을 골라야 할지 고민하게 된다는 것이다. 이는 일을 맡긴 사람과 수행하는 사람 사이에 정보의 차이가 존재할 때 생기는 문제를 보여준다. 이 문제를 본격적으로 다룬 것은 하버드 비즈니스스쿨의 마이클 젠슨(Michael Jensen, 1939~2024) 교수와 로체스터대학의 윌리엄 메클링(William Meckling, 1921~1998) 교수가 1976년 발표한 논문이다. 논문의 내용은 소유 구조와 대리인 비용에 관한 것인데, 한마디로 대리인은 자신의 행태에 대해 완벽하게 알고 있으나 주인은 대리인의 속내를 쉽게 알 수 없다는 사실이 비극의 시작이라는 것이다.

거대 기업 엔론이
파산한 이유

대리인 문제는 혼자서 모든 일을 처리할 수 없는 주인, 또는 조직의 책임자가 다른 사람에게 자기 업무의 일부를 위임했을 때 생긴다. 앞서 나온 우화에서 뜨거운 여름날 먼 길을 가는 청년이 당나귀와 마부를 고용했듯이 말이다. 주인 또는 책임자가 해당 업무에 전문성이 부족하다든지 주인 또는 책임자가 할 수는 있지만 다른 업무가 너무 많을 때 다른 사람을 고용해 일을 위임할 수 있다. 문제는 이런 위임을 받은 대리인이 주인의 마음에 쏙 들게 일하는 경우가 드물다는 점이다. 대리인이 열심히 업무를 해서 조직이 잘된다 해도 그 이익과 명성은 대부분 주인이 가져가기 때문에 대리인은 그렇게까지 열심히 일할 의욕도 생기지 않는다. 어떤 경우에는 대리인이 주인보다는 자신의 이익에 따라 행동하기도 한다.

전문 경영인 제도가 그렇다. 이 시스템의 장점은 경영진의 교체가 가능하고 경영의 전문성이 높아지는 것이다. 전문 경영인은 소유 지분이 적기 때문에 방만한 경영으로 실적이 악화할 경우 이사회 결정을 통해 교체할 수 있다. 또 전문성과 의욕을 가진 새로운 경영자를 지속적으로 유입할 수 있어서 경영진의 효율성을 높은 수준에서 유지할 수 있다. 그러나 자신이 소유한 회사를 위해서는 남이 보지 않아도 열심히 일하지만, 남의 회사를 위해 일할 때는 그만큼의 동기가 생기지 않는다는 점이 문제다. 이처럼 주인과 대리인의 이해관계가 어긋나면서 발생하는 현상을 '대리인 문제'라고 한다. 경영진이 주주의 이익보다는 자신의 이익을 위해 회사 자원을 오용하는 사고가 발생한다. 2000년대 초 미국의 거대 기업 엔론(Enron Corporation)의 전문 경영인이 자신의 자리를 보전하고 급여를 더 많이 받기 위해 회계 부정을 저질러 회사를 파산시킨 것이 그 예이다.

단돈 1원에 팔린
영국의 베어링스

그러나 뭐니 뭐니 해도 주인과 대리인 문제의 백미는 1995년 2월에 있었던 영국 굴지의 은행 베어링스(Barings Bank)의 파산이다. 이 사건은 닉 리슨이라는 한 청년 펀드매니저의 부정이 발단이 됐다. 부정행위가 발각되기 전까지 싱가포르 선물시장에서 리슨의 영향력은 대단했다. 싱가포르에서 거래되는 닛케이선물 거래량의 4분의 1이 그의 손에서 좌지우지됐다. 당시 그의 별명은 '트레이딩 플로어의 마이클 조던'이었다.

그러나 그는 자신의 판단력을 과신했다. 1995년 1월 초 일본 주가가 오를 것으로 보고 닛케이선물을 대거 매수했지만 1월 17일 고베에서 큰 지진이 나며 주가가 폭락했다. 손해를 만회하기 위해 또다시 폭락한 선물을 매수하며 '물타기'에 나섰지만 일본 주가는 계속 폭락했다. 결국 그는 일본 선물 거래에서 모두 12억 달러의 손해를 입었다. 더 충격적이었던 것은 리슨이 이익은 회계장부에 반영했지만 손실은 모두 비밀계좌에 숨겼다는 사실이다. 그러니 회사에서는 리슨이 잘하고 있는 줄만 알았지 내부적으로 암 덩어리가 자라고 있는 줄은 꿈에도 몰랐다. 베어링스는 이 충격을 이기지 못하고 결국 파산했고, 마침내 1파운드에 네덜란드

ING에 매각되는 수모를 당했다. 베어링스 같은 큰 금융회사도 얼마든지 대리인 한 명의 잘못으로 쓰러질 수 있음을 보여준 대표적인 사례이다.

베어링스 사태의 근본적인 원인은 닉 리슨이라는 대리인을 회사 측이 과신한 나머지, 동시에 맡겨서는 안 될 주식 중개와 거래 결제 업무 권한을 한꺼번에 몰아준 내부 감독 체계의 잘못으로 볼 수 있다. 기업이든 정부든 모든 조직에는 적절한 견제와 균형 장치가 있어야 그 조직의 건강성은 물론 생존이 보장된다. 훌륭한 성과를 올렸다고 견제의 제동 장치마저 풀어버리면 도덕적 해이가 생겨 그 개인은 물론 조직 전체가 헤어날 수 없는 파멸로 치닫게 됨을 역사가 증명하고 있다.

주식시장의
대리인 문제 사례들

베어링스 은행의 몰락은 대리인 문제의 대표적 사례이지만 주식시장에서는 이 문제가 일상사처럼 발생한다. 시장에서 대리인 문제의 핵심은 '돈의 주인'과 '결정하는 사람'이 다른 데서 생기는 비효율이다. 예를 들면 정보력과 자금력이 부족한 개인들은 투자회사에 돈을 맡겨 간접투자에 나선다. 투자자는 장기수익을 원하고, 투자회사의 펀드매니저는 단기성과에 따른 인센티브를 더 중시한다. 그 결과 펀드매니저는 분기 성과를 맞추려고 변동성이 큰 종목을 과도하게 매수하는 경향이 있다. 이익이 나면 다행인데, 손실이 날 경우 그 종목을 끝까지 끌고 가는 도박성 운용 행태를 보인다. 투자자와 증권사 애널리스트의 관계도 비슷하다. 투자자는 객관적 분석을 기대하지만 애널리스트는 자기 회사와의 이해관계를 앞세운다. 기업공개나 투자계약 같은 회사의 이익을 의식해 부정적 정보를 축소하여 매수 리포트를 내기도 한다. 대주주와 소액주주 사이에서도 대리인 문제가 생긴다. 대주주는 경영권을 지키고 사익을 추구하기 위해 낮은 배당을 유지하려는 경향이 있다. 반면 일반 투자자인 소액주주는 주가 상승과 배당 확대에 더 큰 관심을 가진다.

AI가 대리인 문제의
해결사가 될까?

이런 대리인 문제를 해결하기 위해 다양한 아이디어가 나왔고 실행에 옮겨졌다. 펀드 가입자와 펀드매니저의 이해를 일치시키기 위해 펀드매니저에 대한 보상을 성과와 연동하거나 주주 행동주의를 도입해 대주주에 대한 압박 장치를 마련한 것 등이다.

기업에서는 '사외이사(社外理事) 제도'를 두었다. 사외이사제는 회사의 경영을 직접 담당하는 이사 이외에 외부의 전문가를 이사회 구성원으로 선임하는 제도로, 대주주를 견제하는 데 목적이 있다. 사외이사는 회사 업무를 집행하는 경영진과도 직접적인 관계가 없어서 객관적 입장에서 회사의 경영 상태를 감독하고 조언하기도 한다. 사외이사제가 대리인 문제 해결을 위한 채찍이라면 대리인에게 동기를 부여하기 위해 회사 주식을 무상으로 제공하는 '스톡옵션 제도'는 당근에 해당한다. 스톡옵션 제도는 회사 경영이나 기술 혁신에 이바지한 임직원에게 자사의 주식을 미리 정해진 가격에 따라 일정 기간 내 매수할 수 있는 권리를 부여하는 것을 말한다.

그러나 사외이사든 스톡옵션이든 주인이 대리인의 행동을 정확히 파악하는 데는 한계가 있다. 주인이 피고용인인 부하를 의심하고 부하는 반대로 주인을 의심하는 상황이라면 같이 일을 해서 성공할 확률은 급격히 떨어진다. 자본주의 경제학은 대리인을 열심히 일하도록 하는 완벽한 승진 제도나 성과 보상 제도를 아직 만들어내지 못했다. 계약서에 서명한다 해도 반드시 원래의 의도대로 약속을 지키게 만들지는 못하고 있다.

결국 대리인 문제는 승진이나 성과 보상, 감독 등의 제도 또는 계약서로는 해결하기 어렵다. 그래서 비제도적인 방식에 의존할 수밖에 없는데, 바로 소통과 신뢰이다. 주인이 어떤 방향으로 나아가고자 하며, 어째서 그런 방향이 옳은가에 대해 대리인과 적극적으로 이야기를 나누고, 의견을 청취해야 한다. 따라서 조직 구성원 모두가 현재 추진되는 업무를 이해하고 공감하도록 하는 일이 매우 중요하다.

그런데 최근 인공지능이 등장하고 각종 로봇이 인간의 일을 대신하며, 무인 자동차가 거리를 누비는 시대가 되었다. 미래의 기업 조직에서는 이들 기계가 인간을 대체할지도 모른다. 지금까지는 모든 직원이 한마음 한뜻으로 뭉쳐 조직의 목표에 공감하고 열심히 노력하는 기업이 더 많은 이익을 내며 성공했지만, 앞으로는 뛰어난 인공지능을 탑재한 기계들이 생산하고 판매하는 시대가 도래할 수 있다. 그리고 사장의 지시에 아무런 불만도 표출하지 않고 명령에 무조건 복종하면서 밤낮으로 일만 하는 그 기계들에는 굳이 조직의 목표를 설명해가며 일일이 공감을 얻어낼 필요가 없을 것이다. 또한 대리인이 자신의 이익을 위해 회사를 좌지우지하거나 부정을 저지르는 일도 점차 어려워질 수 있다. 다가오는 AI 시대에는 주인과 대리인의 관계가 과거와는 다르게 정립될 듯하다.

정보 비대칭에 대하여

대리인 문제는 주인과 대리인이 가지고 있는 정보에 차이가 생기는 현상인 '정보 비대칭'이 그 원인이다. 정보 비대칭이 존재하면 거래 주체들이 완전한 정보를 가지고 거래할 때에 비해 비효율적인 자원 배분이 발생하며, 이러한 시장 실패의 대표적인 사례가 '도덕적 해이'와 '역선택'(《이솝우화로 읽는 경제 이야기》 179쪽 참조)이다. 도덕적 해이란 거래가 성사된 이후 정보우위에 있는 거래 주체가 자신의 행동을 숨기거나 책임을 소홀히 하면서 경제적 비효율이 발생하는 현상을 말한다. 반면 역선택은 거래 전에 정보우위에 있는 자가 정보를 이용해 상대방에게 불리한 선택이 이루어지도록 만드는 상황을 뜻한다.

정보 비대칭으로 인한 도덕적 해이는 보험시장에서 운전자가 자동차 보험을 가입하기 전보다 후에 사고 예방에 노력을 덜 기울이는 행위가 그 대표적인 예이다. 역선택에는 중고차시장 사례가 있다. 중고차의 판매자들은 중고차의 품질에 대한 정확한 정보를 알고 있지만, 잠재적 중고차 구매자들은 중고차의 품질을 알 수 없어서 높은 가격을 내려고 하지 않는다. 이 경우 좋은 품질의 중고차는 모두 시장에서 사라지고, 품질에 하자가 있는 값싼 중고차만 시장에서 거래가 이루어질 수 있다.

정보 비대칭을 극복하는 방법으로 2001년 노벨경제학상을 수상한 미국 경제학자 마이클 스펜스(A. Michael Spence, 1943~)는 '신호(Signaling)이론'을 제안했다. 예컨대 중고차 판매자들이 일정 기간의 무상수리를 제공하면 이런 서비스 자체가 소비자들에게 중고차 품질에 큰 하자가 없음을 방증하는 신호로 받아들여질 수 있다. 이외에 같은 해에 노벨경제학상을 함께 수상한 조셉 스티글리츠(Joseph Stiglitz, 1943~)는 정보열위자들이 정보우위자들을 심사해 정보 비대칭 상황을 완화할 수 있다는 '선별(Screening)이론'을 주장했다.

13

친구 따라 강남 간다

밴드왜건 효과

당나귀를 팔러 가는 아버지와 아들

가난한 아버지가 있었다. 당장 먹을거리 살 돈도 없어 마지막 남은 재산인 당나귀를 팔기로 결심했다. 아버지는 어린 아들을 당나귀에 태우고 자신은 당나귀의 고삐를 쥔 채 시장을 향해 걸어갔다.

걷는 도중에 이 광경을 본 어떤 남자가 어린 아들을 보며 이렇게 말했다.

"어린 놈이 자기만 편하게 당나귀를 타고 아버지를 걷게 하다니 아주 불효막심한 놈이군.”

이 말을 들고 놀란 아버지는 어린 아들을 당나귀에서 내려놓고 자신이 당나귀를 타고 갔다. 아버지는 자신이 당나귀에 탔으니 어린 아들이 불효막심한 놈이란 욕은 안 듣겠지 하고 안심하고 길을 갔다.

잠시 후 어떤 남자가 이 광경을 보고 이렇게 말했다.

“애비란 작자가 어째 부모답지 않게 어린 아들을 걷게 하나. 어린 아들을 당나귀에 태우고 자기가 걸어야지. 그게 부모 아닌가?”

이 말을 들은 아버지는 놀라 당나귀에서 급히 내렸다. 그리고 아버지는 고민에 빠졌다. 사람들에게 욕을 먹기는 싫은데 아버지가 당나귀를 타고 가도 욕을 듣고 아들이 당나귀를 타고 가도 욕을 들으니, 그야말로 진퇴양난이었다.

아버지는 고민 끝에 아예 둘 다 당나귀를 타지 않고 아버지가 당나귀의 고삐만 잡은 채 아들과 함께 걸어가기로 했다. 그렇게 두 부자가 당나귀를 데리고 걸어가는데, 잠시 후 지나가던 여자가 그 모습을 보고 이렇게 말했다.

“호호호. 세상에 별 희한한 바보들도 다 봤네. 둘 다 당나귀를 타고 가면 될 텐데 당나귀와 함께 걸어가다니. 바보 아빠와 아들이 따로 없네. 호호호.”

이 말을 들은 아버지는 또 놀라서 여자가 말한 대로 당나귀에 아들을 태우고 자신도 당나귀에 올라탔다. 아버지는 '이제는 욕할 사람이 없겠지' 하고 속으로 생각하며 당나귀를 타고 시장을 향해 갔다.

마을 사람들이 이 광경을 보며 수군댔다.

"아니, 당나귀에 두 명이나 타고 뭔 짓이래? 당나귀가 힘들어서 제대로 걷지고 못하는군. 애비나 자식이나 못돼 먹었어."

이 말을 들은 아버지는 고민 끝에 자신과 아들이 당나귀를 혹사시키지 않는다는 것을 보여주기 위해 긴 막대기에 당나귀 네 다리를 묶은 후 아들과 함께 이를 메고 걷기로 했다. 그렇게 걷다가 시장 가는 길에 있는 개울가에 도착했다. 이제 아버지와 아들은 힘들게 당나귀를 메고 첨벙첨벙 소리를 내며 건넜다. 이때 개울가에서 빨래하던 마을 여자들이 이 광경을 보며 모두 어이없어했다.

"아니 저게 뭔일이야? 당나귀를 어깨에 메고 개울물을 건너는 사람은 처음 보네."

"완전히 미쳤어. 당나귀를 타고 건너면 될걸."

마을 여인들의 웃음과 비난을 들은 아버지는 너무 부끄럽고 어깨에 멘 당나귀 때문에 힘이 들기도 했다. 어린 아들도 마찬가지였다. 이때 당나귀가 탈출하기 위해 발버둥 치자 두 부자는 그만 쓰러져 개울물에 빠지고 말았다. 그 틈을 타 당나귀는 개울물을 건너 도망쳐버렸다.

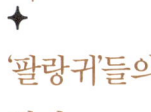

'팔랑귀'들의
행진

우리 속담에 '친구 따라 강남 간다'는 말이 있다. 남의 말에 이끌려 의도한 것과 다른 행동을 한다는 뜻이다. 이 이야기에서 당나귀를 팔러 시장에 가는 아버지도 친구 따라 강남을 가다 낭패를 당했다. 줏대를 잃고 주위에서 비판하는 대로 따르다 그만 전 재산이나 다름없는 당나귀를 잃고 말았다.

인간은 나약한 존재라 옳은 길을 가고 있음에도 다른 사람의 한마디에 쉽게 휩쓸리고 만다. 하다못해 사소한 일을 결정할 때조차 나의 생각과 판단보다는 다른 사람의 얘기를 무비판적으로 받아들이기도 한다.

당나귀를 팔러 가는 아버지와 아들의 우화는 경제학의 '밴드왜건(Bandwagon)' 효과를 잘 설명한다. 밴드왜건 효과란 어떤 선택이 대중적인 유행과 관련이 있다고 인식되면 옳다고 믿는 경향을 말한다. 밴드왜건이란 축제나 행사의 행렬 맨 앞에 위치해 악대를 이끄는 차량을 의미한다. 미국의 서부개척시대 때 금광을 발견하면 밴드왜건이 시끄러운 음악을 연주하며 사람들을 이끌고 금광으로 향하곤 한 데서 유래했다. 그래서 밴드왜건 효과를 '악대차 현상', '쏠림 현상'이라고도 한다.

밴드왜건 효과가 극명하게 나타나는 곳은 선거판이다. 좋은 공약을 내세운 정치인보다는 밴드왜건을 몰고 다녀 더 많은 사람이 그 뒤를 따르는 정치인이 당선 가능성이 높다고 한다. 진지하게 공약 같은 것을 비교하거나 따질 필요 없이 선거에서 이길 것 같은 후보, 이미 많은 사람이 지지하는 후보가 정답이라고 믿는다는 이야기이다. 선거에서 중요한 건 후보의 인품이나 공약이 아니라 당선 가능성이 얼마나 높으냐가 관건이라는 것이다. 함량 미달의 후보라도 선거에서 이기면 그를 지지한 유권자는 이득을 볼 수 있다. 결국 '될 사람 찍어주자' 하는 분위기가 만들어지는데, 이것이 밴드왜건 효과이다.

실제로 19세기 후반 미국에서 밴드왜건이 당선에 도움을 줬다는 소문이 퍼지면서 정치인들은 밴드왜건을 동원하며 유세를 벌이기도 했다. 1920년대 들어 밴드왜건은 사라졌고, 'Jump the Bandwagon'이란 말은 시류에 편승하거나 대세를 따른다는 의미로 남았다. 밴드왜건 효과를 처음 학문적으로 접근한 인물은 미국의 경제학자 하비 라이벤스타인(Harvey Leibenstein, 1922~1994)이다. 그가 1950년 발표한 논문에서 밴드왜건 효과라는 단어가 처음으로 등장했다.

남이 사면 덩달아
사고 싶어지는 마음

밴드왜건 효과가 나타나는 가장 큰 이유는 인간에게 존재하는 '동조현상(Conformity)' 때문이다. 동조란 집단의 묵시적 압력 혹은 규범 때문에 개인이 자발적인 선택을 하지 못하고 집단이 기대하는 가치관이나 행동에 따르는 현상을 말한다. 객관적인 판단 기준이 부족할 때 집단의 일관된 행동을 사회적 기준이라 보고, 그것을 따르면서 심리적 안전감을 느끼는 것이다. 그래서 사람들이 유행하는 옷을 앞다투어 구매하며 멋있다고 느끼고, 처음 등산할 때 앞서가는 등산객을 따라 산을 오른다.

사회 적응을 위한 동조는 객관적인 판단 기준이 충분하더라도 발생할 수 있다. 집단에서 배척당하지 않고 타인의 호감을 얻기 위해 다른 사람들과 같은 결정을 내리는 것이 안전하다고 생각한다. 배척을 방지하기 위한 동조현상은 집단주의 성향이 강한 사회에서 더 강하게 나타난다. 집단주의 성향이 강할수록 남들과 다른 의견을 드러내는 것을 꺼리게 되고 결국 집단의 압력에 쉽게 동조하게 된다.

그렇다고 밴드왜건 효과가 꼭 나쁜 것만은 아니다. 다른 사람들의 의견이나 행동에 영향을 받아서 자신도 같은 의견을 말하거나 행동하게 되는 것은 어쩌면 자연스런 현상이라고 볼 수 있다. 빠르고 쉽게 결정을 내리기 위해 다른 사람들이 어떻게 행동하고 생각하는지 참고하는 것도 같은 행동 방식이다. 이는 정보의 홍수 속에 살아가는 현대인이 효율적으로 행동할 수 있게 도움을 준다. 또 유행에 동조함으로써 타인과의 관계에서 소외되지 않으려는 심리도 작용한다. 이는 사회적인 소속감과 인정의 욕구를 충족시키고 스트레스를 줄여준다. 그리고 대중적으로 유행하는 정보를 따라 상품을 구매하는 현상은 시장 활성화에 도움이 될 수 있다.

하지만 밴드왜건 효과는 단점도 많은 것이 현실이다. 무엇보다 다른 사람들의 의견이나 행동에 영향을 받아서 자신의 의견이나 행동을 잃어버리거나 감추는 일이 발생한다. 이는 개인의 자유와 창의성을 해치고 비판적 사고력을 약화한다. 타인과 관계에서 소외되지 않으려고 유행에 동조하는 심리는 자신의 취향과 가치관을 무시하고 타인의 영향력에 의존하게 만든다. 또 필요치 않은 소비를 유발하고, 소비자의 선택권을 제한하는 역효과를 불러오기도 한다.

밴드왜건 효과가 나타나는
주식시장

밴드왜건 효과가 강하게 작용하는 곳이 주식시장이다. 잠시라도 방심을 허용치 않는 위험한 곳이다. 투자 손실은 일상사이고, 어렵게 쌓은 공든 탑이 한순간에 날아가 버리기도 한다. 개인들은 혼자 이런 위험한 바다를 헤쳐 나갈 수 없다. 집단의 힘을 빌리고 싶어 한다. 밴드왜건 효과에 기대려고 하는 것이다. 위험이 닥쳐도 여러 사람이 함께 있으면 안전감이 생긴다. 위험이 언제 어디서 튀어나올지 모르는 상황에선 남들을 따라 행동하는 것이 오히려 살아남는 방법이 될 수 있다. 또한 사람들은 집단이 가진 정보에도 자연스럽게 귀를 기울이게 된다.

여행을 할 때 괜찮은 식당을 고르는 확실한 방법은 손님이 많은 곳을 찾는 것이다. 현지인들이 싸고 맛있는 식당을 잘 아는 법이니까. 많은 사람이 선택했다면 그것은 합리적이고 효율적이라고 믿는다. 그대로 따라 하면 직접 정보를 수집하고 분석하는 데 드는 시간과 노력을 아낄 수 있다. 개인은 집단이 답을 알고 있다고 단정 짓는다. 주식시장에서도 비슷한 일이 벌어진다. 그래서 개인 투자자들은 '사자'가 많은 주가 상승기에는 주식을 사고, '팔자'가 많은 하락기에는 매도에 나서는 행동을 반복하게 된다. 그 결과는 비쌀 때 사고 쌀 때 파는, 투자 실패의 길을 걷는 것이다.

하지만 주식투자는 맛집을 고르는 것과 다르다. 손님이 많다고 찾아간 식당의 음식 맛이 형편없다면 기분이 나쁜 것으로 끝나지만, 주식투자를 잘못하면 바로 금전적 손실로 이어진다. 누구나 손실을 보는 것은 죽기보다 싫어한다. 많은 사람이 주식을 사서 공급자 우위의 시장이 된다면 재앙이 서서히 고개를 드는 것과 같다. 작은 사건이나 실수 하나만으로도 주가는 모래성 무너지듯이 와르르 주저앉는다. 이내 시장은 손실을 피해 빠져나오려는 투자자들로 아수라장이 된다. 그동안 숱하게 발생했던 증시 위기는 밴드왜건 효과가 부른 것일지도 모른다.

 ## 스놉 효과

어떤 상품에 대한 사람들의 소비가 증가하면 오히려 그 상품의 수요가 줄어드는 효과를 말한다. '스놉(Snob)'은 잘난 체하는 속물을 의미한다. 스놉 효과는 마치 까마귀 떼 속에서 혼자 떨어져 고고하게 있는 백로와 같다고 해서 '백로 효과'라고도 한다.

부유한 사람들은 대체로 타인과 구별되는 차별성을 추구하는 경향이 있다. 따라서 자신들이 즐겨 사용하던 상품이라도 많은 이들이 쓰게 되면 일반인은 잘 모르는 상품으로 소비 대상을 바꾸고 싶어

한다. 즉, 스놉 효과는 남을 따라 하는 소비 행태를 뜻하는 밴드왜건 효과와는 반대다.

1950년 미국 경제학자 라이벤스타인은 한 잡지에서 '스놉 효과'와 '베블런 효과(Veblen Effect)'를 비교·설명했다. 그는 대중과 차별화하고 싶은 욕망이 담긴 '스놉 효과'는 대중의 소비에 영향받는다고 했다. 반면 고가품일수록 과시욕으로 수요가 증가하는 베블런 효과는 가격의 영향을 받는다고 보았다.

일반 대중이 쉽게 살 수 없는 명품을 선호하는 것은 스놉 효과이다. 2006년 서울 압구정동에 스위스의 명품 시계 '빈센트 앤 코' 매장이 문을 열었다. 판매자는 연예인과 백화점을 통한 홍보로 시계를 판매해 수십억 원에 달하는 수입을 올렸다. 그러나 알고 보니 판매자는 값싼 중국산 부품을 사용해 저가의 시계를 고가 제품처럼 꾸며 판매한 것이었다. '전 세계 인구의 1%만이 찬다'라는 문구에 현혹된 구매자들은 이를 전혀 의심하지 않았다.

14

너 죽고 나 죽자

치킨게임

수탉 두 마리와 독수리

한 집에 수탉 두 마리가 살고 있었다. 하지만 닭의 세계에서는 같은 무리에서 수컷 한 마리만 우두머리가 될 수 있다. 오직 수컷 한 마리가 모든 암컷을 거느리기 때문이다. 그래서 두 수탉은 날마다 서로 싸움을 벌였다.

"여기는 원래 내가 먼저 왔어. 너는 빨리 이곳을 떠나는 게 좋을 거야."

"웃기지 말라고. 내가 힘이 더 세니까 네가 떠나는 게 당연해."

"그렇다면 한번 싸워보겠다는 거야?"

"좋아. 지는 쪽이 이곳을 떠나는 거야."

결국 수탉 두 마리는 치열한 싸움을 벌였다. 수탉들의 싸움은 무척 거칠고 끈질겼다. 힘이 비슷한 두 수탉의 싸움은 한나절이 지나도 좀처럼 끝나지 않았다. 마침내 힘이 센 수탉이 승리를 거두었다. 그리고 싸움에 진 다른 한 마리는 비틀거리더니 덤불 속으로 달아났다.

암탉들은 싸움에서 이긴 수탉을 향해 환호성을 질렀다. 승리한 수탉은 기분이 날아갈 것만 같았다. 수탉은 허공으로 솟구쳐 높다란 담장 위로 올라갔다.

"어때? 내가 최고지? 내가 세상에서 가장 강한 수탉이야."

수탉이 어깨를 으쓱거리는데, 갑자기 독수리 한 마리가 하늘에서 나타났다. 독수리는 쏜살같이 내려오더니 날카로운 발톱으로 싸움에서 이긴 수탉을 움켜잡았다. 독수리에게 잡힌 수탉은 비명을 질렀다. 독수리는 커다란 날개를 퍼덕이면서 하늘 높이 올라갔다.

그러자 덤불 속에 숨어 있던 싸움에 진 수탉이 기어 나왔다. 이제는 모든 암탉이 그 수탉 주위로 몰려들었다. 그 수탉은 독수리에게 잡혀간 수탉을 대신해서 모든 암탉을 거느리게 되었다.

인간 사회에서 벌어지는
닭싸움

닭은 일부다처제이며 수탉 한 마리가 암탉 수십 마리를 거느리고 산다고 한다. 수탉이 두 마리면 싸움을 통해 승리한 수탉이 주변의 모든 암탉을 통솔한다.

인간 사회에서도 닭싸움 같은 광경이 종종 목격된다. 이른바 '치킨게임'이라고 한다. 수탉처럼 서로 죽기 살기로 싸우지만, 닭 세계와는 약간 다른 개념이다. 치킨게임은 원래 둘이 마주 보고 돌진하다가 먼저 피하는 쪽이 지는 게임을 말한다. 그런데 왜 여기에 '치킨(Chicken)'이라는 이름이 붙었을까? 치킨이 '겁쟁이'를 뜻하는 속어로도 쓰이기 때문이다. 치킨게임은 1950년대 미국의 갱이나 반항적인 젊은이들 사이에서 유행했다. 제임스 딘 주연의 영화 〈이유 없는 반항〉을 보면 두 젊은이가 각자 차를 몰고 결투를 벌이듯 절벽으로 달리는 장면이 나온다. 먼저 멈추는 사람이 지는 것이 치킨게임이다. 어떤 형태의 치킨게임이든지 한쪽이 물러서거나 양보하지 않으면 둘 다 파국으로 치닫게 마련이다. 치킨게임에서 이기는 비결이 배짱이라고 말하기도 한다. 그러나 이런 배짱은 지혜와 치밀한 분석에 따른 필승 전략이라기보다 막무가내식 만용일 뿐이다. 아무리 용감해도 죽고 나면 그만이기 때문이다.

치킨게임에서 최후의 승자가 되기 위해서는 상대방에게 나는 절대 포기할 생각이 없다는 점을 강력하게 보여주는 것이 효과적이다. 물론 상대방도 마찬가지이다. 현실 세계에서는 파국에 근접할수록 어느 순간 양쪽 모두, 또는 최소한 한쪽은 결국 백기를 들게 마련이다. 이것이 위험을 회피하는 합리적 판단이다. 그러나 영화 〈이유 없는 반항〉에서 '버즈'라는 젊은이는 마지막 순간에 차에서 탈출하지 못하고 죽음을 맞이한다.

경쟁자를 몰아내기 위한
전략

상식적이라면 이런 게임은 보통 하지 않는 게 좋다. 조금만 생각해봐도 돌아오는 것에 비해 리스크가 너무 크기 때문이다. 가장 큰 이득이라고 해봤자 상대방을 꺾었다는 자부심뿐이고, 그에 대한 리스크는 죽음 혹은 중상이다. 즉, 자신의 목숨을 걸어 얻을 수 있는 것은 기껏해야 자부심뿐이다. 그래서인지 개인과 개인 간의 치킨게임은 거의 사라졌다고 볼 수 있다.

그러나 기업과 기업 간, 또는 국가 간의 치킨게임은 사정이 다르다. 싸움에서 이긴 수탉이 암탉들을 독차지하듯이, 치킨게임에서도 경쟁자가 물러나면 독점적 지위를 얻는 실질적 이익이 돌아온다. 그렇기 때문에 이러한 전략은 여전히 유효하다. 기업은 경쟁사를 이길 수 있다면 손해가 얼마이든 비상식적인 출혈경쟁을 펼치기도 한다. 이 경우 패자는 물론이고 살아남은 기업도 엄청난 손실을 입어 '상처뿐인 영광'이 될 수 있다. 치킨게임에서 이겨 우두머리가 됐다고 으스대다 독수리의 먹잇감이 된 우화 속 수탉처럼 '승자의 저주'가 닥칠 수 있다. 생각해보면 치킨게임은 자존심 때문에 벌일 일이 아니다. 특히 재정 상태가 취약한 상황이라면 더더욱 피해야 할 전략이다.

1980년대 미국과 소련은 죽기 아니면 살기식의 군비 경쟁을 벌였다. 두 나라는 경제가 휘청일 정도로 신무기 개발에 막대한 자금을 쏟아부었다. 결국 자본력이 뒤처진 소련이 먼저 무너졌다. 이러한 군비 경쟁은 치킨게임의 대표적인 사례로 꼽힌다. 군비 경쟁을 벌이는 동안 두 나라의 경제와 민생은 큰 상처를 입게 되고, 결국 더 이상 버티지 못하는 쪽이 두 손을 들게 된다.

경제 분야에서는 생산비를 크게 낮출 수 있는 선두 기업이 경쟁자들을 시장에서 몰아내기 위해 치킨게임 전략을 사용하기도 한다. 막대한 자본력과 규모의 이점을 바탕으로 가격을 공격적으로 낮추며 경쟁을 장기전으로 끌고 가는 것이다. 이 과정에서 비용 구조가 취약한 기업들은 손실을 견디지 못하고 하나둘 시장에서 떨어져 나가게 되고, 결국 끝까지 버틴 선두 기업이 시장 지배력을 더욱 강화하게 된다. 2008년 메모리 반도체 분야를 장악한 삼성전자가 당시 도시바·엘피다처럼 파이를 나눠 먹던 군소 업체들을 철저히 짓밟기 위한 수단으로 치킨게임을 사용했다. 여기서 삼성전자가 승리할 수 있었던 비결은 낮은 생산 원가, 풍부한 자금력, 강력한 의지 등 3박자를 모두 갖추었기 때문이다.

삼성전자는 당시 높은 수율을 바탕으로 업계 최고 수준의 원가 경쟁력을 지니고 있었다. 그래서 똑같이 가격을 후려치면 삼성전자는 피를 보는 정도인 데 반해 경쟁사들은 골수까지 흘러나오는 고통을 겪어야 했다. 또한 삼성전자는 자체 자금력도 풍부했지만 필요 시 계열사들을 통해 그룹 차원에서 추가로 동원할 수 있는 자금이 막대했기 때문에 그 정도 배경이 없는 경쟁사들은 버티는 것이 불가능했다. 그 결과 지금 대규모 메모리 반도체 기업은 우리나라 삼성전자와 하이닉스, 미국 마이크론 등 몇몇 업체만 남았다.

게임 승리의
조건

치킨게임은 잘못하면 같이 망하지만 경쟁 기업이 무너지면 시장의 강자로 살아남아 더 큰 이익을 누릴 수 있다는 특징이 있다.

단, 치킨게임이 아무 때나 벌어지는 건 아니다. 경기가 나빠진 불황기가 그 적기이다. 불황이 닥치면 수요가 줄어들면서 시장에

남는 공급이 생긴다. 이를 해소하기 위해 기업들은 가격을 낮춰 상품의 경쟁력을 높이려 한다. 가격을 낮추면 수요를 어느 정도 끌어올릴 수 있을 뿐 아니라, 생산 원가가 높은 기업들은 경쟁에서 밀려난다. 그 결과 살아남은 기업은 더 많은 시장을 점유해 잉여 생산을 줄일 수 있다.

또 하나의 전제 조건은 높은 시장 진입장벽이다. 치킨게임에서 승자가 다른 기업을 몰아내고 시장을 독점하더라도, 새로운 기업이 쉽게 들어올 수 있다면 그 이익은 오래가지 않는다. 진입장벽이 낮은 산업에서는 경쟁자가 언제든 새로 등장할 수 있기 때문에 아무리 선두 기업이라도 쉽게 치킨게임을 벌이려 하지 않는다.

마지막으로, 하나 이상의 선두 기업이 존재해야 한다. 선두 기업은 경쟁 업체보다 낮은 생산원가와 높은 자본력을 가진다. 대부분 기업이 비슷한 자본력과 생산력을 가졌다면 모두가 같이 파멸하기 때문에 치킨게임은 일어나지 않는다.

'버티면 된다',
주식투자자들의 치킨게임

주식투자자들 사이에서도 치킨게임이 벌어진다. 가령 어느 기업이 유상증자를 발표했다고 치자. 유상증자는 주식의 공급이 늘어나는 것이어서 보통 악재로 받아들여진다. 먼저 팔면 손실이 확정되기 때문에 투자자들은 쉽게 매도하지 못한다. 그러나 버티다가 주가가 반등하면 증자가 오히려 호재로 해석될 수도 있다. 그래서 투자자들 사이에서 누가 먼저 팔지 눈치를 보는 일종의 치킨게임이 벌어지기도 한다. 그 과정에서 해당 주식의 거래량이 급증하고 주가가 널뛰기한다. 대형 악재가 터져 '패닉 셀(Panic Sell)' 상황일 때도 비슷한 일이 벌어진다. 모두들 '다들 팔 거야'라고 생각한다. 이때 먼저 팔면 손실이 확정되지만, 늦게 팔면 더 큰 손실을 떠안을 수도 있다. 그래서 시장에서 먼저 빠져나가려는 치킨게임이 벌어져 일시에 연쇄 투매가 나타난다. 이 치킨게임은 투자자 모두를 루저로 만든다. 주식시장에서의 치킨게임은 '끝까지 버틴 사람이 이기는 게임'이 아니라 '먼저 위험을 인식하고 빠지는 사람이 살아남는 게임'이라고 볼 수 있다.

시장에서 치킨게임이 시작됐다는 신호는 여기저기서 나타난다. 먼저 거래량이 급증하는데, 주가는 별 움직임이 없는 초기 단계이다. 사고파는 힘만 커지고 방향성은 알 수 없는 가운데, 눈치싸움에 진입했다는 뜻이다. 곧 합리적 분석은 설 땅을 잃고 "버티면 된다", "세력이 장난친다"와 같은 비합리적 헛소문이 춤을 춘다. 이런 과정에서 하루에도 투자 심리의 방향이 오락가락하면서 주가 변동성이 커진다.

이렇게 치킨게임 징후들이 나타나면 개인들은 긴장모드에 들어가야 한다. "누가 더 버틸까"가 아니라 "나는 여기서 살아남을 수 있을까?" 하고 의심해야 한다. 신용 미수가 급증하는 종목은 개인들에게 불리하므로 절대 손대지 말아야 한다. 사전에 손절 기준을 정해놓는 것도 중요하다. 게임이 시작되면 이성적 판단이 불가능하기 때문이다. 만약 '이건 투자가 아니라 게임'이라는 판단이 서면 얼른 눈감고 보유한 주식의 절반 정도를 정리하는 것이 바람직하다.

 제로섬게임 vs. 치킨게임

제로섬게임과 치킨게임은 모두 갈등 상황을 설명하는 대표적인 개념이지만, 구조와 결과에서 중요한 차이가 있다.

제로섬게임은 한쪽의 이익이 그대로 다른 쪽의 손실이 되는 구조다. 전체 이익의 총합이 항상 '0'으로 유지되기 때문에, 참여자들은 상대를 이겨야만 자신의 이익을 극대화할 수 있다. 예를 들어 도박이나 단순한 승패 경쟁이 이에 해당한다. 이 경우 협력의 여지는 거의 없으며, 본질적으로 경쟁이 핵심이다.

반면 치킨게임은 극단적 대립 속에서 '누가 먼저 양보하느냐'를 겨루는 구조다. 양쪽이 끝까지 버티면 모두 큰 피해를 입지만, 한쪽이 먼저 물러서면 다른 한쪽이 이익을 얻는다. 그러나 가장 중요한 점은 서로 충돌을 피하는 것이 전체적으로 더 나은 결과라는 데 있다. 즉, 파국을 피하기 위한 심리전과 전략적 판단이 핵심이다. 냉전 시기의 핵무기 대치 상황이 대표적인 예로 언급된다.

결국 제로섬게임은 이익의 분배를 둘러싼 '완전 경쟁'의 문제라면, 치킨게임은 파국을 피하기 위한 '위험한 협상'의 문제라고 볼 수 있다. 전자는 상대를 이기는 것이 목표지만, 후자는 서로 망하지 않는 선에서 균형을 찾는 것이 더 중요하다.

15

옆구리 쿡 찌르다

넛지 이론

내기하는 북풍과 태양

북풍과 태양이 서로 자신의 힘이 더 세다고 우기다가 말다툼
을 벌였다. 북풍이 먼저 소리쳤다.

"그렇다면 누구의 힘이 더 센지 시합을 해보는 건 어떨까?"

태양은 고개를 끄덕이며 북풍의 제안을 받아들였다. 북풍은
주위를 두리번거리다 길을 가는 나그네를 발견했다. 북풍은
태양을 향해 말했다.

"저 나그네의 외투를 벗기는 쪽이 이기는 거야."

태양이 미소를 지으며 "그래"라고 대답했다. 북풍은 세찬 바람을 잔뜩 몰고 오면서 소리쳤다.

"내가 입김을 약간만 불어도 저 사람의 외투를 벗길 수 있을 거야."

북풍이 큰소리를 쳤다. 북풍은 나그네를 향해 세찬 바람을 불었다. 나그네는 바람을 피하고자 머리를 숙이며 외투의 단추를 꼭꼭 채웠다. 나그네의 외투가 좀체 벗겨지지 않자, 북풍은 더욱 힘을 주면서 입김을 불었다. 그러자 나그네는 추위를 피하고자 옷을 더욱 단단히 여몄다. 그 모습을 지켜보던 태양이 미소를 지으며 말했다.

"자 이제는 내 차례야."

태양은 처음엔 아주 부드러운 빛을 비추었다. 나그네는 단단히 여미고 있던 외투의 단추를 풀었다. 태양은 다시 뜨거운 열기를 뿜었다.

"날씨가 왜 이렇게 변덕스럽지? 조금 전에는 갑자기 바람이 세차게 불더니 이제는 너무 덥구나."

잠시 후 나그네는 더위를 견디지 못하고 옷을 모두 벗은 채 강으로 달려가 목욕을 했다.

화장실 청결을 유도한
파리 그림

누구나 다 아는 이솝우화의 〈북풍과 태양〉 이야기이다. 우리나라
에선 김대중 정부 시절 북한의 개방을 유도하기 위한 햇볕 정책으
로 더 유명해졌다. 이 이야기는 다른 사람을 설득하거나 특정 행
동을 유도할 때엔 직설적이고 물리적인 방법보다 우회적이고 친
화적으로 하는 것이 효과적일 수 있다는 교훈을 전하고 있다.

1990년대 초 네덜란드 암스테르담의 스키폴 공항 화장실에서
일어난 일이다. 공항 측은 지저분한 남자 화장실 때문에 골머리를
앓고 있었다. '오줌을 소변기 밖으로 흘리지 말자'라는 표어를 붙
여도 보았지만 달라지지 않았다. 진지하게 훈계하는 것보다 '남자
가 흘리지 말아야 할 것은 눈물만은 아니다'라는 유머를 섞은 표
어가 효과적일까 싶어 만들었지만 이 역시 효과를 보지 못했다.
고심 끝에 소변기 안쪽에 파리 한 마리를 그려 넣었다. 그 결과, 소
변기 밖으로 새는 소변량이 80%나 줄어들었다. 소변을 보는 남자
들이 '조준 사격' 하는 재미로 파리를 겨냥했기 때문이었다. 공항
화장실이 깨끗해진 것은 물론이고 청소비용을 10% 이상 절약했
다고 한다.

이 이야기는 미국의 행동경제학자 리처드 탈러(Richard H.Thaler,

1945~)와 법률가 캐스 선스타인(Cass R. Sunstein, 1954~)이 지난 2008년 집필한 《넛지》(리더스북, 2022)에 나온다. 인간은 비합리적이고 계몽적인 것을 싫어하기 때문에 '북풍'식이 아닌 '태양'식으로 강요보다는 자연스러운 상황을 만들어 올바른 선택을 할 수 있도록 유도하는 게 효율적이라며 이 이야기를 소개했다.

행동의 변화를 이끄는
넛지 효과

넛지(Nudge)는 '팔꿈치로 슬쩍 찌르다', '주의를 환기시키다'라는 뜻을 가진 말이다. 탈러와 선스타인은 이를 '타인의 선택을 부드럽게 유도하는 개입'이라고 정의한다. 무엇을 하라고 강요하거나 명령하지 않더라도 의사결정이 이뤄지는 메커니즘만 슬쩍 바꾸면 사람들의 행동 변화를 이끌어낼 수 있다는 '넛지 이론'으로 발전시켰다. 탈러 교수는 넛지 이론으로 행동경제학의 토대를 닦은 공로로 2017년 노벨경제학상을 수상했다. 그는 "합리적이지 않은 인간이 현명한 선택을 할 수 있도록 유도하는 정책이 경제 효용을 높인다"라는 유명한 말을 남겼다. 선스타인 교수는 버락 오바마 행정부의 금융, 환경 등 각종 규제를 총괄하는 직책에 중용돼 미국의 공공 정책에 넛지 이론을 적극적으로 반영하기도 했다.

대표적인 예가 미국의 퇴직연금 자동가입 정책이다. 원래 회사와 개인이 비용을 나눠 부담하는 퇴직연금에 가입하려면 신청서를 작성해 제출해야 한다. 근로자 처지에서 보면 따로 돈을 더 내는 것도 아니므로 가입 신청을 하지 않을 이유가 없어 보인다. 이같은 방식으로 퇴직연금 제도를 운용하는 사업장을 조사했더니 가입자가 절반에도 미치지 못했다. 당장 커다란 이득이 생기지 않는 한, 먼 미래의 이익을 좇으려고 눈앞의 불편을 초래하기보다는 현 상태를 유지하는 쪽을 택하는 인간의 습성 때문이었다.

하지만 퇴직연금 가입 순서를 슬그머니 바꿨더니 결과는 딴판이었다. 본래 근로자가 먼저 가입 신청을 해야 퇴직연금에 가입할 수 있던 것을 일단 퇴직연금에 먼저 가입하게 한 다음 원하는 사람만 탈퇴 신청을 받아주기로 한 것이다. 단순히 의사결정 순서를 달리했을 뿐인데, 효과는 탁월했다. 이 같은 순서로 퇴직연금을 도입한 회사에서 3개월 후 신입사원의 퇴직연금 가입 비율은 98%까지 치솟았다. 전체 직원의 퇴직연금 가입 비율도 도입 3개월째 20%에서 36개월째에는 65%로 큰 폭으로 상승했다. 일단 가입하면 탈퇴하는 사람도 드물었다.

이렇게 당사자의 행동 변화를 이끄는 넛지 효과는 정책 분야뿐 아니라 사회 공익적 디자인, 마케팅, 광고 등 다양한 영역에서 활용되고 있다. 예를 들어 수술을 앞둔 환자에게 의사는 다음과 같이 두 가지 방식으로 설명할 수 있다.

"수술해서 살아날 확률은 90%입니다."

"수술해서 죽을 확률은 10%입니다."

어느 쪽이 긍정적 반응을 이끌어냈을까? 둘 다 결론은 같지만, 후자로 말한 경우 대다수 환자가 수술을 거부한다고 한다. 대신 살아날 확률을 말한 경우에는 수술에 동의하는 환자가 많았다는 것이다. 이 역시 넛지 효과이다. 긍정적 결과를 말해줌으로써 환자가 자발적으로 수술에 동의하도록 만든다.

부드럽게
리스크 제어

주식투자에서도 넛지 이론을 활용해 위험을 효과적으로 관리할 수 있다. 흔히 주식투자는 '정보가 부족해서' 혹은 '판단력이 약해서' 손실을 본다고 생각한다. 그러나 행동경제학의 관점에서 보면 투자 실패의 상당 부분은 지식이 부족해서가 아니라 선택 환경이 잘못 설계돼 있기 때문이다. 이 경우 넛지 이론은 유용한 도구가 될 수 있다. 투자자 개인 선택의 자유를 제한하지 않으면서도 '부드러운 개입'으로 리스크를 제어할 수 있기 때문이다.

주식시장은 인간의 감정과 편향성이 극과 극으로 치닫는 공간이다. 공포와 탐욕, 군중심리 등은 투자자의 판단을 흐리게 한다.

넛지 이론은 올바른 판단을 강요하는 것이 아니라 나쁜 판단을 하기 어려운 환경을 만드는 데 초점을 둔다. 이와 관련해 주가 하락으로 손실 구간에 들어섰을 때 넛지로 대응하는 방법을 하나 소개해볼까 한다.

고전적인 방법이지만 손해 보고 파는, 즉 '손절'이 그것이다. 손절이란 주식을 매수했지만 예상과 달리 주가가 하락할 때 더 큰 손실을 막기 위해 일정 부분 손해를 감수하고 주식을 매도하는 것을 말한다. 손실 종목을 무작정 장기보유 하는 멍청한 짓을 사전에 방지하려는 것이니 '부드럽게 리스크를 제어'하는 넛지 전략이라고 할 수 있다.

손절매가 중요한 이유 중 하나는 하락 폭이 크면 클수록 원래 금액으로 회복하기가 훨씬 어려워진다는 점 때문이다. 이를 '손익 비대칭성의 원리'라고 한다. 매입 금액이 100원일 때 하락 폭에 따른 원금으로의 회귀를 위한 상승률을 따져보겠다. 20% 하락이면 25% 상승해야 원금을 회복할 수 있다. 또 40% 하락이면 67%, 50% 하락이면 100% 상승해야 비로소 원금을 되찾을 수 있다. 80% 하락일 경우 원금을 회복하려면 무려 5배나 상승해야 한다. 손절을 안 한다는 것은 보험을 들고 난 후 아무런 사고도 일어나지 않았다고 해서 보험을 끊어버리는 것만큼이나 멍청한 짓이다. 적정기간에 손절을 못 하면 발톱만 자르면 될 것을 다리, 몸통까지 잘라야 하는 사태가 발생할 수 있다.

기본적인 손절은 매매하는 종목에서 발생하는 모든 손실이 매수가격의 3%를 초과하면 추가 하락 방지를 위해 미련 없이 매도하는 전략이다. 이 '3% 룰'의 핵심은 작은 손실에서 빨리 끊고 자본을 지킨 다음 새로운 기회를 노리는 데 있다. 하지만 실제 주식시장에서 개인 투자자들은 손실이 발생해도 12% 이상까지 버티는 경우가 많다고 한다. 3% 룰은 이런 과도한 손실을 줄이는 심리적 안전망 역할을 한다. 과거 10년간 주요 지수와 대형주를 대상으로 3% 룰을 테스트한 결과, 꾸준히 적용했을 때 큰 하락장에서 손실을 줄여주는 효과가 검증됐다.

투자에서 가장 힘든 순간은 '혹시 다시 오르지 않을까?'라는 미련 때문에 손실을 키우는 상황일 것이다. 손절 3% 룰은 이런 불필요한 고민을 해결해준다. 미리 정해둔 규칙대로 기계적으로 행동하면 감정에 휘둘리지 않고 냉정하게 결정을 내릴 수 있다. 심리학 연구에서도 '사전 의사결정'이 자기 통제력을 강화한다는 결과가 보고된 바 있다. 3% 룰을 제대로 활용하려면 몇 가지 방법이 있다. 첫째, 자동 매도 주문을 걸어두면 순간적인 감정의 흔들림을 막을 수 있다. 둘째, 거래량이나 기술적 지표와 함께 사용하면 단순 손절보다 더 정교한 전략이 된다. 예를 들어 안정적인 우량주는 3%가 효과적일 수 있지만 코인이나 성장주는 5~7%가 현실적이다. 3% 룰은 절대적인 법칙이라기보다 자본을 지키기 위한 일종의 안전벨트로 이해하면 좋다.

넛지를 적용한 고속도로의 컬러 주행 유도선

우리나라 고속도로 나들목이나 분기점 부근에 그려진 색상 주행 유도선은 넛지 이론이 실제 정책에 적용된 사례로 자주 언급된다. 넛지란 선택의 자유를 그대로 두면서 사람들이 더욱 바람직한 방향으로 행동하도록 선택 환경을 만드는 것인 만큼 벌금이나 단속처럼 강제력을 동원하는 대신, 자연스럽고 직관적인 표시를 통해 행동을 유도한다는 점에서 시선을 끌었다.

컬러 유도선 중 분홍색은 분기점에서 출구로 갈 때 그 차로로 진입을 안내한다.

분홍선+녹색 유도선은 두 개의 출구가 있을 때 중앙선에 가까운 차로는 분홍선, 중앙선에서 먼 차로는 녹색으로 구분해 안내한다. 파란색은 일반 차량의 하이패스를, 주황색은 4.5톤 이하 화물차 전용 하이패스를 각각 표시하는 유도선으로 소개된다.

고속도로 분기점은 운전자에게 순간적인 판단을 요구하는 공간이다. 제한된 시간 안에 표지판을 읽고 목적지를 확인해 차로를 변경해야 한다. 이 과정에서 잠시 정신을 팔면 진로 착오가 생기기 쉽다. 색상 유도선은 이런 부담을 줄여준다. 예를 들어 특정 방향을 파란색이나 녹색선으로 바닥에 표시하면 운전자는 표지판을 일일이 해석하지 않아도 시각적으로 이어진 색을 따라가며 자연스럽게 올바른 차로를 선택할 수 있다.

그 결과 분기점 부근에서 급제동과 무리한 끼어들기가 줄어들고 교통 흐름이 한층 부드러워진다. 특히 초행 운전자나 고령 운전자처럼 정보 처리 속도가 느린 집단에게 효과가 큰 것으로 보고되고 있다. 이는 규제가 아니라 '보이는 길'을 설계함으로써 안전을 높였다는 점에서 넛지 이론이 일상 속 공공정책에 어떻게 구현될 수 있는지를 잘 보여주는 사례이다. 우리나라는 2011년 색상 유도선을 시범 설치했는데, 6개월 만에 교통사고가 25건에서 3건으로 급감했다고 한다. 색상 유도선을 개발한 도로공사의 담당 직원은 나중에 국민훈장까지 받았다.

Part 3
투자는 심리다

증시는 무질서한 데다 불안하고, 통계가 먹히지 않는 괴물이다. 전혀 예기치 않은 사건이 터지고 곧바로 주가가 폭락하는 혼돈의 세계다. 주가는 절대 일정한 패턴으로 움직이지 않는다. 탐욕은 봄바람처럼 번져 주가를 밀어 올리고, 불안은 한겨울 한파처럼 순식간에 시장을 얼어붙게 한다. 모두가 달릴 때는 뒤처질까 두려워 쫓아가고 모두가 멈출 때는 홀로 남을까 겁나 돌아선다.

어쩌면 인간이 주가를 예측한다는 건 부질없는 짓일지도 모른다. 한 가지 분명한 것은 주가는 비틀거리면서도 제 집을 찾아간다는 사실. 하지만 대부분의 개인 투자자는 그 과정을 인내하지 못할 뿐 아니라 비이성적으로 행동해서 늘 루저가 된다. 어떻게 하면 고수익의 열매를 따 먹을 수 있을까?

16

자기 합리화가 투자를 망친다
인지부조화

굶주린 여우가 포도를 따 먹지 않은 까닭

잔뜩 굶주린 여우 한 마리가 있었다. 여우는 기진맥진한 상태로 먹을 것을 찾아 숲속을 어슬렁거렸다. 그러다가 아주 향기로운 냄새를 맡게 되었다. 여우는 서둘러 냄새가 나는 곳으로 달려갔다. 먹음직스러운 포도가 주렁주렁 매달려 있었다. 보기만 해도 저절로 침이 고일 정도였다.

포도는 무척 달콤할 것만 같았다. 여우는 포도송이를 따기 위해 팔을 뻗었지만 닿지 않았다. 뒤로 물러났다가 달려가 힘껏 뛰어 올랐지만 포도송이에는 손이 닿지 않았다. 포도를 따려고 갖은 방법으로 애를 쓰던 여우는 결국 눈앞의 포도를 포기할 수밖에 없었다. 여우는 포도밭을 떠나면서 중얼거렸다.

"흥 덜 익은 포도잖아? 아직 시큼해서 못 먹을 거야. 난 아주 잘 익은 포도만 좋아하거든."

인지부조화에 빠진 여우의 자기 합리화

여우가 포도를 못 먹은 것은 분명 자신의 능력이 부족한 탓이다. 그런데도 여우는 포도가 시큼할 것이란 평계를 대며 단념한다. 능력이 부족하면 노력이라도 해야 하는데 포도가 맛이 없을 거라는 사실과 다른 주장을 하며 자신의 무능을 감췄다.

이 우화를 읽으면 여우는 교활한 동물이라고 생각해 손가락질하기 쉽다. 그러나 여우처럼 행동하지 않는 사람은 아무도 없다. 누구나 자신의 말과 행동을 합리화하려 든다. 이는 '인지부조화'가 원인이다. 자기 행동이나 태도 혹은 신념과 현실 사이에 모순이 있다는 걸 알게 되었을 때 사람들은 심리적으로 불안과 불편함을 겪게 되는데, 이를 '인지부조화'라고 한다. 오랫동안 유지해온 생각이나 행동이 잘못됐다는 걸 알게 되는 순간 이를 순순히 인정하고 고치는 것은 어려운 일이다.

이때 사람은 불안하고 불편한 감정을 줄이기 위해 자신의 태도나 생각을 바꾸어 심리적 균형을 회복하려 한다. 예를 들어 어떤 선택을 한 뒤 그것이 잘못된 결정이었다는 사실을 알게 되더라도, 사람은 그 선택이 불가피했고 어쩔 수 없는 것이었다고 스스로를 설득한다.

가령 술을 좋아하고 자주 마시는 사람이 '술은 건강에 해롭다'라는 기사를 봤다면 인지부조화 상태에 빠져 긴장감을 느끼게 된다. 이 사람은 부조화를 해소하기 위해선 술을 끊거나, 적당한 음주는 몸에 긴장감을 줘 건강에 좋다는 긍정적 인지를 추가하거나, 한국 사회에서는 사회적 관계를 위해 술자리는 필수라는 식으로 사고를 바꾸어야 한다. 대개 세 번째 방법으로 합리화하는 경우가 가장 많다.

이 같은 인지부조화를 처음 이론으로 정립한 사람은 미국의 사회학자 레온 페스팅거(Leon Festinger, 1919~1989)이다. 그는 1957년 스탠퍼드대학 학생들에게 실패에 실을 감는, 단순하고 지루한 작업을 수행하는 실험을 했다. 그리고 실패 감기를 마친 학생들에게 이 실험이 정말 재미있었다고 거짓말을 해달라고 부탁했다. 학생 중 A집단은 거짓말의 대가로 1인당 20달러를, B집단은 1인당 1달러의 보상을 해주었다.

그랬더니 A집단은 악의 없는 거짓말을 하는 대가로 충분한 보상을 받았기 때문에 실패 감기 작업이 실제는 정말로 재미없었다고 사실대로 고백했다. 반면 B집단은 1달러라는 낮은 보상에도 거짓말을 했다는 자신의 행동을 정당화하기 어렵기 때문에 차라리 이 실험이 정말 재미있었다는 쪽으로 믿음을 바꿔버렸다고 한다. B집단은 자신이 스탠퍼드 학생으로서 고작 1달러를 위해 거짓말을 한다는 사실을 받아들이기 어려웠다. 그래서 스스로를 설득하기 위해 이 실험이 실제로 재미있었다고 사실과는 다른 주장을 하는 인지부조화 상태를 보인 것이다.

페스팅거가 내린 결론은 '인간은 자신이 지지하지 않는 행동에 참여한 보상이 사소할수록 믿음을 바꿀 가능성이 높다'이다. 실제로 한국전쟁 때 중국군의 포로로 잡힌 미군들에게 담배 한 갑을 주고 공산주의를 미화, 찬양하고 자본주의를 비난하는 글을 쓰라고 했는데, 종전 후 상당수가 미국으로 돌아가지 않고 스스로 중국에 남았다. 그들은 헐값에 자신을 팔아넘긴 게 아니고 정당한 논리에 의해 설득당해서라고 합리화했다고 한다.

페스팅거는 인지부조화 이론을 사람이 자신의 생각과 행동, 경험이 현실과 일치하기를 원한다는 가정 위에서 정립했다. 사람들은 자신의 인지와 행동이 일치하지 않을 때 이를 해소하려고 하는데, 이러한 노력이 사람들에게 긴장과 스트레스를 줄여준다는 것이다. 페스팅거에 따르면 다음 네 가지 방법으로 부조화를 줄일 수 있다.

① 행동을 바꾼다.

② 인지를 바꾸고 행동을 정당화한다.

③ 새로운 인지를 통해 행동이나 인지를 정당화한다.

④ 부조화를 일으키는 정보 자체를 무시하거나 부정한다.

위 이솝우화에서 여우가 선택한 건 두 번째 방법이다. 여우는 아무리 애를 써도 따먹을 수 없는 포도를 형편없는 신포도라고 깎아내리고 돌아섰다. 달콤한 향기와 잘 익은 고운 빛깔이 여전한데도 어차피 그림의 떡이 되어버린 포도였기에 하찮은 것처럼 깎아내린 것이다. 그럴수록 자신은 못 먹은 게 아니라 안 먹는 게 되기 때문이다. 여우의 이런 심리를 '합리화'라고 한다. 어떤 일을 하고 나서 뜻대로 되지 않자, 죄책감에서 벗어나기 위해 그럴듯한 이유를 만들어냄으로써 자신을 보호하려는 심리를 보여준다.

손실을 본 투자자의
이상한 행동

주식투자는 필연적으로 미래에 대한 예측과 불확실성에 대한 인내를 요구한다. 이런 과정에서 투자자들은 종종 인지부조화를 경험하게 된다. 주식투자자에게 인지부조화는 자신이 가진 신념이나 분석 결과와 시장 현실이 충돌할 때 나타난다.

주식투자자들이 흔히 겪는 인지부조화의 대표적인 예는 손실이 발생했을 때이다. 자신이 신중하게 분석하고 투자했던 주식이 하락세를 보이면, '내가 틀릴 리 없지'라는 기존의 신념과 '주가가 계속 내려가고 있다'라는 객관적 현실 사이에서 괴리가 생기는데, 이에 심리적 불편함을 느낀다. 이런 불편함을 줄이기 위해 사실을 왜곡하거나 해석을 바꾸려 하는데, 이 과정이 오히려 잘못된 판단을 고착시켜 결과적으로 손실을 키우는 방향으로 작동하는 경우가 많다.

투자자는 '나는 합리적인 판단을 하는 사람'이라는 인식을 품고 있다. 그런데 그 판단의 결과로 산 주식이 하락하면 '잘못된 선택을 했다'는 사실이 자신의 믿음과 충돌한다. 이때 발생하는 불편함을 줄이기 위해 투자자는 "지금 시장이 틀린 것", "곧 반등할 것", "장기적으로 좋은 회사"라는 해석을 덧붙인다. 이는 객관적 분석이 아니라 심리적 안정을 위한 자기 위안에 불과하다. 가망이 없어 손실만 쌓이는 종목을 무작정 장기 보유하는 사람은 대개 인지부조화의 희생양이다.

인지부조화를 해소하려는 노력은 정보 선택 과정에서도 나타난다. 투자자는 자신이 매수한 종목에 대해 긍정적인 뉴스와 분석만을 찾고, 부정적인 정보는 무시하거나 과소평가한다. 이를 통해 기존 판단을 정당화하고 심리적 불편을 줄이려는 것이다. 결과적으로 투자 판단은 점점 편향되고, 위험 신호를 제때 인식하지 못하게 된다. 주가가 폭락할 때는 자신의 주장과 믿음을 새로운 상황에 맞게 바꿔야 하지만 대다수가 생각을 바꾸는 대신 구독하던 매체를 끊어버린다. 주가 하락기에도 상승기 못지않게 주식투자와 관련한 정보가 필요한데도 말이다. 아마 인지부조화를 일으키는 정보를 차단함으로써 심리적 불편함에서 벗어나기 위함일 것이다. 이 때문에 경제신문이나 인터넷 주식 사이트는 증시가 불황일 때 수입이 줄어 골머리를 앓는다.

흥미로운 점은 인지부조화가 반드시 손실 구간에서만 나타나지 않는다는 것이다. 예를 들어 큰 수익을 본 뒤 투자자는 "이 선택은 내 실력 덕분"이라고 해석하며 자신의 능력을 과대평가한다. 이후 비슷한 상황에서 손실이 발생하면 다시 인지부조화가 작동하는 악순환에 빠진다.

주식투자에서 인지부조화를 완전히 없애는 것은 불가능하다. 그러나 이를 인식하고 관리하는 것은 가능하다. 매수 전에 손절 기준을 명확히 정해두거나 투자일지를 통해 매매 당시의 판단 근거를 기록해두는 행위는 감정적 합리화를 꾀하는 데 도움이 된다. 또한 "내 판단이 틀릴 수 있다"라는 전제를 받아들이는 자세는 인지부조화의 공격을 무디게 한다. 인지부조화를 이해하는 순간 투자자는 시장보다 먼저 자기 자신을 객관화할 수 있게 된다.

인지부조화와 행동경제학

레온 페스팅거는 사회심리학자이지만 그의 인지부조화 이론은 인간이 항상 합리적으로 판단한다는 전통 경제학의 가정을 흔들었다. 페스팅거에 따르면 사람은 자신의 신념과 행동이 서로 어긋날 때 심리적 불편함을 느끼며, 이를 줄이기 위해 생각을 바꾸거나 정보를 왜곡한다. 행동경제학은 바로 이 지점에서 출발한다. 인간의 선택이 단순한 계산의 결과가 아니라 심리적 긴장과 자기 합리화의 영향을 받는 과정이라고 설명한다.

예컨대 투자자가 손실 난 주식을 팔지 못하고 '곧 반등할 것'이라는 정보만 찾는 현상은 인지부조화를 줄이기 위한 행동이다. 이는 행동경제학의 처분 효과, 확증편향, 손실 회피 같은 개념과 연결된다. 소비 영역에서도 비싼 물건을 산 뒤 그 선택이 옳았다고 자신을 설득하는 태도가 나타난다.

결국 인지부조화 이론은 인간이 일관성과 자존감을 지키기 위해 비합리적 선택을 계속할 수 있음을 보여주었으며, 행동경제학이 현실의 의사결정을 심리학적으로 설명하는 데 중요한 이론적 토대를 제공했다고 볼 수 있다.

행동경제학은 현실의 인간은 계산기처럼 냉정하게 기대효용을 따지기보다, 감정과 직관, 습관과 편향에 영향받는다고 주장하며 이런 심리적 요인들이 사람들로 하여금 실제로 어떻게 선택하는지를 설명한다. 현재의 편향 때문에 먼 미래의 이익보다 당장의 만족을 더 크게 평가하며, 군중심리에 따라 다수가 선택한 방향으로 움직이기도 한다.

행동경제학은 인간의 이런 한계를 단순히 비합리성으로 치부하지 않고 이를 이해함으로써 더 나은 제도와 정책을 설계하려 든다. 인간을 이성적인 존재가 아니라 있는 그대로 바라보고 현실 속 선택을 보다 정직하게 설명하려는 점이 이 학문의 특징이기도 하다.

17

손해는 죽기보다 싫어

손실회피심리

외나무다리에서 만난 염소

어느 깊은 산속 외나무다리 아래로 거센 계곡물이 흐르고 있었다. 혹시라도 떨어지는 날에는 크게 다치거나 물살에 휩쓸려 떠내려갈 수 있었다.

하루는 흰 염소가 외나무다리를 건너려고 막 발을 내디뎠다. 그런데 반대편에서 검은 염소가 다리 위로 오르는 것이 보였다. 흰 염소는 '아니 쟤는 내가 먼저 다리에 오르는 걸 못 봤나? 왜 계속 오지?'라고 생각하며 조심조심 앞으로 갔다. 그러다가 외나무다리 중간에서 두 염소가 만났다. 흰 염소가 말했다.

"내가 먼저 왔잖아. 네가 양보해."

그러자 검은 염소가 말했다.

"무슨 소리야. 내가 더 많이 건너왔잖아. 네가 양보해."

이에 질세라 흰 염소가 다시 외쳤다.

"분명 내가 먼저 다리를 건너기 시작했어. 그러니 네가 비켜."

검은 염소는 물러서지 않았다.

"웃기지 마. 억지부리지 말고 어서 비켜. 내가 먼저야."

마침내 두 염소는 뿔을 맞대고 싸우기 시작했다. 외나무다리
가 흔들거렸다. 그러나 이에 아랑곳 않고 두 염소는 더욱 힘껏
상대를 밀어내다가 결국 둘 다 계곡물로 떨어져 죽고 말았다.

이익의 기쁨보다 더 큰
손실의 고통

두 염소 중 하나가 한 발짝 양보하면 외나무다리도 건너고 목숨
도 잃지 않았을 텐데 정말 안타깝다. 아마 둘의 마음속에는 '양보
하면 지는 거야', '여기서 물러나면 나는 바보 돼'라는 생각이 자리
잡고 있었을 것이다. 이런 손해 보고 싶지 않은 마음이 양보를 어
렵게 만들었을 듯하다. 손해 보는 게 죽기보다도 싫었던 것이다.

사람은 이득보다는 손실 보는 걸 두려워한다. 기쁨은 순간이지만 손해의 고통은 아프고 오래가기 때문이다. 예를 들어보자. 길에서 1만 원짜리 지폐를 주웠다. 공돈이 생기니 기분이 좋다. 그런데 그 돈으로 편의점에서 물건을 사려고 주머니를 뒤져보니 아무리 찾아도 없다. 결국 물건을 사지 못하고 나왔는데, 그 속상하고 찝찝한 기분은 돈을 주웠을 때의 기쁨보다 훨씬 오래간다.

그래서 가급적이면 손해 보는 일을 피하려고 애를 쓰는 게 인지상정이다. 이걸 '손실회피심리'라고 한다. 두 염소가 외나무다리에서 먼저 가려고 고집을 피웠던 건 손실회피심리의 작용으로 볼 수 있다. 그러다 물에 빠져 죽었지만 말이다. 행실이 나쁜 친구를 자꾸 만나는 것도 친구를 잃는다는 두려움이 새로운 친구를 사귀는 호기심보다 앞서기 때문일 것이다. 문제는 손실회피심리의 함정에 빠지면 이상한 판단을 내리고 비합리적인 행동을 한다는 점이다.

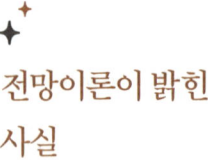

전망이론이 밝힌
사실

미국의 심리학자이자 행동경제학자인 아모스 트버스키(Amos Tversky, 1937~1996)와 대니얼 카너먼(Daniel Kahneman, 1934~2024)

이 사람들의 손실회피심리를 이론으로 정립했다. 트버스키와 카너먼은 1979년 불확실한 상황에서의 합리적 선택을 설명하는 주류 경제학 이론인 '기대효용이론'에 반기를 들고 '전망이론'을 발표했다. 2002년 카너먼에게 노벨경제학상을 안겨준 이 이론의 핵심은 인간이 의사결정을 할 때 현재의 상황을 기준으로 손실과 이득을 평가하고, 특히 이득보다는 손실에 훨씬 더 민감하게 반응한다는 것이다. 두 학자는 '반사경 게임'으로 알려진 간단한 실험을 통해 전망이론을 설명했다.

실험 1

〔선택 A〕 80만 원을 무조건 얻는다.

〔선택 B〕 100만 원을 85%의 확률로 얻을 수 있지만, 15%의 확률로 아무것도 가지지 못한다.

실험 2

〔선택 C〕 60만 원의 손실

〔선택 D〕 85%의 확률로 100만 원을 손해 보거나 혹은 15%의 확률로 아무런 손실이 발생하지 않는다.

기대효용이론에 따르면 실험 1에서 선택 A의 기대효용은 80만 원(80만 원×100%)이고 선택 B의 기대효용은 85만 원(100만 원

×85%+0원×15%=85만 원)이다. 기대효용이론은 대부분의 사람들이 기대효용이 높은 선택 B를 택할 것으로 예상하겠지만, 실제로는 선택 B보다는 낮은 기대효용을 가진 선택 A를 선호했다.

실험 2에서도 선택 C의 기대효용은 −60만 원(-60만 원×100%=-60만 원)이고 선택 D의 기대효용은 −85만 원(-100만 원×85%+0원×15%=-85만 원)이다. 이 경우에도 기대효용이론에 따르면 손실이 작은 선택 C가 선호되어야 한다. 그러나 실험에 참가한 사람들은 기대효용에서 열등한 선택 D를 선호했다.

이 실험은 인간의 선택이 효용 극대화를 바탕으로 이루어지는 것이 아니라 위험에 대한 태도에 따라 결정된다는 사실을 말해준다. 실험 1에서는 인간이 높은 기대효용을 가진 쪽보다는 안전한 쪽을 선택하는 경향이 있다는 것을 보여준다. 카너먼은 이러한 선택의 성향을 손실회피(혹은 위험회피)라고 불렀다. 즉, 안전한 선택과 위험한 선택이 있을 때 사람들은 위험한 선택보다는 기대효용이 낮더라도 안전한 쪽을 선택한다. 두 번째 실험은 상황에 따라 선택이 달라질 수 있음을 보여준다. 선택 D가 선택 C보다 더 많은 손실을 가져올 수 있음에도 선호되었다. 이러한 인간의 선택은 위험 추구 혹은 위험 감수 행위라고 할 수 있다.

인간의 선택이 어떤 경우에 위험을 회피하고 또 어떤 상황에선 모험적인 혹은 도박에 가까운 선택을 할까? 카너먼은 부의 효용 곡선을 이익 구간과 손실 구간으로 나눠 그래프를 그리고 다음과 같은 결론을 얻었다. 효용곡선은 전체적으로 S자 형태를 취하는데, 이익 구간보다 손실 구간에서 훨씬 더 가파르게 하강한다. 이익 구간에서 효용곡선이 완만하게 오르는 것은 '위험회피적' 성향 때문이다. 즉, 이익이 증가할수록 부의 효용이 줄어 '이 정도면 배부르다'며 위험을 피하려는 심리가 발동한다는 것이다.

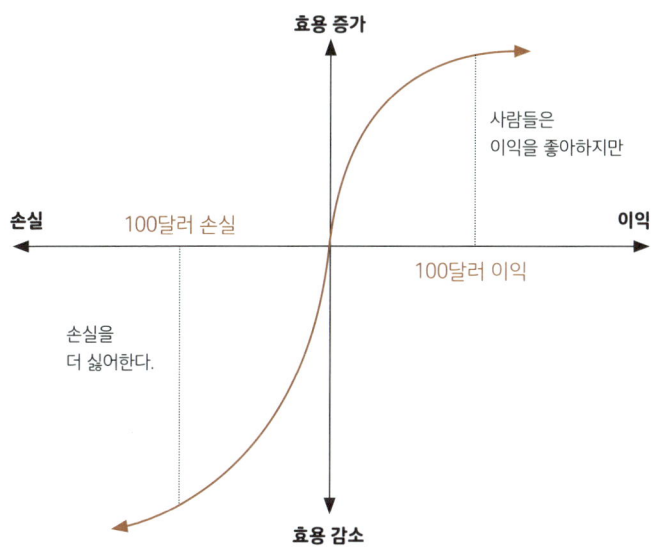

효용 증가

사람들은
이익을 좋아하지만

손실　　100달러 손실　　　　　　　　　　　**이익**

100달러 이익

손실을
더 싫어한다.

효용 감소

| 이익과 손실의 효용곡선 |

상승장에선 이익 찔끔,
하락장에선 손실 왕창

손실회피심리는 주식투자자에게 잘 나타난다. 다음과 같은 상황을 가정해보자. A회사 주식과 B회사 주식을 보유하고 있다. 두 주식 다 100만 원에 샀다. 현재 A회사는 50만 원이고 B회사는 150만 원이다. 이번 달 아파트 관리비 50만 원을 내야 하는데 현금이 없다. 그래서 둘 중 하나를 팔아야 한다. 개인들은 이 상황에서 십중팔구 이익을 보고 있는 B주식을 팔아야겠다고 생각한다. B주식은 많이 오르긴 했지만 앞으로도 더 오를 가능성이 큰 반면, A주식은 실적도 나쁘고 악재가 많은데도 그렇게 한다. 이익을 내고 있는 주식은 팔고, 손실을 보고 있는 주식은 보유하는 이유가 무엇일까?

A회사 주식을 파는 순간 손실이 확정되기 때문에 그것을 피하고 싶어서는 아닐까? 투자자가 왜 상승장에서 수익이 난 주식을 재빨리 매도해 수익을 더 키울 기회를 발로 차버리는지 알 것 같다. 그러나 아이러니하게도 이익 구간에서 굳이 위험을 안으려 하지 않는 성향이 손실 구간으로 넘어오면 기꺼이 위험을 감수하려는 성향으로 바뀐다. 손실을 끔찍하게 싫어하므로 위험 앞에서 용감해진다는 말이다. 즉, 투자자들은 이익 구간에선 '위험회피적'

이지만 손실 구간에선 '위험선호적'이 된다는 것이다. 심지어 주가가 반 토막이 나도 언제가 오르겠지, 희망고문을 하며 대담해진다. 단 위험선호 성향은 본전을 만회할 가능성이 어느 정도 있을 때 강하게 나타난다. 본전 만회 가능성이 낮다고 판단되면 손실 상황이더라도 사람들이 위험을 더 감수하려는 성향이 크게 나타나지 않는다는 뜻이다.

정보가 부족하고 자금력이 모자란 개인(개미)들이 직접 주식투자에 뛰어드는 것은 위험하다. 바로 손실회피심리의 함정에 빠지기 쉽기 때문이다. 손실회피심리에서 벗어나려면 펀드 등 간접투자 방식을 이용해야 한다. 손실 난 개별 종목을 따로 구분해서 보지 않고 전체 포트폴리오 관점에서 검토할 수 있어서이다.

경제학은 인간의 경제적 행위를 연구하는 학문이다. 전통 경제학은 계량화, 정량화할 수 있는 부분에 집중하면서 합리적 선택을 바탕으로 여러 모델을 만들었다. 그중 하나인 기대효용가설은, 인간은 기댓값이 큰 것을 선호하고 선택한다는 이론이다. 이 가설은 경제학, 재무학, 재무관리, 투자론의 기본 전제였고, 많은 파생 이론을 탄생시켰다. 그러나 이후 등장한 전망이론은 기대효용가설을 뿌리째 뒤흔들며, 실제 인간의 신댁이 기대효용가설처럼 항상 합리적으로 이루어지지 않는다는 점을 보여주었다. 전망이론은 심리학과 경제학 특유의 수학적이고 계량적인 방식을 접목하면서 투자에 대한 시각을 완전히 바꾸어놓았다.

기대효용이론에 대하여

사람들은 자신의 선택에 따른 결과가 확실하지 않을 때는 기대효용이 가장 높은 행위를 선택하게 된다는 이론이다. 1950년대 헝가리 출신 미국 수학자인 존 폰 노이만과 독일 출신의 미국 경제학자 오스카르 모르겐슈테른이 개발했다. 이 이론은 자본시장의 가격이 이용 가능한 정보를 충분히 즉각적으로 반영하고 있다는 '효율적 시장 가설'의 토대가 됐다.

기대효용이론의 기본 전제는 이렇다. 사람들은 자신의 이익을 최대로 실현할 수 있는 방식으로 의사결정을 내린다는 것이다. 단, 여기에는 몇 가지 가정이 존재한다.

① 사람은 위험을 평가할 줄 안다.
② 이득의 기쁨과 손실의 아픔은 대칭적, 즉 그 크기가 반대 방향으로 동일하다.
③ 사람들의 관심사는 선택에 따른 부의 절대적 크기다.

이에 대해 전망이론 지지자들은 이들 가정이 틀렸다고 주장한다. 우선 사람은 불확실한 상황에서 위험을 제대로 평가하지 못한다는 것이다. 예를 들면 비행기를 타는 것은 추락의 위험이 극히 낮아서가 아니라 장거리 여행에 마땅한 대안이 없기 때문으로 추락의 불안감은 여전하다는 것이다. 또 이득의 기쁨과 손실의 아픔도 그 크기가 동일한 게 아니라 손실에 대해 더 민감하게 반응한다고 주장한다. 사람의 주된 관심사도 선택에 따라 얻게 되는 상대적 이득과 손실이지 부 또는 소득의 절대적 크기가 아니라는 것이다. 예를 들어 연봉이 3,800만 원인 사람과 3,000만 원인 사람 중에 누가 더 행복할지 물으면, 당연히 연봉이 3,800만 원인 사람이 더 행복하다고 대답할 것이다. 그렇지만 전년 연봉이 각각 4,000만 원과 2,800만 원이었다는 전제가 붙는다면 연봉 3,800만 원보다 3,000만 원인 사람이 더 행복하다고 말할 수 있다. 말하자면 부의 절대적 수준이 아니라 변화 측면을 따지는 것이 현실적인 효용 측정 방식이란 이야기이다.

18

남 주기 아까워

소유효과

박쥐·가시나무·갈매기의 동업 실패기

박쥐와 가시나무, 갈매기가 모여서 함께 사업을 하기로 의기 투합했다. 사업을 하려면 우선 돈이 필요했다. 박쥐가 먼저 입을 열었다.

"나는 아는 사람이 많으니까 돈을 빌리기가 쉬울 거야. 내가 사업에 필요한 돈을 빌려 오지."

그러자 옷을 많이 가지고 있던 가시나무가 말했다.

"그렇다면 우리 옷 장사를 해보는 게 어때? 나에게 옷이 많으니까 그걸 팔면 장사가 잘될 것 같은데….”

박쥐와 가시나무의 이야기를 가만히 듣고 있던 갈매기는 자신이 할 수 있는 건 무엇인지 잠시 생각했다. 갈매기는 눈이 좋아 여기저기 날아다니면서 바닷가에 떨어진 먹이를 잘 찾아내기로 유명했다. 그래서 자신의 재능을 살려서 장사에 도움을 주는 것이 좋겠다고 생각하며 입을 열었다.

“바닷가에는 파도에 휩쓸려 온 물건이 많아. 그중에서 쓸 만한 것을 모아 와서 팔자고.”

박쥐와 가시나무는 갈매기의 말에 찬성했다. 박쥐는 돈, 가시나무는 옷, 갈매기는 바닷가에서 찾은 물건들을 잔뜩 모았다. 그리고 장사를 하기 위해 배를 빌려서 물건을 싣고 항해를 떠났다. 그런데 넓은 바다로 나온 지 얼마 안 돼 먹구름이 몰려오고 폭풍우가 몰아치더니 파도가 배를 삼켜버렸다. 배는 그만 물속에 가라앉아 가져온 물건을 몽땅 잃어버리고 말았다. 침몰하는 배에서 힘들게 빠져나온 그들은 겨우 목숨만 건져서 고향으로 돌아왔다. 더는 장사를 할 수 없게 된 그들은 예전처럼 각자의 집으로 뿔뿔이 흩어졌다.

그 후로 갈매기는 해변가를 맴돌며 살았다. 혹시나 잃어버린 물건이 어딘가에 떨어져 있지 않을까 하고 말이다. 박쥐는 돈을 빌려준 사람을 혹시 만나게 될까 두려워 한낮을 피해 거의 밤에만 돌아다니게 되었다. 가시나무는 잃어버린 옷을 찾을 수 있지 않을까 기대하며 지나가는 사람의 옷에 찰싹 달라붙어 떨어지지 않게 되었다.

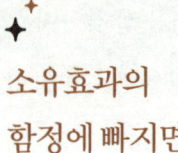

소유효과의
함정에 빠지면

누구나 가지고 있던 것을 잃어버리면 안타까운 마음에 그것을 쉽게 잊지 못한다. 더구나 돈을 주고 산 물건은 더욱 강한 애착이 생겨 그 상실감은 이루 말할 수 없을 것이다. 박쥐, 가시나무, 비둘기는 장사할 물건을 졸지에 잃어버린 게 얼마나 아쉬웠으면 되찾고 싶은 마음이 평생의 습관이 됐을까?

마찬가지로 사람들은 물건을 만들거나 소유하면 정이 들어 본래 가치보다 더 높게 평가하는 경향이 있다. 시장에서 물건을 파는 측이 사는 측보다 호가를 높게 부르는 이유이기도 하다. 합리적인 소비자라면, 물건을 살 때 지불하고 싶은 금액과 소유한 물건을 팔 때 받고 싶은 금액이 일치하거나 최소한 비슷해야 할 것이다. 그러나 실제로는 후자가 전자보다 훨씬 더 큰 게 보통이다. 이처럼 소유는 물건에 대한 가치관을 바꾼다. 소유하는 순간 물건의 가치가 높아지는 것이 바로 '소유효과'이다.

소유효과 그 자체야 나쁘다고 할 수 없다. 자기 것을 소중히 여기는 마음은 당연한 법이다. 문제는 소유효과의 함정에 빠졌을 때이다. 소유물에 집착한 나머지 비상식적으로 행동하기 때문이다. 위의 우화에서 소유효과의 함정에 빠진 갈매기는 잃어버린 물건을 잊지 못해 해변을 돌아다니고 가시나무는 지나가는 사람의 옷을 붙잡으며 평생을 보냈다.

미국의 경제학자 대니얼 카너먼은 지난 1990년 머그잔 실험으로 소유효과를 설명했다. 카너먼은 한 그룹의 학생들에게 학교 로고가 새겨진 머그잔을 나누어주었다. 그런 다음 이 머그잔을 다른 사람에게 얼마에 팔겠느냐고 물었다. 학생들은 평균 7달러에 팔겠다고 했다. 다른 그룹의 학생들에게는 그 머그잔을 사기 위해 얼마까지 낼 생각이 있느냐고 물었다. 학생들은 3달러를 제시했다. 머그잔을 가진 학생들은 단지 몇 분간 머그잔을 만졌을 뿐인데도 두 배 이상의 가치를 책정한 것이다. 그 가운데 많게는 16.5배, 심지어 더 높게 가치를 책정한 학생도 있었다.

소유효과는 오래 가지고 있던 물건일수록 더 강하게 나타난다. 중고품이 거래되는 벼룩시장에선 판매자가 가격을 높게 부르는 바람에 거래가 성사되지 않는 일이 종종 일어난다. 그래서 벼룩시장에서 판매자는 소유효과를 버리지 않으면 물건의 새 주인을 만나기가 쉽지 않다. 반면에 일반 시장의 상인은 판매할 상품을 소유물이 아니라 잠시 보관하는 물건으로 생각하기 때문에 소유효과의 영향을 덜 받는다.

강력한 소유효과가
나타나는 집

소유효과가 가장 강력하게 작용하는 것은 '집'이다. 한국 사람에게 집은 전 재산이나 마찬가지이다. 다른 재산에 비해 애착이 강할 수밖에 없다. 그래서 아파트를 팔 때 처분에 따른 손익만 따지면 되는데, 그게 그렇게 단순한 문제가 아니다. 아파트 소유자는 과거 집값이 최고치에 올랐던 기억 때문에 그 가격 아래에선 팔기를 머뭇거린다. 게다가 자신의 아파트가 어떤 아파트보다 가치 있다고 생각하는 소유효과의 함정에도 빠진다. 부동산 상승기에 어떤 지역의 아파트가 얼마에 팔렸는데, 왜 내 집은 오르지 않느냐며 속앓이하는 건 그래서이다. 여기서 도가 지나치면 아파트 주민끼리 얼마 이하로는 내놓지 말자며 담합 행위를 하기도 한다. 모두 소유효과에 빠져 상식 밖의 행동을 하는 것이다.

여러 실험에 따르면 소유효과는 구체적인 사물일 때만 나타난다. 상품권처럼 추상적인 물건을 거래하는 시장에선 소유효과가 잘 나타나지 않는다. 그렇다면 주식은 어떨까? 자신이 보유한 주식을 구체적인 물건으로 생각하느냐 아니면 단순히 종잇조각으로 보느냐에 따라 달라진다. 내가 보유한 주식을 발행한 회사를 '내 기업'처럼 여기기 시작한다면 소유효과는 위험하게 작용할 수 있다. 무언가에 개인적인 감정을 이입할수록 헤어지기 어려운 것처럼, 잘못된 판단으로 구입한 주식이 자꾸 떨어져도 쉽게 팔지 못하는 것이다. 언젠가는 오를 거라며 희망고문을 하다가 급기야 큰돈을 날릴 수도 있다.

주식에 투자할 때 소유효과에서 벗어나는 길은 주식을 소유한 물건으로 보는 대신 잠시 머물렀다가 다른 사람에게 가는 종이에 불과하다고 생각하는 것이다. 그러면 애착이 사라져 쉽게 헤어질 수 있다. 또 다른 전략은 초심으로 돌아가기이다. 보유한 주식을 팔기가 망설여진다면 "지금 처음 투자한다면, 나는 다시 이 종목을 살까?"라고 스스로에게 물어보는 것이 좋다. 처음부터 다시 시작하는 마음을 가지면 소유효과에서 벗어나는 게 그리 어렵지 않다.

💰 조조의 계륵과 소유효과

《삼국지》에 나오는 조조에 관한 이야기이다. 손권과 조조와의 싸움에서 세력을 넓혀가던 한나라 유비가 조조의 땅인 한중을 점령했다. 조조는 복수를 위해 즉시 대군을 이끌고 유비를 치러 나섰다. 유비는 조조의 군대를 험악한 지형을 이용해 격파하고, 더 나아가 조조 군대의 식량 보급선을 차단했다. 군량이 부족해진 조조와 군사들은 점차 싸울 힘을 잃어버렸다. 조조는 한중을 포기해야 할지 고민에 빠졌다. 그러던 어느 날 조조의 식탁에 저녁밥으로 닭 갈비뼈로 끓인 국이 올라왔다. 조조가 이렇게나 식량이 없나 하고 안타까워하던 순간, 한 장수가 들어와서 물었다.

"오늘 밤 암호를 무엇으로 하면 좋겠습니까?"

조조는 물끄러미 닭 갈비뼈국을 바라보다가 대답했다.

"계륵(鷄肋)으로 하라."

'계륵'이란 닭의 갈비뼈란 뜻이다. 그 장수는 갑자기 부하들에게 짐을 꾸리라고 했다. 이상하게 여긴 한 부하가 까닭을 묻자 장수는 이렇게 말했다.

"먹자니 먹을 게 별로 없고, 버리자니 아까운 것이 닭 갈비뼈 아닌가. 왕께서 계륵이라고 하신 것은 한중 땅이 닭 갈비뼈 같은 땅이라는 뜻이다. 그러니 곧 군사를 돌리라고 하실 것이다."

이 일화를 계기로 '계륵'이란 말은 '쓸모는 없지만 그냥 버리기도 아까운 경우'에 쓰이게 됐다. 조조에게 한중은 계륵과도 같은 땅이었나 보다. 천하의 조조가 소유효과의 영향을 받은 걸 보면 그도 어쩔 수 없는 한 인간에 불과했다.

19

돈 좀 벌었다고 우쭐대지 마라

통제 환상의 함정

그림자에 취한 늑대

푸른 초원의 저녁. 저물어 가는 태양은 서쪽 하늘을 붉게 물들이면서 하루를 마무리하고 있었다. 그때 늑대 한 마리가 들판을 어슬렁거리고 있었다. 늑대는 부드러운 저녁 바람을 맞으며 평화로운 산책을 즐겼다. 그러다가 문득 땅 위에 길게 드리운 자신의 그림자를 발견했다. 그 그림자는 마치 사슴처럼 긴 다리와 황소처럼 커다란 덩치, 사자처럼 날카로운 이빨을 가지고 있었다. 이 세상에 어떤 동물도 그보다 더 용맹하고 씩씩

한 모습을 갖고 있지는 않을 것 같았다.

"나의 우람한 몸집 좀 봐. 이 정도 몸집이라면 사자도 절대 무섭지 않아. 나라고 동물의 왕이 되지 말라는 법이 없지 않은가. 사자도 이런 그림자는 갖지 못할 거야."

늑대는 더 이상 무서운 것이 전혀 없다는 기분이 들어 의기양양한 태도로 들판을 걸었다. 문득 자신이 사자가 잘 다니는 길목에 접어든 사실을 깨달았다. 그러나 잔뜩 자만심에 부푼 늑대는 지금 당장 사자가 나타난다고 해도 두렵지 않았다. 바로 그때 사자가 나타났다. 사자는 늑대의 그림자를 보고 달아나기는커녕 엄청난 힘으로 늑대를 단숨에 쓰러뜨리고 말았다.

과잉 낙관을 부르는 통제의 환상

가끔 자기 나름대로 기업을 분석한 자료라며 해당 주식을 사보라고 말하는 후배가 있다. 가치가 높은 주식인데 주가가 저평가돼 있으니 충분히 수익을 낼 수 있을 거라는 설명을 덧붙인다. 물론 이런 권유는 시장이 좋을 때만으로 국한된다. 시장이 내리막길일 때 그는 잠수모드로 바뀐다. 나는 이 후배의 분석을 별로 신뢰하지 않는 편이다. 몸담은 직업이 주식과 상관이 없고 금융상품과 관련한 교육을 받지도 않았다. 그런데도 주식 매매를 업으로 하는 전문가보다 투자를 잘한다고 자랑한다. 후배는 어째서 위험한 주식시장에서 우화 속 늑대처럼 자만에 빠지게 된 것일까?

사람은 자신을 과대평가할수록 경솔한 태도를 보인다. 심리학에선 이를 '통제의 환상'이라고 부른다. 통제의 환상은 사람들이 자신을 통제할 수 있거나 외부 환경을 자신의 의지대로 바꿀 수 있다고 믿는 심리적 상태를 말한다. 사기꾼은 이런 심리를 파고들어 순진한 사람들의 호주머니를 털어간다.

2013년에 출간된 《감정 독재》(인물과사상사)의 저자 강준만 전북대 교수는 여러 가지 예를 들어 통제의 환상에 관해 설명했다. 예컨대 로또에 당첨되기 위해 1등이 많이 나온 집을 찾아가기도 하고, 그간 나온 당첨번호를 분석하는 등 다양한 행동을 한다는 것이다. 실제 실험에서도 비슷한 결과가 나왔다. 하버드대학 심리학자 엘렌 랑거 교수는 실험 참가자들을 두 그룹으로 나누어 A그룹의 사람들에게는 직접 선택한 번호의 로또를, B그룹의 사람들에게는 기계에서 자동 선택된 로또를 각각 1달러어치씩 사게 했다. 그리고 잠시 후 참가자들에게 "이웃 사무실에 꼭 로또를 사고 싶은 사람이 있는데 님은 로또가 없다. 혹시 로또를 팔 생각이 있는지, 판다면 얼마에 팔고 싶은지 적어 달라"고 말했다. 자동 선택된 번호의 로또를 구매한 B그룹은 약 19%가 팔지 않겠다고 답했지만, 자신이 선택한 번호의 로또를 구매한 A그룹의 사람들은 B

그룹의 2배 수준인 39%가 팔지 않겠다고 했다.

이렇듯 큰 차이를 보인 것은 기계에서 나온 숫자보다는 자신이 직접 선택한 숫자의 당첨 가능성을 더 크게 기대했기 때문인데, 자신이 선택했다는 사실 자체에 큰 의미를 부여한 것이다. 이게 바로 통제의 환상이다. 그렇다면 주식시장에서 투자자가 통제의 환상에 빠지면 어떻게 될까?

주식투자자들도 대부분 자신이 보통 이상의 실력을 갖추고 있다고 자만한다. 그렇지 않다면 주식투자를 시작하지도 않았을 것이다. 나쁜 일은 내가 아니라 다른 사람에게 일어난다고 생각한다. 모든 상황을 마음먹기에 따라 좌지우지할 수 있다고 믿기도 한다. 이런 투자자들에게 기술적 분석이나 종목 분석은 통제의 환상을 부추기는 강력한 무기가 된다. 그래서 관련 지식을 쌓아갈수록 통제의 환상이 심해져 시장의 흐름을 한눈에 파악하고 돈을 벌수 있다는 착각에 빠진다. 사실 기술적 분석이니 종목 분석이니 하는 것은 이미 지나간 과거의 일을 대상으로 한다. 가치투자자들이 금과옥조처럼 여기는 주가수익비율(PER)만 해도 이미 기업이 일궈낸 순이익을 바탕으로 한다. W형·이동평균선 따위도 주가가 지나온 발자취이다. 이들 지표는 마치 주가의 미래가 미리 결정된 것처럼 보이게 해 투자자가 앞으로의 시세를 알고 있는 듯한 착각을 하게 만든다. 이제 투자자는 모든 걸 통제하고 있다는 느낌을 받게 되고 마음속 깊은 곳에 자리한 욕망에 불이 붙는다. 욕망은 증시가 호황일 때, 그리고 어쩌다 투자한 주식이 올랐을 때 풍선처럼 부풀어 오른다. 그러다 있는 재산을 다 날리고 한숨의 나날을 보내는 투자자가 셀 수 없이 많다. 주식으로 돈 벌었을 때가 가장 위험한 순간이다.

주가 변동은 우연한 사건이다. 과거의 흐름이 미래를 결정하지 않는다. 현재의 주가도 과거와 아무런 상관이 없다. 금리 하락, 재난, 전쟁, 악천후, 선거 결과 등 증시에 영향을 미치는 모든 사건은 현재의 작품이다. 기술적 분석이나 종목 분석으론 답을 얻지 못하는 변수이다.

일반적으로 펀드매니저의 투자수익률이 개인 투자자보다 좀 더 높다. 그들이 개인보다 전문지식이 더 많은 것은 사실이지만 주된 이유는 개인이 빠지기 쉬운 심리적 함정에서 한 걸음 물러나 있기 때문일 것이다. 펀드매니저는 상대적으로 장기투자를 하므로 시장 상황에 일희일비하지 않아도 된다. 반면 개인들은 치고 빠지는 전략을 구사하며 단기 승부를 하는 경향이 있다. 수년 전 한 증권사가 조사한 자료에 따르면 개인들이 홈트레이딩 시스템(HTS)을 이용해 단타하기 전후의 투자수익률을 보면 HTS 사용 전에는 연평균 -0.06%였지만 HTS 사용 후에는 놀랍게도 -30.72%라는 쪽박 수준의 투자수익률을 기록했다고 한다.

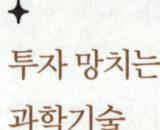

투자 망치는
과학기술

이처럼 기술적 분석과 종목 분석을 쉽게 해 주식매매의 과학화에
이바지했다는 평가를 받은 HTS가 아이러니하게도 투자를 망치
는 괴물로 둔갑했다. 이건 HTS가 잘못됐기 때문이 아니라 이를 이
용하는 개인의 문제로 봐야 한다. 투자자는 주식과 관련한 지식과
경험이 쌓이면 자만에 빠지기 쉽다. 이는 주식매매에서 과도한 낙
관을 불러일으켜 경솔한 판단을 하게 만들고, 결국 잦은 매매로 이
어지게 된다. 거래가 잦아지면 수익률 자체도 문제지만 수수료 등
각종 비용이 늘어나 전체 실질 수익을 감소시키는 결과를 낳는다.

개인들이 투자 실패를 최소화하려면 자신이 주식시장의 흐름
을 통제할 수 있다는 환상에서 벗어나는 것이 급선무이다. 주식
관련 공부를 좀 했다고 해서 통제의 환상에 빠져 자신이 마치 고
수가 된 것처럼 함부로 투자하는 것을 경계해야 한다.

시장에서 한발 물러서는 노력도 필요하다. 틈만 나면 주가를
들여다보고 펀드 수익률을 계산하거나, 증권사 시황보고서를 찾
아 읽는 사람치고 투자에 성공한 예를 찾아보기 어렵다. 자신도
모르게 군중심리에 휘말려 판단력이 흐려지기 때문이다. 투자의
귀재 워런 버핏이 소유한 버크셔 해서웨이 본사는 뉴욕 월스트리

트에서 멀리 떨어진 네브래스카주 오마하라는 한적한 시골 마을에 있다. 군중심리에 휩쓸리지 않기 위해서이다. 똑같이 생각하고 믿고 느끼는 사람들에 둘러싸여 있는 한, 집단의 감정이나 믿음에서 벗어나기 어렵다. 버핏은 월스트리트에서 멀리 떨어져 시장의 움직임을 보면서 의사결정을 내린다. 그래야 군중심리에 휩쓸리지 않고 냉정하게 결정할 수 있다고 믿기 때문이다. 세계적인 투자전문가가 몰려 있고, 시장의 심장이 펄떡거리며 날마다 새로운 정보가 흘러 다니는 월스트리트를 의도적으로 등진 것이다. 우리나라에도 에셋플러스자산운용은 여의도가 아닌 성남시 판교에 본사를 두고 있다.

아무리 고수라 해도 매일 주가를 쳐다보고 있으면 분위기에 빠져들 위험이 커진다. 냉정해야 할 투자 판단이 흐려지고 자기도 모르게 군중심리에 젖어 들게 된다. 같은 생각, 믿음, 심지어 감정마저도 주변인들과 동일시하면서 집단행동에 내몰리기도 한다. 개인 투자자들 대부분이 수익이 나면 주가가 더 오를 것 같아 흥분하고 손실을 보면 더 떨어질까 봐 불안해하는 것이 인지상정이다. 그러다가 매매 시점을 놓쳐 본의 아니게 손실 종목을 장기투자하는 사람이 부지기수이다. 투자의 세계에선 시장과 멀리 떨어져 남들이 생각하지 못하는 것을 발견하거나, 그렇지 않으면 남들과 다르게 생각해야 맛있는 열매를 딸 수 있다.

소음시장가설

소음시장가설(Noise Trader Theory)은 주식시장에서 모든 투자자가 합리적으로 행동하지 않는 점에 주목한다. 전통적·효율적 시장가설은 정보가 즉각 가격에 반영된다고 보지만, 현실의 시장에선 근거 없는 소문, 과도한 낙관과 비관, 군중심리에 따라 움직이는 '소음투자자'가 존재한다. 이들의 매매는 기업의 본질가치와 무관한 가격변동을 만들어내며, 때로는 자산가격이 장기간 과대평가되거나 과소평가되는 현상을 낳는다. 흥미로운 점은 이러한 비합리적인 행위가 즉시 교정되지 않는다는 것이다. 합리적 투자자라 하더라도 소음투자자의 영향이 언제까지 지속될지 알 수 없어서 무한정 차익거래에 나서기 어렵다. 이를 '차익거래의 한계'라고 부른다.

결국 시장가격은 정보뿐 아니라 심리와 기대의 왜곡까지 반영한다. 소음시장가설은 거품과 폭락, 과잉반응 같은 현상을 설명하는 데 중요한 통찰을 제공하며, 투자자에게는 군중의 열기 속에서도 가치와 장기적 안목을 지키는 태도가 중요하다는 사실을 일깨운다.

20

주먹구구식 판단

휴리스틱

건달과 얼어죽은 제비

부모에게 상당한 재산을 물려받은 젊은이가 있었다. 누구나 그 젊은이를 부러워했다. 그러나 갑자기 부자가 된 젊은이는 친구들의 꼬임에 빠져 술과 도박으로 허송세월했다. 얼마 지나지 않아 자기 재산을 노소리 탕진하고 밀었다.

"정말 지난 일이 후회되는구나."

젊은이는 건달이 됐다. 그에게 남은 재산이라고는 외투 한 벌이 전부였다. 돈이 없어 먹을 것조차 살 수 없게 된 젊은이는 한 벌 남은 외투라도 팔 수 있게 하루빨리 봄이 오기를 기다렸다. 제비가 찾아오면 봄이 온다는 말을 들은 건달은 날마다 광장으로 나가서 제비를 찾아다녔다.

그러던 어느 날, 마침내 건달은 제비 한 마리가 광장 분수대 위를 날아다니는 모습을 보았다. 봄을 애타게 기다리던 그는 자신의 전 재산인 외투를 당장 팔아치웠다. 하지만 날씨는 조금도 따뜻해지지 않고 오히려 더욱 추워졌다.

외투를 팔아버린 젊은 건달은 오들오들 떨면서 생활했다. 건달은 외투도 없이 추위를 견디면서 자신의 성급한 행동을 후회했지만 이미 때늦은 일이었다. 젊은 건달은 덜덜 떨면서 길을 걸어가다가 얼어 죽어 있는 제비를 발견했다. 아직 추위도 가시지 않았는데 너무 성급하게 날아온 바로 그 제비였다. 건달은 혀를 끌끌 차면서 한탄했다.

"불쌍한 것, 너는 우리 둘 다 망하게 만들었구나."

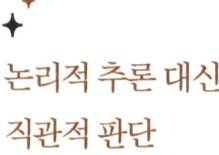

논리적 추론 대신 직관적 판단

사람은 어떤 것을 간절히 원할 때 흔히 비슷한 낌새에도 성급히 행동으로 옮기다가 낭패를 당할 때가 있다. 중요한 판단이나 결정을 할 때엔 시간을 두고 변수를 두루 살펴 신중해야 하는데 말이다. 아리스토텔레스(Aristoteles, BC 384~BC 322)의 저서 《니코마코스 윤리학》(숲, 2013)에 "제비 한 마리 왔다고 봄이 온 것은 아니다"라는 구절이 나온다. 아리스토텔레스는 "모든 행위의 목표는 선(善)인데, 누군가 어쩌다 선한 행위를 했다고 해서 그를 선한 사람이라고 단정할 수 없다"라며 이렇게 말했다. 보통 사람의 머릿속에는 제비 하면 봄이란 공식이 박혀 있다. 그래서 추운 겨울이 빨리 물러갔으면 하는 바람을 가지고 있던 건달이 제비 한 마리를 보고 봄이 왔다고 섣불리 단정 지은 것이다. 아리스토텔레스의 조언을 무시한 채 말이다.

우리의 삶은 선택의 연속이다. 저녁을 집에서 먹을까, 외식을 할까. 외식을 한다면 짜장면을 먹을까, 아니면 짬뽕을 먹을까. 약속 장소에 지하철을 타고 갈까, 버스를 타고 갈까 등등. 어떤 경우든 사람의 인지능력은 제한적이기 때문에 후회하지 않을 완벽한 판단을 내리는 건 불가능하다. 특히 불확실하고 복잡한 문제에 직면하면 가능한 한 빨리 해결하기 위해 직관적 판단을 내리게 된다. 이러한 추론 방식을 '휴리스틱(Heuristic)'이라고 한다. 휴리스틱은 그리스어 'heuriskein'에서 유래했는데, '찾아내다', '발견하다'라는 뜻이다.

휴리스틱의 오류가
일어나는 이유

휴리스틱은 좋게 해석하면 '어림셈' 정도고, 나쁘게 말하면 '주먹 구구식 판단'이다. 인간은 인지와 정보처리 능력에 한계가 있어 모든 정보를 탐색하지 못하고 즉각적으로 머릿속에 떠오르는 몇 가지 위주로 판단한다는 것이 휴리스틱의 핵심이다. 휴리스틱은 선택에 이르는 과정을 단순하게 만들어 시간과 노력을 덜어주기 때문에 그렇게 터무니없는 방법은 아니지만 왜곡 등의 부작용도 많다. 예를 들면 특정 지역 출신 사람에 대해선 몇몇 근거 없는 고정관념이 있다. 어떤 사람이 우연히 그 지역 출신이고 그의 행동 중 일부가 특정 지역 사람의 고정관념을 드러내는 것으로 보인다면, 그는 졸지에 전형적인 그 지역 사람으로 분류돼 부당한 대우를 받을 수 있다.

비행기를 타고 가다 사고로 죽을 가능성보다 자동차 사고로 사망할 가능성이 실제로는 3배나 더 높은데도 자동차 운전 공포증을 겪는 사람은 극히 드문 데 비해 비행 공포증은 대부분 가지고 있다. 그렇다면 미국에서 비행기 추락 사고로 죽을 가능성과 상어에게 물려 죽을 가능성 가운데 어느 쪽이 더 클까? 대부분은 상어에게 물려 죽을 가능성이 더 크다고 답한다. 하지만 비행기 추락 사고로 죽을 가능성이 상어에게 물려 죽을 가능성보다 30배는 더 높다고 한다. 사람들은 왜 자동차 운전사고보다는 비행기 추락을, 비행기 추락보다는 상어 관련 사고의 가능성을 더 높게 판단할까? 그것은 사람들이 마음에 쉽게 떠오르는 일은 실제로 일어날 가능성도 높다고 판단하기 때문이다. 많이 보고 들은 것일수록, 최근에 경험한 것일수록, 생생한 메시지일수록 더 잘 회상하는 경향이 있어 기억에 왜곡이 생길 수 있다. 기억이 사실과 다를 수 있기에 현실에서 일어나는 빈도나 확률도 잘못 판단할 수 있다. 자동차, 비행기, 상어 사고와 관련된 기억들은 언론 매체의 영향이 크다. 신문이나 방송이 일상적인 사건보다는 특이한 사건을 더 집중적으로 다루기 때문에 사람들은 그런 사고 장면을 더 쉽게 떠올린다. 즉, 쉽게 회상되는 사건일수록 그런 일이 더 자주 일어난다고 생각하는 편향성 때문에 오류가 일어난 것이다. 이렇게 빈도나 확률을 잘못 판단하는 원인은 사람들이 휴리스틱을 사용해 판단하기 때문이다.

생존 본능에서 나온
오래된 습관

휴리스틱을 가장 처음 연구한 사람은 미국의 경제학자 대니얼 카너먼이다. 카너먼은 객관적 사실이 존재함에도 사람들이 단순히 자신의 고정관념이나 관습에 의존해 불완전하고 비합리적인 판단을 내린다고 보았고, 이를 휴리스틱이라고 불렀다. 즉, 휴리스틱은 인간의 판단이 우리가 생각하는 것보다 훨씬 더 비합리적인 방식으로 이루어질 수 있음을 보여주는 개념이다. 그는 저서《생각에 관한 생각》(김영사, 2018)에서 휴리스틱의 사례를 소개했다.

미국의 한 대형 금융회사의 최고투자책임자는 어느 날 수천만 달러를 들여 자동차회사 포드(Ford)의 주식을 사들였다. 이유는 단 하나. 최근 모터쇼를 갔다가 그곳에서 강한 인상을 받았기 때문이다. 포드 주식에 대한 분석이나 평가는 없었다. 그는 그저 자동차를 좋아했고, 포드를 좋아했으며, 포드의 주식을 보유한다는 생각을 좋아했기에 자신의 직관에 따라 내린 결정이었다. 일반인이 아닌 대형 금융회사 임원이 그런 투자 행태를 보인다는 게 놀랍다.

이러한 휴리스틱은 어디서 비롯되었으며 우리 생활에 보편적으로 나타나는 이유는 무엇일까? 수십만 년 전 우리의 원시 조상들이 동굴에서 채집 생활을 하고 아프리카의 평원에서 진화하면서 뇌는 주어진 환경에 적응해 생존할 수 있도록 변화했다. 자신을 둘러싼 무수한 위험으로부터 생명을 지키기 위해선 신속한 판단과 선택이 필요했다. 모든 것이 불확실한 상황에서 간편하고 신속하게 효율적인 결정을 하고 이를 위해 사용하고 남은 인지력은 언제 어디서 만날지 모를 잠재 위험에 대처하기 위해 보존해야 했다. 말하자면 휴리스틱은 살아남기 위해 특정 정보나 기억의 조각들로부터 빠르고 효과적인 판단을 내리기 위한 수단이라고 할 수 있다. 한마디로 휴리스틱은 잠재의식의 발동이며 생존 본능에서 비롯된 오래된 습관이다.

휴리스틱은 본래 심리학에서 사람들의 의사결정 방법을 연구하는 개념으로 출발했지만 지금은 많은 분야에서 사람들의 행동을 이해하는 데 활용되고 있다. 특히 행동경제학, 마케팅, 소비자 행동, 경영과학, 컴퓨터 사이언스, 인공지능, 컴퓨터 디자인, 인터페이스, 헬스, 정치 분야의 연구에서 활발히 응용되고 있다. 일상에서 일어나는 다양한 현상을 이해하고 설명하는 데 휴리스틱 개념이 유용하게 활용될 여지가 많다.

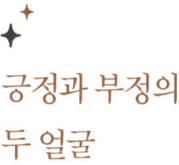

긍정과 부정의
두 얼굴

이제 수식시장에서 나타나는 휴리스틱 현상을 살펴보자. 투자자 개인이 시장에 흘러 다니는 모든 정보를 완벽하게 분석하기란 현실적으로 불가능하다. 빠른 판단을 돕는 휴리스틱, 즉 경험적 규칙이나 사고의 지름길에 의존하는 것은 그래서이다. 휴리스틱은 의사결정을 효율적으로 만들지만 동시에 체계적인 오류를 낳는 원인이 되기도 한다.

투자자는 최근 실적이 좋거나 주가가 급등한 기업을 '좋은 회사'로 일반화하는 경향이 있다. 짧은 기간의 성과를 기업의 본질적 가치로 착각하면서 해당 종목을 과대평가한다. 언론이나 커뮤니티에서 자주 언급되는 종목이나 최근 큰 이슈가 있었던 기업은 실제보다 더 중요하게 인식하기도 한다. 기억하기 쉬운 정보가 판단의 기준이 되면서 조용하지만 안정적인 기업은 투자 대상에서 제외하기도 한다. 과거의 최고가가 기준점으로 작용해, 현재보다 과거의 가격에 집착하기도 한다. 그로 인해 매도 타이밍을 놓치고 손실이 커진다.

그러나 휴리스틱이 부정적인 면만 있는 것은 아니다. 경험 많은 투자자는 반복된 시장 경험을 통해 유용한 직관을 형성하고 이를 통해 빠른 위험회피나 새로운 기회를 포착한다. 주식투자에서 중요한 것은 휴리스틱을 없애는 것이 아니라, 어떤 상황에서 휴리스틱이 올바른 판단을 돕고, 또 언제 오류의 원인이 되는지를 구분해 인식하는 일이다. 체크리스트, 사전 규칙, 투자 기록은 휴리스틱의 어두운 면을 줄이는 장치가 된다. 결국 성공적인 투자는 빠른 판단과 느린 검증을 균형 있게 사용하는 데서 나온다.

싸구려라고 품질이 나쁜 물건일까?

소비자가 물건을 살지 말지 결정할 때 제품의 가치는 중요한 요인이다. 가치를 판단하는 데는 가격이 또 주요 요인으로 작용한다. 그래서 소비자들은 제품의 품질을 가늠하는 주요 기준으로 종종 가격을 이용한다. 특히 다른 정보가 부족할 때나 익숙한 제품이 아닐 때는 품질을 판단할 때 가격에 대한 의존도가 높다. 즉, 사람들은 가격을 곧 품질의 기준으로 여기고, '비싼 가격'은 좋은 품질을, '싼 가격'은 낮은 품질을 의미한다고 쉽고 빠르게 판단하는 경향이 있다. '싼 게 비지떡'이고 '비싼 것=품질이 좋은 것'이라는 고정관념은 오랫동안 자리 잡아왔다. 비싼 것은 확실히 그 값을 한다는 신념은 반복 구매를 통해 유지되고 있다. 보석, 와인, 패션과 같이 품질을 판단하기 어려운 불확실한 상황에선 높은 가격이 고품질을 반영한다는 휴리스틱의 영향력이 더 강해진다.

대형마트인 이마트가 지난 2021년 4월 앱을 통해 실시한 '최저가격 보상 적립제'도 휴리스틱에 해당하는 사례이다. 최저가격 비교 대상은 쿠팡, 롯데마트몰, 홈플러스몰 3개 온라인몰이다. 구매 당일 오전 9~12시 이마트 가격과 쿠팡, 롯네마트몰, 홈플러스몰 판매 가격을 비교해 고객이 구매한 상품 중 이마트보다 더 저렴한 상품이 있으면 차액을 'e머니'로 적립해준다. 'e머니'는 이마트 오프라인 매장에서 이마트 앱을 통해 현금처럼 사용할 수 있는 이마트 앱 전용 쇼핑 포인트를 말한다. 예를 들어 이마트에서 1,500원에 구입한 상품이 쿠팡에서 1,000원, 롯데마트몰에서 1,100원, 홈플러스몰에서 1,200원인 경우 최저가격 1,000원과의 차액인 500원을 'e머니'로 적립해주는 식이다. 이를 통해 '이마트는 싸다'라는 인식을 소비자에게 심는 데 성공했다. 일부 소비자는 가격 비교도 안 해보고 이마트 물건을 구매했다고 한다.

휴리스틱을 다르게 표현하면, 고정관념이라 할 수 있다. 그 결과가 좋으면 다행이지만 모든 것이 변화무쌍한 4차 산업혁명 시대에는 중요한 문제를 휴리스틱으로 판단하는 것은 바람직하지 않다. 판단에 필요한 정보를 자신의 경험과 가치관에 맞추다 보면 아무래도 오류가 생기게 마련이다. 전문가들은 휴리스틱 함정에 빠져 숨겨진 정보를 무시하는 편향에서 벗어나기 위해선 과학적인 사고 능력이 필요하다고 강조한다. 잘못된 정보가 범람하는 시대에 참과 거짓을 구분하는 능력을 갖추기 위해 모든 정보를 고려하는 자세가 필요하다. 독일의 경제학자 하노 벡(Hanno Beck, 1966~)은 주식투자자들은 쉽게 휴리스틱에 빠지지만 그 자체는 생각의 도구일 뿐 심각한 오류는 아니라며 조금만 주의를 기울이면 극복할 수 있다고 주장했다.

21

너는 틀리고 내가 옳아

확증편향의 함정

나귀와 개의 '아전인수'

나귀와 개가 세상을 두루 구경하기 위해 여행을 떠났다. 여행하는 동안 무슨 일을 만나든지 간에 경험하고 배운 것을 같이 나누자고 약속했다. 어느 날 인적이 드문 길에서 그들은 봉투에 담긴 서류를 발견했다. 봉투를 주운 나귀는 내용이 궁금하여 얼른 뜯어보았다. 나귀는 봉투 속에 든 서류를 큰 소리로 읽기 시작했다. 개도 호기심과 기대에 가득 차 가만히 귀를 기울였다.

213

그 서류는 주로 목초나 보리 짚단과 같이 가축의 먹이에 관한 내용을 담고 있었다. 그것은 가축을 기르는 농부가 적어놓은 장부였다. 나귀는 자신이 좋아하는 먹이 이름이 자꾸 나오자, 신이 나서 더욱 소리 높여 읽어나갔다. 하지만 나귀가 서류를 읽는 동안 개는 몹시 지루한 표정으로 연신 하품을 했다.

"이봐, 인제 그만 읽어. 그런 풀이름 말고 어디 고기나 뼈다귀에 관한 이야기는 적혀 있지 않나?"

개가 투덜거리면서 말했다. 나귀가 서류를 끝까지 읽어보았지만 그런 내용은 없었다. 그러자 실망한 개가 화를 내며 소리를 질렀다.

"그따위 서류는 당장 버리게. 아무짝에도 쓸모없어."

"그것 봐, 내 생각이 맞았어"

똑같은 내용이라고 해도 보는 사람에 따라 달라질 수 있다. 나귀에게는 봉투 속에 든 서류가 여러 정보를 얻을 수 있을 것으로 보이지만 개에게는 아무런 쓸모도 없는 것이다. 그러므로 이 우화에 등장하는 개처럼 자기에게 쓸모가 없다고 해서 다른 사람에게도 쓸모가 없다고 생각하면 곤란하다.

첫인상 효과라는 것이 있다. 처음 보는 사람의 인상이 나빠 보이면 마음속에 안 좋은 사람이라는 이미지가 박히고, 그 사람을 지켜보면서 좋지 않게 생각하는 부분에 대해 "그것 봐, 내 생각이 맞았어"라며 스스로 의미를 크게 부여해버린다. 반대의 경우도 마찬가지이다. 처음부터 호감이 가는 사람에게서 보이는 단점을 쉽게 묻어버리고 장점은 더 크게 부각시켜 자신이 처음 생각했던 좋은 사람이라는 증거만을 계속 모으려고 한다.

사람은 감정의 동물이기 때문에 비이성적인 심리가 작용할 때가 많다. 그 대표적인 사례가 바로 확증편향이다. 확증편향이란 자신의 신념이나 이익에 일치하는 정보만 받아들이고 그렇지 않은 정보는 보려 하지도, 또 들으려 하지도 않는 심리적 경향을 말한다. 1960년 영국의 심리학자 피터 웨이슨(Peter C. Wason, 1924~2003)이 제시한 개념이다.

확증편향의 전형적인 특징은 모든 정보를 팩트와 상관없이 자신의 입맛에 맞게 해석한다는 데 있다. 자신이 생각한 것만이 진실이고 그 외의 것은 모두 잘못됐다고 믿는다. 그러나 세상은 자신이 생각한 대로 돌아가지 않는다. 생각했던 것과 반대의 결과가 나타나 투자한 돈을 날리고 삶을 망치는 사람도 많다. 그만큼 확증편향의 함정에 빠지지 않도록 조심해야 한다는 이야기이다.

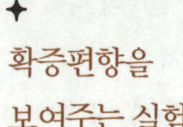

확증편향을
보여주는 실험

확증편향은 심하든 약하든 정도의 문제일 뿐 모든 사람이 겪는 현상 중 하나다. 확증편향이 심한 경우 내가 믿고 있는 가설이 틀렸더라도 이를 받아들이지 않거나 그 가설에 반하는 의견이 잘못된 것이라 믿는다. 마치 어떤 사이비 종교에 빠져 그 종교 중심으로 세상이 돌아가고 그 외의 것들은 모두 거짓이라고 믿는 것처럼 말이다.

영화나 시청할 드라마를 선택할 때 혹은 온라인 쇼핑몰을 이용해 물건을 구매할 때 흔히 댓글을 읽어보는데 수많은 평가 중 입맛에 맞는 댓글을 보고 결정할 때가 많다. 즉, 어떤 영화를 볼까 말까 망설일 때 보겠다는 마음이 더 강하면 '볼 만하다'며 추천한 댓글에 더 눈길이 가고, 반대로 보고 싶지 않은 마음이 더 크다면 '볼 필요 없다', '실망이다'라는 댓글에 더 끌리는 식이다. 즉, 많은 선택 사항을 찾아 대조해보고 결정을 내리기보다는 그중에서 자신이 원하는 바와 유사한 댓글을 보고 결정을 내린다.

사람들의 확증편향을 고려하면, 확신에 찬 태도로 긍정적으로 말하는 것이 상대에게 좋은 평가를 얻는 방법이 될 수도 있다. "제가 잘할 수 있을지는 모르겠지만 해보겠다"보다는 "저는 이 분야에 경험이 많으므로 잘할 수 있다"라고 말할 때 이 사람이 능력 있다고 생각하게 된다는 것이다. 물론 실제 능력을 키우기 위해서도 부단히 노력해야 한다. "능력 있다는 평가를 받으면 실제로도 더욱 유능해진다"라는 말이 있다. 겉으로 보이는 능력을 키우려는 노력 또한 실제 능력을 향상시키는 데 도움이 된다고 한다.

보고 싶은 것만 보고,
믿고 싶은 것만 믿는다

확증편향은 왜 생기는 것일까? 사람들은 대개 자신이 맞다고 생각하는 의견에 관한 주장을 하기 위해 그 의견을 뒷받침하는 정보만 찾으려고 한다. 반대되는 정보는 의도적으로 무시하거나 지나쳐버린다. 자신의 의견을 뒷받침하는 긍정적인 증거는 과대평가하고 부정적인 증거는 과소평가해 결국에는 점점 자기 확신을 더 강화한다. 자기 확신의 이면에는 틀리기 싫어하는 자존심 같은 것이 깔려 있다.

어느 누구도 틀리는 것을 좋아하지 않는다. 더욱이 자존심이 세다면 틀렸을 때 입는 마음의 상처를 정말 싫어한다. 그래서 더더욱 자신의 의견이 맞기를 원하면서 다른 부분은 잘 안 보려 한다. 그러나 사람이 살면서 항상 옳을 수는 없는 법이다. 신이 아닌 이상 어떻게 매번 100% 옳을 수 있겠는가. 모든 상황에서 한쪽 면만 보는 것은 매우 위험하다. 특히 리더나 전문가 등이 자신의 권력이나 권위, 전문가적 지식을 이용해 왜곡되고 편협한 생각을 밀어붙이거나 하면 불행한 사태가 생기고 그 피해는 모두 일반 국민에게 돌아간다.

재산이 걸린 주식투자에서 개인 투자자들은 자주 확증편향에 빠진다. 개미들이 늘 루저일 수밖에 없는 이유이기도 하다. 확증편향은 특정 종목에 많은 자금이 투입됐을 때 더욱 강해진다. 주가가 상승할 땐 긍정적 방향으로, 하락할 땐 부정적 방향으로 아전인수식 해석에 빠져들게 되는 것이다. 가령 주가가 오르고 시장이 들썩이면 경제신문이나 증권사이트의 구독자가 급증한다. 기사 내용은 다 엇비슷하다. 유망 종목 이야기와 큰돈을 번 투자자들의 사례가 쏟아지고, 주식 호황이 이제 막 시작됐다는 장밋빛 전망이 넘쳐난다. 그러나 따지고 보면 구독자들이 신문을 열심히 읽는 이유는 새로운 정보를 얻으려는 게 아니라 자신들이 믿고 있는 것을 확인하기 위해서가 아닐까? 자기에게 불리한 정보는 유리하게 해석하거나 아예 무시하기도 한다. 주가가 오르고 있는 보유 종목에 대해 투자자는 자신의 결정을 지지하고 인정해주는 정보만 골라 읽는다. 하지만 시장이 하락세로 접어들면, 사람들은 주가 하락으로 인한 손실을 떠올리게 하는 정보는 이상하리만큼 피하려 한다. 점점 손실 폭은 커지고 결국에는 될 대로 되라며 자포자기 심정에 빠진다. 엄청난 손실을 견디지 못하고 주식을 처분하지만, 그때는 이미 주가가 바닥인 경우가 많다. 주식투자로 돈을 번 사람들을 보면 투자한 종목의 수익률을 수시로 확인하지 않고 대중매체와도 거리를 둔다. 그래야 확증편향의 함정에 빠지는 것을 막을 수 있기 때문이다.

확증편향을 피하려면 자신의 의견과 다른 정보에도 귀를 기울이면서 시야를 다각화해야 한다. 믿고 싶은 것만 믿고, 보고 싶은 것만 보다가는 백전백패할 수밖에 없다. '옳다고 믿는 만큼 언제나 내가 틀릴 가능성도 크다. 언제 틀릴지는 알지 못한다'라는 생각을 가져야 한다. 또 '잠깐, 잠깐만, 이 증거가 잘못되었거나 내가 잘못했거나 둘 중 하나인데, 내가 잘못했을 리는 없지. 나는 이 분야의 전문가거든'이라는 생각을 버려야 한다. 기업들은 예스맨을 멀리하고 집단결정 체제를 도입하거나, 의사결정을 위한 토론에서 참석자들이 돌아가면서 반대의견을 제시하도록 함으로써 CEO가 확증편향에 빠지지 않게 한다.

 확증편향과 SNS

블로그, 인스타그램, 페이스북과 같은 SNS 중에서 다들 한 가지 이상을 사용한다. 이것을 사용하는 것의 장점도 많지만, 중독성과 편향성 같은 단점도 존재한다. 확증편향이 대표적이다. 아마 독자들은 본인이 즐겨 쓰는 SNS에서 좋아하는 사람들을 팔로우하거나 구독하고 있을 것이다. 당연히 팔로우나 구독 시스템에 대해 어느 정도 이해하고 있을 듯하다. 어떤 사람의 계정을 팔로우 또는 구독하게 되면 그 사람이 새로운 콘텐츠를 올렸을 때 나의 계정에서 확인할 수 있는 시스템이다.

사람에 따라서는 자신이 좋아하고 알고 싶은 것만 보고 듣는 것이 왜 단점이냐고 반문할 수도 있다. 사람들은 일반적으로 어떤 정보를 자주 접하다 보면 그 정보를 진짜라고 믿게 된다. 특히 '좋아요'가 많이 달린 글은 많은 사람이 동의한다는 방증이 되기 때문에 심리적으로 더 많이 신뢰하게 된다. SNS를 시작할 때는 자신이 좋아하는 것과 궁금한 것을 보기 위해 팔로우를 하고 구독을 시작했지만 이렇게 자신이 선호하는 정보만 모아서 보다 보니 결국 한쪽으로 편향된 정보만 습득하게 된다.

자신의 생각이 맞다는 것을 확인하거나 더욱 확신을 갖고 싶어서 자신과 같은 의견만 보게 된다. 나와 같은 생각을 하고 있는 사람과 정보를 찾는 과정이 계속될수록 자동화된 디지털 알고리즘은 끊임없이 그 길로만 안내한다. 이것이 SNS의 치명적 단점이다. 결국은 내가 듣고 싶은 것과 믿고 싶은 것만 존재하는 공간에 오래 머물다 보면 나와 생각이 같은 사람들이 많다고 느끼게 된다. 그리고 이를 근거로 다수가 그렇게 생각할 것으로 판단할 가능성이 크다. 현실은 그저 자신이 믿고 싶은 것만 믿고 있는 경우일 뿐이다. 이런 방식으로 생성된 신념으로 내 생각과 다른 것을 배척하기 쉽다. 다수가 똑같이 생각하고 있다고 믿기 때문에 나와 생각이 다른 경우 그건 무조건 틀린 생각이 되는 것이다.

SNS를 너무 많이 사용해 확증편향에 따라 정보를 받아들이게 되면 주체적으로 생각하는 능력이 저하될 수밖에 없다. 중요한 순간에 내가 직접 판단해야 할 때 결정을 내리지 못하는 순간이 올지 모른다. 그러니 평소 SNS의 단점을 명확히 인지하고 의식적으로 사용해야 한다. 평소에 나와 다른 생각에도 귀를 기울이고 일부러 낯선 의견도 들어보며 생각의 폭을 넓히는 연습을 해야 한다. 일부러 나와 다른 의견을 가진 SNS 계정을 다양하게 구독하는 것 역시 좋은 방법이다. 무엇보다 꾸준히 좋은 책을 읽고 글을 쓰며 스스로 생각하는 힘을 길러야 한다.

22

"누가 돈 벌었대"에 귀가 솔깃

생존자 편향의 오류

헤르메스와 나무꾼

강가에서 나무를 하던 나무꾼이 그만 실수로 강에 도끼를 빠트리고 말았다. 빠르게 흘러가는 강물에 도끼가 순식간에 떠내려가 버리자 나무꾼은 상심한 나머지 주저앉아 대성통곡을 했다.

이 사실을 알게 된 헤르메스가 나무꾼의 불행을 동정하며 직접 물속으로 들어가 금도끼 한 자루를 건져내더니 나무꾼에게 네 것이냐고 물었다. 나무꾼은 고개를 가로저으며 아니라고 했다. 그러자 헤르메스는 또다시 물속에서 은도끼 하나를 건져내 나무꾼의 도끼냐고 물었다. 나무꾼은 이번에도 아니라고 대답했다. 헤르메스가 세 번째로 강물 속으로 들어가 이번에는 나무꾼의 도끼를 건져 들고 올라오자 나무꾼은 자신이 잃어버린 도끼가 맞다고 대답했다.

나무꾼의 정직함에 감동한 헤르메스는 크게 칭찬하며 금도끼와 은도끼 모두 나무꾼에게 선물했다. 그렇게 도끼 세 자루를 가지고 집에 돌아간 나무꾼은 친구들에게 이 신기한 이야기를 들려주었다. 그러자 재물이 몹시 탐났던 친구 하나가 나무꾼이 했던 대로 따라 해보기로 했다.

그는 얼른 강가로 달려가 일부러 자신의 도끼를 강물에 빠트리고는 그 자리에 주저앉아 울었다. 이번에도 헤르메스가 나타나 이유를 물었다. 그러고는 바로 강물에 들어가 금도끼 한 자루를 건져내더니 이것이 잃어버린 도끼냐고 물었다. 그는 금도끼를 보자마자 어쩔 줄 몰라 말했다.

"네, 그겁니다. 바로 그 도끼입니다."

그러나 탐욕스럽고 정직하지 않은 그 마음속을 꿰뚫어본 헤르메스는 그를 나무라며 금도끼를 어깨에 짊어진 채 그대로 사라져버렸다.

성공 사례만
기억하는 세상

쇠도끼를 물에 빠뜨린 나무꾼이 금도끼와 은도끼를 보고도 자신의 것이 아니라고 말해 결국 세 자루 모두 소유하게 됐다. 우리는 이 우화에서 '정직은 항상 보상받는다'라는 교훈을 얻을 수 있다. 그러나 여기에는 잘 드러나지 않는 또 하나의 통찰이 있다. 바로 '생존자 편향'이다.

사람들은 나무꾼의 성공담만 기억한다. 하지만 정직했음에도 불구하고 아무 보상을 받지 못한 수많은 나무꾼도 분명히 많을 것이다. 혹은 거짓말을 했다가 아무 일도 일어나지 않아 조용히 넘어간 예도 있을 것이다. 전해지지 않은 사례는 사람들의 인식에서 사라진다. 남는 것은 극적인 성공담, 즉 '생존한 이야기'뿐이다. 생존자 편향은 이처럼 결과가 좋았던 사례만을 보고 원인을 일반화하는 오류다. 살아남은 자만 분석 대상으로 삼다가 잘못된 판단을 내린다는 의미이다.

이 말이 나온 배경부터 살펴보자. 제2차 세계대전 때의 일이다. 미군은 적지로 출격하는 전투기의 생존율을 높이기 위해 살아 돌아온 전투기들을 분석했다. 대부분 전투기에서 날개와 꼬리 부분에 총탄 자국이 집중된 사실을 발견했다. 이에 따라 날개와 꼬리에 갑판을 달아 튼튼하게 만드는 작업에 착수했다.

하지만 이 분석에 참여한 한 수학자가 꼬리와 날개 부분이 아니라, 조종석과 엔진 부분을 보강해야 한다는 주장을 폈다. 비행기는 기체 전체가 피격당할 확률이 비슷한데, 꼬리와 날개 부분을 보강한다고 해서 전투기의 생존율이 높아지지 않는다는 것이다. 정말 보강해야 할 부분은 생환한 전투기에서 손상이 적은 엔진이나 조종석이라고 했다. 그 부분에 손상을 입은 전투기는 복귀하지 못했다는 의미이기 때문이다. 이 연구원이 아니었으면 편향된 데이터 분석으로 쓸데없는 곳에 두꺼운 갑판을 덧댈 뻔했던 이 사건을 두고 '생존자 편향의 오류'라는 말이 생겨났다.

일상에서 생존자 편향의 오류를 가장 쉽게 접할 수 있는 곳은 성공한 사람들이 쓴 책만 늘어놓은 서점의 자기계발서 코너이다. 자기계발서는 잘 알려진 성공적인 예시만을 늘어놓고 실패 사례는 무시한다. 실패한 사람이 겪은 좌절이나 실패의 원인을 알아야 진짜 성공의 길로 들어설 수 있는 법인데도 말이다. 성공한 사람의 이야기가 편향성을 갖게 되는 것은 책 속에 나오는 성공의 주문을 실패한 사람도 열심히 시도했을 것이기 때문이다.

창업은 성공 확률이 매우 낮다. 다양한 통계에 따르면 많은 기업이 창업 후 몇 년 안에 문을 닫는다. 그럼에도 우리 주변에는 성공한 창업자의 이야기만 널리 알려지기 때문에 창업과 경영이 실제보다 쉬운 일처럼 착각하기 쉽다. 또한 성공 사례 뒤에는 수많은 실패가 존재함에도 성공한 기업가가 겪은 실패한 프로젝트나 사건 등에 대해선 별로 궁금해하지 않는다. 마찬가지로 직장에서도 경쟁사가 어떻게 했더니 성공하더라는 아주 단순한 논리만 가지고 무리하게 직원들의 업무나 제품에 적용하다 쓴잔을 들이킨 사례가 적지 않다. 이 역시 분석 대상의 내면까지 들여다보지 않아 발생하는 생존자 편향의 오류라고 할 수 있다.

남 이야기 듣고 투자하다
쪽박

"누구누구 알지? 그 애가 투자해서 대박 났대." 주변에서 누군가가 운 좋게 주식투자를 잘해 큰돈을 벌었다는 이야기를 듣고 나서 무턱대고 투자에 나서는 사람이 많다. 게다가 그 사람이 특출한 능력이 없다면 "나도 돈 벌 수 있다"라는 자신감이 하늘을 찌른다. 그가 감당한 리스크나 부정적 요인은 철저히 외면한 채 말이다. 그 결과는 물어보나 마나, 대박은커녕 쪽박을 차게 마련이다.

　한때 몰아쳤던 암호화폐 투기 광풍의 한 장면을 떠올려보자. 당시 주위에서 암호화폐 투자로 큰돈을 벌었다는 무용담에 앞뒤 안 가리고 소중한 돈을 쏟아붓는 투기판이 벌어졌다. 정부와 언론에서 암호화폐가 아무런 실체가 없는 신기루라며 투자 위험의 경종을 울려댔지만, 급등 분위기에 취한 투자자의 귀엔 들리지 않았다. 결국 몇 차례의 규제 조치가 발동되고 시장 분위기가 싸늘하게 식으면서 비트코인, 이더리움 등 일부 극소수를 제외하고 대다수의 암호화폐 가격이 폭락했다. 그 결과 많은 투자자가 재산상 손실을 보았다.

책이나 신문 기사를 읽다 보면 주식투자와 관련한 오류를 심심치 않게 발견하게 된다. 그중 하나가 장기투자에 관한 것이다. 투자는 무조건 오래 들고 있다고 다 수익이 나지는 않는다. 장기투자는 실패를 없애기보다는 성공의 확률을 높일 뿐이다. 장기투자 신봉자인 워런 버핏도 몇 년에 한 번씩 엄청난 손실을 보곤 했다. 그럼에도 전문가들이 장기투자를 권하는 이유는 보유 종목을 좋은 값에 팔 수 있는 기회가 아무래도 많이 생기기 때문이다. 그러나 성공 사례만 주로 회자되다 보니 장기투자의 유용성만 부각되고 많은 사람들이 생존자 편향의 오류에 빠지게 된다.

관리종목은
상장회사의 사망대기소

코스피시장에는 '관리종목'이라는 게 있다. 상장 폐지될 우려가 있는 주식은 투자자 보호 차원에서 일정 기간 관리종목으로 분류

했다가 시장에서 퇴출시킨다. 상장 폐지되면 그 종목은 투자자의 기억에서 완전히 지워진다. 정확한 통계수치가 발표된 것은 없지만 지금까지 상장된 주식의 20%는 이런저런 이유로 퇴출당한 것으로 알려졌다. 증시에서 상장회사의 평균 상장 기간은 20년을 약간 웃도는 정도다. 상장사들의 평균 연령은 37세에 불과하다. 최근 5년 동안에만 250여 개의 상장사가 실적 악화, 인수합병 등의 사유로 시장에서 퇴출당했다. 장기투자가 최고의 선이 아님을 말해주는 대목이다. 코스피가 지난 5년 동안 일정한 상승률을 기록했다 하더라도, 그것이 상장된 모든 주식이 그만큼 올랐다는 뜻은 아니라는 점을 이해해야 한다.

투자회사는 개인들이 생존자 편향의 오류에 자주 빠진다는 것을 이용해 광고에 써먹기도 한다. 어떤 투자회사가 제시한 세 가지 펀드의 수익률이 모두 높았다고 가정해보자. 실력이 있는 회사라는 생각이 들 것이다. 하지만 지난 10년간 10개의 펀드를 출시했는데, 7개는 손실을 봤고 3개만 살아남은 것이라면 이야기는 달라진다. 이 회사 고객의 70%가 쪽박을 찼다는 것을 의미하기 때문이다. 이 경우 3개 펀드 모두 수익률이 높았다고 이 회사가 실력이 있다고 여기지는 않을 것이다. 펀드를 고를 때 수익률만 고려해서는 안 되는 이유이다.

부동산 투자와 생존자 편향

부동산 투자에서 생존자 편향은 생각보다 깊고 넓게 작동한다. 주위에서 "그때 강남 아파트를 샀더라면…", "신도시 아파트를 분양 받아 몇 배가 되었다"라는 이야기를 자주 듣는다. 가격이 크게 오른 지역, 몇 년 만에 시세 차익을 거둔 사례는 언론과 SNS를 통해 끊임 없이 재생산된다. 그러나 가격이 정체되었거나 하락해 장기간 고통 을 겪은 사례, 분양 후 미분양으로 남았던 단지, 개발 계획이 무산된 지역의 이야기는 쉽게 드러나지 않는다. 살아남은 성공 사례만이 조 명받으면서, 우리는 그것이 쉽게 이루어질 수 있을 것처럼 착각한다.

특히 상승장이 길게 이어졌던 시기에는 이 오류가 더욱 강화된다. 몇몇 투자자가 레버리지를 통해 큰 수익을 올리면 사람들은 그 전략 자체가 탁월했다고 믿는다. 하지만 같은 방식으로 대출을 끼고 매입 했다가 금리 상승이나 경기 침체를 맞아 버티지 못한 사례는 통계 속 숫자로만 남는다. 성공한 투자자는 강연과 책으로 자신의 경험을 공유하지만, 실패한 투자자는 대개 침묵하기 때문이다.

생존자 편향은 위험 요소를 무시하게 만든다. "부동산은 결국 오른 다"를 당연한 진리처럼 받아들이지만, 끝까지 버텨낸 사람들만이 목소리를 낸다는 사실은 쉽게 간과한다. 자금 부족으로 중도에 매도 한 경우, 예상치 못한 세금과 유지비 부담으로 생활의 어려움을 겪 은 사례, 지역 인구 감소로 장기 침체를 겪는 지방 부동산의 현실은 화려한 성공담에 묻혀 기억에서 사라진다.

부동산 투자는 눈에 보이는 상승지표뿐 아니라, 사라진 사업장과 정체된 단지, 손절매 사례까지 두루 살펴야 한다. 수익률 평균뿐 아니라 실패 확률을 고려하고, 자신이 감당할 수 있는 최악의 시나리오를 가정해보는 태도가 필요하다. 생존자 편향을 인식하는 순간 투자자는 쉽게 동요되지 않고 그만큼 더 단단해진다. 화려한 성공담보단 통계의 전체 그림을 보려는 노력, 이것이 투자 실패를 피하는 비결 중 하나다.

23

내 그럴 줄 알았어

사후확신편향

뒷북 치는 의사

술을 정말 좋아하는 사람이 있었다. 식사를 거르며 술을 하루 종일 마시는 날도 많았다. 몇 년 동안 그렇게 생활했지만 그는 혼자 살고 있어서 주위에 충고해주는 사람이 아무도 없었다. 그러던 어느 날 의사가 그 사람의 몸 상태를 진찰했는데 건강 이 아주 나빴다. 불규칙한 식사 때문에 위에 염증이 생겼고, 술을 너무 많이 마신 탓에 간에도 이상이 생겼다. 의사는 환자 를 치료하기 위해 노력했지만 그의 병은 너무나 깊었다. 의사의 치료에도 결국 그는 죽고 말았다.

의사는 자기 일을 도와주는 간호사에게 말했다.

"이 환자는 규칙적인 식사를 하고 술만 끊었더라도 이렇게 일찍 죽지는 않았을 거야."

그러자 간호사가 의사를 향해 대답했다.

"말도 안 되는 말씀을 하시는군요. 이제 와서 그렇게 말해봤자 아무런 소용이 없습니다. 이 사람이 살아 있을 때 그런 조언을 했더라면 돈이라도 벌 수 있었겠지만 말이에요."

사후에는 설명하지 못할 일이 하나도 없다

심리학에 '사후확신편향'이라는 말이 있다. '뒷북 편향'이라고도 하는데, 영어로는 'knew it all along effect'라고 쓴다. '그럴 줄 알았어' 정도로 해석된다. 사건이 일어나기 전에는 알 수 없던 징조나 단서를 사건 이후에는 쉽게 알 수 있는데, 이것이 판단에 오류를 일으키는 것을 말한다. 실제로 어떤 사건의 결말을 안 다음에 돌이켜보면 그런 결말이 당연해 보인다. 그러나 사후확신편향은 자신이 훌륭한 예언가라고 믿게 만들기 때문에 매우 위험하다. 사람을 오만하게 만들 뿐 아니라 그릇된 판단을 내리도록 이끈다.

서울대학교 최인철 교수는 사후확신편향을 다음과 같이 설명했다. "전쟁에서 적응을 잘하는 사람은 교육 수준이 높은 사람이라는 결과가 있다고 하면, '당연하지. 교육을 많이 받으면 스트레스 해소 능력이 향상되고 상황 적응 능력도 높아지기 때문이지'라고 말한다. 반대로 교육 수준이 낮은 사람들이 전쟁 적응 능력이 뛰어나다는 결과를 소개하면, '당연하지. 생각이 너무 많으면 힘들어. 단순한 게 최고야'라고 말한다. 도대체 사후에는 설명하지 못할 것이 하나도 없다."

경제 전문가는
사후확신편향자

실생활에서도 사후확신편향의 사례는 얼마든지 있다. 미국 달러화 강세로 한국의 주가가 상승했다고 가정해보자. 달러화가 강세면 달러로 표시되는 한국 기업의 수출 상품 가격 경쟁력이 높아져 수출이 늘어난다. 시장은 환율 상승이 수출기업의 매출 증가로 이어질 것이라고 예상하고 관련 주식을 매수한다. 이는 반박의 여지가 없는 타당한 내용이다. 그러므로 달러화 가치가 상승한다는 정보를 듣자마자 주식을 사야 할 것 같다. 그렇다면 다음 글을 읽고 생각해보자. "달러화 강세로 한국의 주가가 내렸다. 달러화 강세는 미국의 금리 인상과 관련이 있다. 미국 금리가 올라 국내 금리보다 높으면 한국에 투자한 외국인 자금이 빠져나갈 가능성이 커진다. 외국인 자금의 이탈은 가지고 있는 주식을 파는 것을 의미한다. 외국인 매도세를 받쳐줄 만한 매수세가 형성되지 않는다면 주가는 내려가게 돼 있다. 특히 증시가 어려울 때 외국인 매도세는 경제 전체를 흔들 수 있다." 이 역시 타당하게 들린다. 이에 달러 가치가 상승한다는 정보를 듣자마자 주식을 팔려고 서두른다.

그렇다면 투자자는 어느 장단에 춤을 춰야 할까? 1997년 김영삼 정부 시절 우리나라는 나랏빚은 늘어나고 보유한 외환은 부족해 경제위기를 맞았다. 그 당시 경제 전문가란 사람들이 1996년 한국경제를 왜 그렇게 장밋빛으로 그렸는지 지금 생각해보면 알다가도 모를 일이다. 1년 후인 1997년 우리 정부는 위기에 빠진 경제를 살리기 위해 국제통화기금(IMF)에 구제금융을 요청했다. 경제 전문가들은 경제위기의 원인에 대해 논리 정연한 이야기를 늘어놓는다. 재벌 기업들이 방만한 경영을 해 부실을 자초했고 정부도 외환관리를 엉터리로 해서 달러 보유고가 바닥을 드러냈다는 등, 신용평가 기관들이 도덕적 해이에 빠졌다는 등, 은행들이 자기자본 규정을 소홀히 했다는 등 그럴듯한 이유를 댄다. 그들의 말을 듣고 있으면 마치 경제위기가 완전히 논리적이고 불가항력적으로 발생한 것으로 보인다.

그렇다면 왜 그들은 경제위기를 미리 경고해주지 않았을까? 경제학자는 많았지만, 그 누구도 IMF 사태에 대해 정확히 예측한 사람은 없었다. 물론 일부러 그런 것은 아니니 배신감을 느낄 필요는 없다. 사실 경제 전문가들은 대표적인 '사후확신편향자'이다.

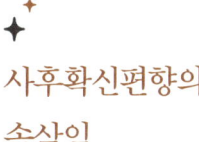

사후확신편향의
속삭임

경제 전문가나 의사처럼 개인의 의사결정을 도와주는 전문가 집단이 이런 뒷북 진단으로 자신의 실수를 덮어버리는 경향이 강하다. 그런데 사후확신편향이 일반 개인한테 나타나면 어떨까? 사람들은 어떤 사건이 일어나는 것이 당연해 보이면 자신의 능력을 과대평가하는 경향이 있다. 그래서 그런 사건을 예상하고 대비할 수 있었다는 착각에 빠진다. 이는 불행의 시작이다. 주식투자를 해본 사람이라면 분명 사려고 했는데, 또는 했어야만 했는데 하면서 아쉬워한 경험이 있을 것이다. 사후확신편향은 대부분 투자 기회를 놓치거나 수익성 높은 투자자산을 미리 처분했을 때 나타난다. 예를 들어 투자자 중에는 IMF 사태 때 삼성전자 주식을 샀다면 떼돈을 벌었을 것이라고 말하는 사람이 있다. 당시 이 회사 주가는 3만 원대였다. 삼성전자는 2017년 50 대 1의 액면분할을 단행했고 2026년 3월 현재 주가는 18~19만 원대이니 그동안 300

배 이상 오른 셈이다. 수차례 유·무상 증자에 참여했다면 수익률은 500배도 훌쩍 뛰어넘을 수 있다. 그렇다면 삼성전자에 투자해 백만장자가 된 투자자는 지금 얼마나 있을까? 사실 알 수 없고, 극히 소수일지도 모른다. 삼성전자는 잘나가는 반도체 회사인 건 맞지만 거대 글로벌 기업으로 자리 잡게 되리라는 사실을 짐작하게 해주는 어떤 정보도 없었다. 만일 그때 삼성전자에 투자했다고 해도 20년 동안 주가가 상승과 하락을 거듭하는 와중에 우직하게 보유할 확률은 번개를 맞아 죽을 확률보다도 낮을 것이다. 그런데도 이를 잘 모르는 투자자는 주가 차트를 보면 배가 아프고 후회가 밀려온다. 이때 사후확신편향이 속삭인다. '한 번에 팔자를 고칠 수 있는 대박 주식을 찾아내기만 하면 큰 부자가 될 것'이라고 많은 투자자가 사후확신편향의 달콤한 유혹에 걸려들어 제2의 삼성전자를 찾아다니며 대박의 헛된 꿈을 좇느라 아까운 시간과 돈을 낭비하고 있다.

물론 주식투자를 하지 말라는 이야기는 아니다. 투자의 방법이 문제일 뿐 재산을 늘리려면 주식투자는 꼭 해야 한다. 주의해야 할 점은 먼저 차트 분석을 너무 믿지 말라는 것이다. 차트를 자주 들여다보면 저절로 사후확신편향에 빠지게 된다. '이 지점에서 사야 하는데 못 샀어' 하다가 그 지점이 다시 돌아오면 매수에 들어가 덜컥 물리는 경우가 많다. 또 주식 전문가의 말도 너무 귀담아 듣지 말아야 한다. 우연이 판을 치는 주식시장에서 주가 전망은 어쩌면 무의미하다. 누군가가 주가를 예측할 수 있다고 떠들면 "그래서 얼마나 벌었는가"라고 물어보라. 주식투자는 시장과 거리를 두고 장기전으로 가야 열매를 딸 수 있다. 장기전은 투자 위험을 시간으로 녹일 수 있기 때문이다. 분산도 중요하다. 주식 50개 이상에 분산 투자한다면 전체 위험성이 60% 감소하고 장기 보유로 갈수록 그 위험성은 더 줄어든다는 연구 결과도 있다. 물론 아무 주식이나 사면 안 된다. 실적이 뒷받침되고 전망도 밝은 회사라야 하는 건 두말하면 잔소리이다.

한국 사람은 사후확신편향자?

강준만 전북대 교수는 저서 《감정 독재》에서 사후확신편향은 집단주의자와 개인주의자에게 각기 다르게 나타나는데, 대체로 집단주의자가 개인주의자보다 큰 편향을 보이는 경향이 있다고 주장했다. 자신의 머릿속에서 모든 걸 해결하려는 성향이 강한 개인주의자들은 기대와 결과의 일치에 대한 신념이 강하기 때문에 이것이 어긋났을 때 사후 설명에 어려움을 겪는다. 반면에 집단주의자들은 기대와 결과의 일치에 대한 신념이 비교적 약하므로, 불일치에 대한 설명을 쉽게 할 수 있다는 것이다. 따라서 집단주의자적 성향이 강한 한국 사람이 사후확신편향의 함정에 쉽게 빠진다고 볼 수 있다. 실제로

'북핵 이슈'에 관한 한국과 미국의 신문 기사를 분석한 결과 북핵 이슈가 예측 가능했다는 기사가 한국 신문에는 84.8%, 미국 신문에는 48.2%가 실린 것으로 나타났다. '2007년 버지니아 공대 조승희 총기 난사 사건'도 예측 가능했다는 기사가 한국 신문에는 86.4%, 미국 신문에는 48.8%가 실려 한국 신문의 사후확신편향이 훨씬 강한 것으로 드러났다.

24

그때는 맞고 지금은 틀리다

시간비일관성

변심한 항해자들

몇 사람이 먼 나라로 가서 새로운 세상도 구경하고, 무역을 통해 돈벌이도 하자고 의견을 모았다. 마침내 배를 한 척 장만한 그들은 장밋빛 부푼 꿈을 품고서 먼바다를 향해 나아갔다. 그런데 배가 바다 한가운데에 이르렀을 때 갑자기 거센 폭풍이 몰아쳤다. 배는 균형을 잃고 당장이라도 가라앉을 것처럼 출렁거렸다.

배에 탄 사람들은 두려움에 휩싸여 모두 자신의 옷을 잡아 뜯으며 눈물을 흘렸다. 그들은 일제히 엎드려 바다의 신에게 간절히 기도를 올렸다.

"우리의 목숨과 이 배를 구해만 주신다면 우리가 가진 물건 중에서 가장 값비싸고 고귀한 것을 감사의 제물로 바치겠습니다. 부디 폭풍이 가라앉도록 해주십시오."

어느 정도 시간이 흐르자, 그토록 사납게 몰아치던 폭풍이 차츰 가라앉더니 거짓말처럼 바다가 조용해졌다. 뜻하지 않은 위험에서 겨우 살아난 사람들은 몹시 기뻐하면서 춤을 추었다. 하지만 신에게 감사 기도를 드리거나 약속한 재물을 바칠 생각을 하는 사람은 아무도 없었다. 이때 항해자 중 한 사람이 말했다.

"여러분 제 말을 들어보십시오. 물론 위험에서 벗어났으니 모두들 기뻐하는 것은 당연합니다. 그러나 무서운 폭풍을 언제 다시 만나게 될지 모른다는 사실을 결코 잊어서는 안 됩니다."

현재와 미래가 충돌하는
시간비일관성

배에서 폭풍을 만나 목숨이 위태로워진 항해자들은 지푸라기라도 잡고 싶은 심정이었을 것이다. 그래서 신에게 폭풍을 가라앉혀

준다면 값비싼 물건을 받치겠노라고 기도를 올렸고, 그것은 절박한 상황에서 제일 나은 선택이었을 것이다. 그러나 그때뿐, 폭풍이 지나가자 없었던 일이 되어버렸다.

이처럼 현시점에서는 최고의 선택이지만 나중에는 최적이 아닌 것으로 달라지는 현상을 경제학 용어로 '시간비일관성'이라고 한다. 쉽게 말해 그때는 맞고 지금은 틀린 것이다. 우리가 새해 시작과 함께 이런저런 목표를 세우는 것은 그런 목표를 최적의 선택이라고 생각하기 때문이다. 새해 목표로는 운동으로 살 빼기, 저축으로 재산 늘리기, 외국어 공부하기 등이 있다. 하지만 시간이 지나면서 목표 달성의 의지는 약해진다. 어제 술 한잔했으니 하루쯤 쉬는 것은 괜찮아, 저축은 뒤로 미루고 일단 여행이나 갔다 와야지, 외국어는 당장 필요하지 않아…. 이런저런 핑계를 대며 새해 다짐을 뒤집어버린 자신을 합리화한다.

시간비일관성 문제는 1970년대 전 세계적으로 인플레이션이 나타나면서 이론적으로 연구되기 시작했다. 정책 당국이 인플레이션을 억제하지 못한 이유가 무엇인지에 대해 경제학자들이 문제를 제기한 것이다. 그 이유는 바로 정책 당국에 있었다. 인플레이션 억제에 나서야 할 주제가 원인 제공자이기도 했던 것이다. 인플레이션율을 낮추기 위해 통화 공급을 줄이다가 그 목표가 달성될 즈음에 실업을 줄이려는 유혹에 빠져 슬그머니 통화 공급량을 늘렸다. 하지만 경제 주체들이 "정부는 결국 약속을 지키지 않는다"는 사실을 학습하면서 상황은 달라진다. 실업률도 낮아지지 않고 기대 인플레이션이 올라가면서 결국 물가는 더 오르게 된다. 미국 카네기멜런대학의 에드워드 프레스콧(Edward C. Prescott, 1940~2022) 교수는 이 문제를 체계적으로 이론화한 공로로 2004년 노벨경제학상을 수상했다. 그는 시간비일관성 문제가 제기되는 이유로 정책 당국이 경제정책을 단기적 혹은 정치적 목적으로 사용하기 때문이라고 분석했다. 그래서 중앙은행이 경기 침체에 그때그때 대응하기보다는 특정한 규칙을 정해 일관성 있게 추진하라는 해법을 제시했다.

개인의 경제 활동에도 시간비일관성 문제가 나타난다. 노후준비가 그렇다. 한 금융회사가 20~79세 전국 남녀 3,000명에게 설문한 결과 21.2%만 노후준비가 잘되어 있다고 대답했다. 반면 44.6%는 준비가 부족하다고 말했다. 이 설문조사는 우리나라 사람들이 노후준비에 얼마나 소홀한지를 잘 보여준다. 사실 그리 놀라운 일은 아니다. 많은 사람이 자신의 노후준비만큼은 되도록 일찍 시작해야 한다는 사실은 잘 알고 있다. 요즘은 직장 생활을 시작해 막 자리를 잡은 30대부터 노후설계를 고민하고, 40대가 되면 노후준비에 대한 부담을 더 크게 느낀다. 노후에 타게 되는 국민연금만으로는 생활비 충당이 안 되기 때문이다. 퇴직연금과 개인연금을 열심히 붓는 등 각자 알아서 노후대책을 세워야 한다는 인식이 점점 커지고 있다.

그러나 문제는 생각만 앞설 뿐, 대부분 실천하지 못하고 머뭇거린다는 점이다. 막상 노후준비에 들어가려고 하면 이상하게도 다른 돈 쓸 데가 생긴다. 자녀 교육비라든가 내 집 장만 같은 재무목표가 발등의 불로 다가온다. 그래서 퇴직연금의 90% 이상이 연금이 아닌 일시금으로 지급되고, 개인연금의 절반가량이 중도 해지되는 현상이 나타난다.

시간비일관성 문제와 관련해 미국 하버드대학의 토드 로저스 교수는 다음의 실험을 했다. 실험 참가자들에게 급여의 2%를 자동이체해 저축하는 프로그램에 참여할 의사가 있느냐는 질문을 던지자, 모두가 동의한다는 답변이 나왔다. 하지만 지금부터 즉시 저축이 시작된다고 하자 오직 30%만 참여하기로 했다. 반면 1년 뒤 저축이 시작된다고 했을 땐 77%나 참여하겠다고 답했다.

왜 이런 결과가 나왔을까? 저축 참여율에 차이가 나는 것은 시간 때문이다. 미래보다는 현재에 더 가중치를 두는 인간의 속성이 부른 결과라고 로저스 교수는 분석했다. 사람들은 같은 돈이라도 미래에 사용하는 것보다 지금 사용하는 것이 더 가치 있다고 느낀다. 지금 어떤 일을 하면 나중에 더 큰 이익으로 돌아온다는 사실을 잘 알지만 당장의 편안함이나 효용을 더 중시하기 때문에 그 일을 자꾸 미루게 된다. 현재의 효용은 저축에 대한 이자율을 발생시키는 이유가 된다. 같은 돈이라도 미래에 사용하는 것보다 지금 사용하는 것이 더 가치 있다고 느끼기 때문에 저축금에 이자를 지급해 보상하는 것이다.

이 실험 결과와 우리의 노후준비 행태를 비교해보자. 노후의 안정된 생활을 위해 사람들은 저축해야 한다고 다짐한다. 그러나 퇴직하려면 아직 한참이나 남았다. 그래서 저축해야겠다는 결심은 쉽게 하지만 정작 시작하려면 망설이거나 이런저런 핑계로 저축을 미룬다. 마치 금연이나 다이어트를 미루는 것처럼.

하지만 노후준비는 미루면 미룰수록 문제가 심각해진다. 예를 들어 매달 100만 원씩 10년 저축하면 이자 없이도 1억 2,000만 원을 모을 수 있다. 수익률 3%만 잡아도 1억 4,000만 원이다. 같은 금액을 30년 넘게 같은 수익률로 굴리면 5억 8,000만 원이 된다. 수익률이 5%라면 8억 2,000만 원으로 늘어난다. 일찌감치 꾸준히 저축할수록 수익은 눈덩이처럼 불어난다는 말이다. 이를 '복리효과'라고 한다.

노후의 삶의 질은 금융자산에서 얻는 수익의 크기에 좌우된다. 수익을 키우려면 자산이 많거나 재테크에 뛰어난 재주가 있어야 한다. 재테크에 자신이 없더라도 방법은 있다. 저축 기간을 좀 더 길게 가져가 복리효과를 노리는 것이다. 자산 증식을 위한 시간과의 싸움에선 주식이나 펀드 같은 위험자산 투자에 승부를 거는 것이 유리하다. 위험자산은 원금 손실이라는 뼈아픈 약점이 있지만 시간의 흐름이 그 약점을 덮어준다. 주가가 오르기를 기다릴 시간이 넉넉한 사람은 해볼 만한 게임이다.

노후준비
당장 시작하라

문제는 실천이다. 일찍 저축을 시작하고 싶지만 막상 행동에 옮겨야 하는 순간이 오면 결심은 흐물흐물해진다. 이를 극복하려면 미루지 말고 일단 시작해야 한다. 시작할 수밖에 없는 상황을 만드는 것이 중요하다. 이를테면 자동이체를 이용할 수 있다. 한번 큰맘을 먹고 연금저축계좌를 개설하고 자동이체를 설정하면 끝이다.

정기적으로 매달 일정 금액이 쌓이게 해두고 그 돈은 없는 셈 치고 잊어버리는 것이다. 그러면 자신도 모르게 든든한 노후준비를 하는 결과를 얻을 수 있다. 다니는 직장에서 주는 명절 떡값이라든가 격려금 같은 것도 이 계좌에 넣도록 하자.

내 안에는 '현재의 나'와 '미래의 나'가 공존한다. 시간비일관성 문제가 생기는 것은 현재의 내가 미래의 나를 이기기 때문이다. 즉, 같은 값이면 미래보다 현재에 더 가치를 두는 것이다. 지금 노후를 준비해야 한다는 사실을 알고는 있지만, '현재의 나'에게는 당장 생활을 꾸리는 일이 더 급하게 느껴진다. 그래서 노후 준비가 가져올 장기적인 이익을 충분히 체감하지 못한다. 노후준비를 꼭 해야 한다는 것을 알면서도 미루는 이유이다. 미래의 내가 현재의 나를 이기는 길은 단 하나, 지금 바로 시작하는 것이다.

"… 로테를 너무 자주 만나지는 않겠다고 나는 벌써 몇 번이고 결심했다. 그러나 과연 그것이 지켜질 수 있을는지! 나는 매일 유혹에 못 이겨 나가면서, 내일은 가지 말고 집에 머무르겠다고 스스로 굳게 다짐해보곤 한다. 그러나 막상 날이 새고 그 내일이 오면, 나는 어쩔 수 없는 이유를 찾아 어느새 그녀 옆에 와 있는 것이다."

괴테가 1774년에 쓴 소설 《젊은 베르테르의 슬픔》(민음사, 1999)에 나오는 대목이다. 감수성이 예민한 베르테르는 로테를 만난 순간 깊이 빠지지만, 그녀는 이미 다른 이와 약혼한 상태였다. 그는 그 사실을 알면서도 매일 그녀를 찾아가고, 이루어질 수 없는 사랑 속에서 점점 깊은 고뇌에 빠진다. 베르테르는 공사관 비서가 되어 마을을 떠나지만, 그녀를 잊지 못한 채 삶의 의지를 잃고 끝내 자살로 생을 마감한다.

베르테르는 과거에 연연하다 시간비일관성의 함정에 빠졌다. 미래의 자아가 현재의 자아를 이겨내지 못했다는 말이다. 현재의 자아는 로테를 사랑하는 자신이고, 미래의 자아는 새로운 여자를 만나 결혼하는 것이다. 베르테르가 냉정해져 로테와는 결코 맺어질 인연이 아니라는 현실을 깨닫고 다른 여인을 만나 사랑에 빠졌다면 적어도 극단적 선택은 피할 수 있었을 것이다.

경제의 미래는
아무도 모른다

오늘날 새로운 경제 체제는 형체 없는 데이터의 선율이 빚어내는 보이지 않는 춤사위와 같다. 지식과 정보라는 가벼운 깃털이 거대한 굴뚝 연기를 대신하고, 네트워크의 그물망은 낡은 담장을 허물며 세상을 하나의 유기체로 엮는다. 수확체증의 법칙, 롱테일 법칙, 낙수효과 등은 풍요를 약속하지만 뒤처진 이들에겐 시린 소외의 바람을 몰고 온다. 블랙 스완으로 대변되는 글로벌 금융위기는 우리의 삶을 들었다 놨다 한다. 경제는 어디로 흘러가는 것일까? 인공지능이라는 영리한 항해사가 키를 잡고 미지의 바다를 건너는 동안 우리는 그 찬란한 빛 이면에 드리워진 불확실성의 그림자도 함께 보듬어야 한다.

25

무한정 공급 가능한 지적 재산
수확체증의 법칙

아르키메데스 원리를 아는 까마귀

까마귀와 참새가 사막을 향해 날고 있었다. 밤낮 가리지 않고 무더운 날씨에 먼 길을 날아서 거의 파김치가 됐다. 목이 마른 참새가 까마귀에게 조금만 쉬었다 가자고 말했다.

까마귀가 고개를 끄덕이며 물이 있는 곳을 찾기 위해 낮게 날았다. 한참을 비행하다가 이윽고 우물이 있는 곳을 찾았다. 까마귀와 참새는 너무 기뻐 소리를 지르며 땅으로 내려왔다. 그러나 우물은 바짝 말라 텅 비어 있었다. 둘은 한참 허공을 돌다가 우물가에 가지런히 놓인 물병을 발견했다. 하지만 기쁨도 잠시. 참새는 이내 포기하고 다른 곳으로 가보자며 까마귀를 졸랐다. 왜냐하면 호리병 모양의 물병은 입구가 좁아 참새든 까마귀든 부리를 넣을 수 없었기 때문이다.

이를 안 참새는 목이 말랐지만 물 마시기를 포기했다. 까마귀는 한참 고민했다. 이리저리 물병 주변을 돌던 까마귀는 무릎을 '탁' 쳤다. 그러고는 풀숲에서 작은 돌들을 찾아내고는 이를 물어다가 호리병에 넣었다. 그러기를 몇 차례. 물병에 작은 돌들을 넣을 때마다 물은 점점 까마귀 부리에 가까워졌다. 끝까지 포기하지 않고 지혜를 낸 까마귀는 마침내 기분 좋게 꿀처럼 맛있는 물을 마실 수 있었다.

전략적으로 사고하는
까마귀

까마귀가 호리병 속 물을 먹기 위해 짜낸 지혜는 '아르키메데스 원리'이다. 아르키메데스 원리는 물속에 물체를 넣으면 그 부피만큼 물이 흘러넘치고, 흘러넘친 물의 무게만큼 물체가 가벼워지는 것을 말한다. 인간보다 훨씬 지능이 낮은 새가 초등학교 과학 교과서에 나오는 아르키메데스 원리를 활용한다는 게 놀라울 따름이다.

영국 케임브리지대학 연구진은 지난 2009년 이 우화의 까마귀와 똑같은 실험을 했다. 15cm 높이의 물병에 절반 이하로 물을 담고 먹이를 띄워놓았다. 부리가 먹이에 닿지 않아 물병 주위를 맴돌기만 하던 까마귀는 연구진이 조약돌들을 넣어주자 하나씩 집어넣어 수위를 올린 후 냉큼 먹이를 입에 물었다. 연구진은 까마귀가 정말 전략적으로 사고하는지 알아보기 위해 이번에는 크기가 다른 조약돌을 섞었다. 그랬더니 까마귀는 조약돌 가운데 비교적 큰 돌만을 골라 물속에 넣은 후 먹이를 입에 넣었다. 마지막으로 물통과 톱밥이 담긴 통에 각각 먹이를 넣어두었더니 까마귀는 톱밥통 대신 물통에 돌을 집어넣었다. 이 연구 결과는 까마귀가 도구를 사용할 만큼 높은 지능을 가진 동물임을 보여준다. 실제로 까마귀는 7세 어린이와 비슷한 지능이 있는 것으로 알려져 있다. 자기에게 호의를 베푼 사람과 해코지를 한 사람을 가릴 줄 알고, 동료가 죽으면 장례식도 치른다고 한다.

무한정 공급할 수 있는 지적 자본

까마귀는 지적 자본이 풍부한 동물이다. 지적 자본은 지식과 기술을 말하는데, 생산성을 높일 수 있는 생산요소의 하나로 지금의 4

차 산업혁명을 이끌고 있는 하이테크 산업의 핵심 가치이다. 하이테크 산업에는 컴퓨터, AI, 우주항공, 통신장비, 생명공학 등이 속한다.

생산성은 제한된 자원을 효율적으로 활용해 더 많은 결과를 얻어내는 것을 말한다. 그런데 생산에 필요한 자원 가운데 토지와 노동은 공급에 한계가 있다. 때와 장소에 구애받지 않고 원하면 언제든지 구할 수 있는 게 아니다. 그러나 지적 자본은 다르다. 한번 썼다고 사라지지 않고 무한정 공급할 수 있다. 그러다 보니 지적 자본을 활용한 산업은 생산량이 어느 시점에 폭발적으로 늘어난다. 이른바 '수확체증의 법칙'이다.

수확체증의 법칙은 토지·노동을 중시하는 농업과 전통 제조업에 적용되는 '수확체감의 법칙'과 반대되는 개념이다. 수확체감의 법칙은 자원을 추가적으로 투입할 때 이로 인한 생산 증가분이 갈수록 줄어드는 현상을 가리킨다. 예를 들어 한 사람이 어떤 땅에서 농사를 짓는다고 하자. 여기에 다른 사람이 더 들어와 같이 농사를 지으면 수확은 증가한다. 그런데 세 사람, 네 사람, 열 사람이 같은 땅에서 농사를 짓는다고 하더라도 수확량이 늘어나는 데는 한계가 있을 수밖에 없다. 이것은 농사 짓는 땅이 한정돼 있기 때문이다. 물론 땅을 넓히면 수확을 계속해서 늘릴 수 있겠지만 새로 땅을 사야 하는 문제가 생긴다.

이에 반해 스마트폰의 애플리케이션(앱)은 한번 만들어놓으면 얼마든지 생산을 늘릴 수 있다. 그래서 앱은 팔면 팔수록 이익이 기하급수적으로 늘어난다. 수확체증이 마술을 부리는 것이다. 이는 수학적으로도 입증할 수 있다. 기술이 3개 있으면 3개의 기술로 만들어지는 조합의 수는 6(3×2×1)개이지만 이 기술이 5개로 늘어나면 조합은 120(5×4×3×2×1)개나 된다.

요즘 잘나가는 하이테크 회사들은 하나같이 지적 자본을 무기로 수확체증의 법칙을 활용한다. 반면 농업이나 중공업, 서비스 같은 수확체감이 적용되는 산업은 성장이 정체되면서 내리막길로 접어들었다. 정부에서 전통 산업보다는 하이테크 산업을 집중적으로 육성하는 이유는 경제 성장에 도움이 되기 때문이다.

수확체증의 법칙으로 성공한 마이크로소프트

수확체증의 법칙으로 성공한 대표적인 회사가 미국의 마이크로소프트(MS)이다. MS는 컴퓨터 운영체제인 '윈도우'라는 프로그램 개발에 수천만 달러 이상의 어마어마한 비용을 투입했다. 이후 윈도우 프로그램을 한 개씩 추가로 판매하는 데는 비용이 거의 들지 않았다. 그래서 소비자가 늘어날수록 MS의 이익은 엄청나게 증가했다. 윈도우가 성공한 이유는 시장을 선점한 것이 주효했다. 비숫한 시기 윈도우보다 안전성이 훨씬 우수한 프로그램 'OS2'가 나왔지만, 압도적으로 많은 사람이 사용한 윈도우가 결국 최종 승자가 됐다.

하이테크 산업의 특징은 크게 세 가지가 있다. 첫째, 제품 디자인부터 공장 출고에 이르기까지 기술 의존도가 높고 초기 연구개발 비용은 매우 크지만, 추가 생산에 드는 비용은 매우 적다. 이건 MS의 예에서도 확인할 수 있다. 둘째, 제품 사용자가 적을 때는 사용가치가 별로 없지만 사용자가 늘어나면서 사용가치도 급상승한다. 이걸 '네트워크 효과(Network Effect)'라고 한다. 예를 들면 팩스를 혼자만 쓸 때엔 그저 그런 기계에 불과하지만 여러 사무실에서 함께 쓰면 없어선 안 될 보물이 된다. 스마트폰 사용자끼리 메시지를 주고받는 카카오톡이 크게 히트를 친 배경이기도 하다. 셋째, 하이테크 제품은 그 사용법을 익히기가 매우 어려워 소비자는 한 번 선택하면 좀체 다른 제품으로 바꾸려 들지 않는다. 한마디로 전환비용이 높아 고착 효과가 발생한다. 온라인 카페에서 많은 친구를 사귀었다면 다른 카페로 옮길 때 기존 친구들을 포기해야 하는 부담이 생긴다. 이런 전환비용 때문에 결국 그곳에 계속 머무르게 되는 현상과 같은 이치이다.

네트워크 효과가 큰
플랫폼 비즈니스

바로 이 전환비용과 고착 효과 때문에 플랫폼 비즈니스에선 '벤치마킹'을 무용지물로 만든다. 벤치마킹이란 남의 장점을 본따 자기 것으로 만드는, 중요한 경영 전략 중 하나이다. 플랫폼 비즈니스는 네트워크 효과가 큰 구글, 우버, 에어비앤비, 페이스북, 카카오톡, 배달의 민족 같은 인터넷 기업을 말한다. 페이스북을 모델로 해서 새로운 SNS 서비스를 만들었다고 할 때 성공할 수 있을까? 엄청난 초기 개발 비용과 소비자의 고착 효과 등으로 이미 생태계를 구축한 플랫폼 비즈니스는 벤치마킹이 구조적으로 어렵다.

결국 수확체증의 법칙은 '1등만 살아남는 세상'을 만들지도 모른다. 독과점을 초래한다는 이야기인데, 이걸 다른 말로 '승자독식'이라고 한다. 전통 제조업에서도 독과점의 폐해가 커 갖가지 규제가 있었다. 독과점 기업은 제품 가격을 쥐락펴락하면서 소비자들에게 피해를 끼친다. 또 힘없는 중소기업이나 자영업자 시장을 파고들면서 사회 문제를 일으킨다. 최근 들어 각국 정부가 하이테크 기업에 대해 반독점 규제에 나서는 것도 이 같은 이유에서이다.

AI가 바꿀 경제의 미래

AI는 단순한 기술혁신을 넘어 경제의 작동 원리를 다시 쓰고 있다. 과거의 기술이 인간의 근력을 대체했다면, AI는 인간의 판단 능력과 분석 능력을 보완하거나 대체한다. 데이터가 원유라면 AI는 그것을 정제해 가치로 바꾸는 정유공장과 같다. 이 변화는 생산, 고용, 기업 구조, 심지어 자본의 의미까지 재정의한다.

첫째, 생산성의 비약적 상승이다. AI는 방대한 데이터를 실시간으로 분석해 수요를 예측하고 재고를 조정하며 최적의 가격을 제시한다. 공장과 물류, 금융과 의료까지 의사결정의 속도와 정확도가 높아진다. 이는 기업의 비용을 낮추고 효율을 극대화한다. 생산성이 오르면 경제 전체의 파이가 커질 가능성이 크다.

둘째, 노동시장의 재편이다. 반복적이고 정형화된 업무는 자동화될 가능성이 크다. 회계처리, 번역, 상담, 단순 코딩 등은 이미 AI가 상당 부분 수행하고 있다. 그러나 동시에 새로운 직업이 생겨난다. 데이터 분석가, AI 윤리전문가, 알고리즘 설계자처럼 기술을 관리하고 감독하는 역할이 중요해진다. 문제는 전환의 속도다. 기술 발전이 노동자의 재교육 속도를 앞지른다면 일시적 실업과 소득 격차 확대가 불가피하다.

셋째, 기업 구조의 변화다. AI는 규모의 경제를 더욱 강화할 수 있다. 데이터를 많이 확보한 기업일수록 알고리즘 성능이 개선되고, 이는 더 많은 사용자를 끌어들이는 선순환을 만든다. 그 결과 소수의 플랫폼 기업이 시장을 지배하는 '승자독식' 현상이 심화할 수 있다. 반면 클라우드, 오픈소스의 확산은 소규모 기업에도 강력한 도구를 제공해 진입장벽 효과를 낮추기도 한다.

넷째, 자본의 성격 변화다. 과거에는 공장과 설비 같은 유형자산이 핵심이었다면, 이제는 데이터와 알고리즘, 네트워크가 가장 중요한 자산이 된다. 무형자산의 비중이 커질수록 기술력과 인재 확보를 둘러싼 국가 간 경쟁 역시 치열해질 전망이다.

결국 AI가 바꾸는 경제의 미래는 양면성을 지닌다. 높은 생산성과 편리함, 새로운 산업의 탄생이라는 기회와 함께 불평등과 독점, 윤리적 문제라는 도전이 공존한다. 기술은 방향을 제시하지 않는다. 어떤 제도와 교육, 분배구조를 설계하느냐에 따라 AI는 번영의 도구가 될 수도 있고, 갈등의 씨앗이 될 수도 있다. 경제의 미래는 알고리즘 그 자체보다 그것을 둘러싼 인간의 선택에 달려 있다.

26

꼬리가 몸통을 흔든다
롱테일 법칙

수탉이 두려운 사자

사자가 제우스 신에게 투덜댔다.

"저는 이렇게 덩치가 크고 멋지고 힘도 세고 강력한 발톱과 이빨과 발로 온 숲의 동물들 위에 군림하는데, 대체 왜 불명예스럽게도 수탉 울음소리만 들으면 기겁하는 것입니까? 제가 왜 겁쟁이가 되어야 하느냐고요."

제우스 신이 대답했다.

"왜 내게 하소연을 하는 것이냐? 널 만들 때 내가 가진 모든 재능을 네게 주어서 딱 한 가지 빼고는 어떤 것도 네 용기를 굴복시킬 수 없지 않더냐."

그래도 사자는 계속 한탄했다.

"이런 겁쟁이로 사느니 죽는 게 나아."

사자가 이런 생각을 하고 있을 때 마침 코끼리를 만났다. 사자는 코끼리가 자꾸 귀를 흔드는 모습을 보고 이유를 물었다. 그때 모기 한 마리가 코끼리 머리 위에 앉아 있었는데, 코끼리가 이렇게 말했다.

"윙윙거리는 이 작은 곤충 보이지? 이게 내 귀에 들어가면 난 죽게 되거든."

그 말을 들은 사자가 혼잣말을 했다.

"이렇게 거대한 코끼리가 그깟 작은 모기 한 마리를 두려워하다니. 그에 비하면 난 괜찮은 거네. 죽을 필요 없겠어. 이젠 자신감을 되찾았으니까. 내가 코끼리보다 훨씬 낫잖아."

20% 엘리트가
조직 성과를 이끈다?

동물의 세계는 약육강식이다. 소수의 강자는 다수의 약자를 먹이로 삼는다. 그러나 이 우화가 말해주듯 아무리 강자라 해도 예외적으로 약해지는 상대가 있기 마련이다. 동물의 왕 사자에겐 수탉이, 코끼리에겐 모기가 각각 두려운 존재이다. 힘도 없고 볼품도 없는 미물도 기죽어 살라는 법은 없는가 보다. 만약 이들이 반란이라도 일으키는 날에는 동물의 왕도 견뎌낼 재간이 없을 것이다.

'80 대 20' 법칙이라는 것이 있다. 자연에서 찾은 신기한 마법인데, 개미는 20%만 열심히 일하고 80%는 빈둥거린다고 한다. 완두콩도 20%만 알이 꽉 들어찼고 나머지는 크기가 작거나 쭉정이이다. '80 대 20' 법칙은 인간의 사회 현상에서도 얼마든지 찾을 수 있다. '즐겨 입는 옷의 80%는 옷장에 걸린 옷의 20%에 불과하다', '20%의 운전자가 전체 교통위반의 80%를 차지한다', '성과의 80%는 근무시간 중 집중력을 발휘한 20%의 시간에 이뤄진다', '운동선수 20%가 전체 상금 80%를 싹쓸이한다' 등등.

하지만 '80'의 사소한 다수가 중요한 역할을 하는 경우도 있다. 국가의 일자리 창출은 자본을 독점하는 일부 대기업이 아니라 중소기업에서 90%가 이루어진다. 국회의원 선거나 대통령 선거에서 이기려면 20%의 엘리트가 아닌 80%의 대중을 잡아야 한다.

왜 80 대 20의 불균형이 발생하는지 그 구체적인 이유는 아직 밝혀지지 않았다. 한정된 자원과 환경 속에서 생존 경쟁이 벌어지는 데 따른 결과라고만 알려져 있다. 또 80 대 20은 고정된 것이 아니라 상황에 따라 그 비율이 변할 수도 있다. 다만 이 법칙을 잘만 활용하면 개인이든 조직이든 성과를 크게 올릴 수 있다. 가령,

시험볼 때 중요한 몇 과목에만 집중하는 게 전체 점수를 끌어올리는 방법이다. 직장에서도 해야 할 업무의 목록을 나열하고, 이 중에서 효과가 가장 큰 것부터 우선순위를 정해놓고 처리하는 것이 바람직하다.

80 대 20 법칙을 경제법칙으로 최초로 체계화한 인물이 이탈리아 경제학자 빌프레도 파레토(Vilfredo Pareto, 1848~1923)이다. 그래서 이 법칙을 '파레토 법칙'이라고도 한다. 전체 결과의 80%는 일부 원인인 20% 때문에 발생한다는 게 핵심 내용이다. 이를 토대로 파레토는 이탈리아 인구의 20%가 전체 부(富)의 80%를 소유하고 있다는 것을 통계학적 방법으로 입증했다. 파레토 법칙은 이론으로만 머물지 않고 수많은 경영 현장과 마케팅 기법의 뿌리가 됐다. 대표적인 사례로 백화점의 전체 매출 80%가 구매력이 큰 20% 부자 고객 덕분이라는 가정 아래 이들에게 회사의 인력과 돈을 최대한 쏟아붓는 'VIP 마케팅' 전략이 있다.

파레토 법칙에 도전장을 내민
롱테일 법칙

이 파레토 법칙이 요즘 도전받고 있다. 마치 위 우화에서 모기한테 괴롭힘을 당하는 코끼리처럼 말이다. 바로 '롱테일의 법칙(Long

Tail Theory)'이다. 파레토 법칙과 달리, 사소한 80%가 이룬 성과가 중요한 20%를 압도한다는 내용이다. 긴 꼬리를 의미하는 롱테일이란 이름이 붙은 이유는 공룡처럼 얇지만 길게 이어진 꼬리(사소한 다수)가, 두툼하지만 길이는 짧은 몸통(중요한 소수)보다 더 큰 역할을 할 수 있기 때문이다. 그래서 이 현상에는 '꼬리가 몸통을 흔든다'는 표현이 잘 어울린다.

롱테일 법칙은 1990년대 후반부터 2000년대 초반 사이 인터넷의 발달로 온라인 전자상거래가 막 시작되었을 무렵에 나왔다. 온라인 쇼핑몰의 등장은 기업이 상품을 팔고 소비자가 물건을 사는 행태를 크게 바꿔놓았다. 상품을 진열하고 보관하는 오프라인 매장 없이도 얼마든지 장사를 할 수 있게 됐고, 판매할 수 있는 상품의 종류가 무한대로 늘어났던 것이다. 소비자들도 검색을 통해 자신이 원하는 상품 정보를 찾을 뿐 아니라 다른 사람들과 소통을 하면서 다양한 제품 정보를 공유함으로써 선택의 폭이 크게 확대됐다. 이런 조건들이 결합해 종전에는 소비자의 눈에 띌 기회조차 갖지 못하고 외면당하던 비주류 제품이 주류 제품을 압도하면서 새로운 비즈니스 모델로 떠오르게 됐다.

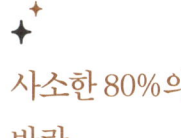

사소한 80%의 반란

롱테일 법칙의 대표적 사례로 미국 전자상거래 업체 아마존 (Amazon)을 꼽을 수 있다. 아마존은 사업 초기 온라인 서점에 불과했는데, 매출의 대부분이 오프라인 서점에서 찬밥 신세였던 비인기 도서들로부터 나왔다. 진열 공간이 부족했던 오프라인 서점에선 1년에 몇 권 안 팔리는 비인기 도서들은 설 땅이 없다. 이에 비해 재고부담이 적은 아마존에선 비인기 책도 얼마든지 판매할 수 있다. 소비자도 검색으로 손품만 팔면 자신의 취향에 맞는 책을 쉽게 구할 수 있게 됐다. 그 결과 아마존에선 오프라인 매장을 먹여 살렸던 베스트셀러의 매출은 뚝 떨어지고 비인기 도서나 희귀 본들이 새로운 수익원으로 부상했다. 온라인 서점을 발판으로 아마존은 이후 장난감, 옷, 전자제품 등으로 판매라인을 확장해나갔고, 지금은 없는 거 빼고 다 파는 글로벌 유통 거인으로 성장했다.

넷플릭스도 롱테일 전략으로 승승장구한 기업이다. 처음에는 DVD 대여 업체로 시작했지만, 고객 맞춤형 기술을 통한 추천 시스템으로 지금은 엄청난 대기업이 되었다. 넷플릭스는 영화 콘텐츠의 80%가 추천 시스템에 기반한 것이고, 주류 인기 콘텐츠가 차지하는 비율이 매우 낮다. 이 추천 시스템은 롱테일 법칙이 적용된 빅데이터로 작동된다. 빅데이터로 개인의 생활방식, 취향 등을 추적해 개별화한 콘텐츠를 제공하여 '사소한 80'을 공략하고 있다. 넷플릭스에선 미국 할리우드의 블록버스터 등 주류 인기 콘텐츠가 차지하는 비율이 전체 20% 이하에 불과하다고 한다. 유튜브도 넷플릭스와 같이 추천 시스템이 효자 노릇을 했다. 시청자가 보고 싶은 콘텐츠를 검색하면 성향이나 관심사를 파악한 다음 빅데이터 기반으로 콘텐츠를 추천해준다.

롱테일 법칙, 그다음은 …

롱테일 법칙을 세상에 알린 인물은 미국의 IT잡지 〈와이어드〉 편집장인 크리스 앤더슨(Chris Anderson, 1961~)이다. 그는 2004년 10월 〈와이어드〉에 특정 기업에서 판매하는 상품을 많이 팔리는 순서대로 왼쪽에서 오른쪽으로 쭉 나열하고 각각의 판매량을 세로에 표시해 이를 선으로 이어보았다. 그 결과, 판매량이 많은 인기 상품을 연결한 선은 급경사를 이루면서 짧게 끝나버린 반면 판매량이 많지 않은 평범한 상품들을 연결한 선은 공룡의 꼬리처럼 낮지만 끝없이 길게 이어졌다. 이 꼬리 부분에 해당하는 평범한 상품을 팔아서 번 돈의 합이 인기 상품의 판매 금액보다 많았다.

이런 사실이 알려지면서 롱테일 법칙이 유명해졌고 파레토 법칙과 함께 대표적인 경제 법칙으로 자리 잡았다.

그러나 롱테일 법칙은 체계적인 연구로 밝혀진 일반화된 이론이 아니라 일부 사례에서 관찰된 현상을 토대로 만들어진 것에 불과하다. 또 파레토 법칙을 대체할 수도 없다. 기업들도 현실적으로 시장이나 제품의 특성에 따라 파레토 법칙 상품과 롱테일 법칙 상품으로 구분해 대응하고 있다. 예컨대 소품종 대량생산 품목은 파레토 법칙을, 다품종 소량생산 품목은 롱테일 법칙을 적용해 마케팅한다.

정보통신 분야의 혁신으로 상징되는 4차 산업혁명은 어디로 흘러갈지 아무도 모른다. 인간보다 뛰어난 로봇이 등장할 정도니 말이다. 롱테일 법칙도 언젠가는 통하지 않고 다른 법칙에 자리를 내줄지도 모른다. 세상은 우리가 알고 있는 것보다 훨씬 더 빠른 속도로 변해가고 있다.

파레토 법칙의 진화

이탈리아의 경제학자 빌프레도 파레토는 어느 날 우연히 개미를 관찰하다가 모든 개미가 열심히 일하는 것은 아니라는 사실을 발견했다. 제대로 일하지 않는 개미가 하나둘씩 눈에 띄더니, 더욱 자세히 살펴보니 일하지 않는 개미의 숫자가 훨씬 더 많다는 사실을 알게 되었으며, 그 비율이 약 20 대 80 정도였다는 것을 처음 밝혀냈다. 그 후 파레토는 열심히 일하는 개미(20%)와 일하지 않는 개미(80%)를 따로 모아 실험했는데, 그 속에서도 각각의 비율이 20 대 80으로 나타났다. 벌을 대상으로 실험한 결과도 마찬가지로 20 대 80의 비율이었다.

이러한 법칙이 인간에게도 적용되는지 의구심이 생긴 파레토는 이번에는 농촌 마을을 가보았다. 풍년이 난 마을에선 정말 제대로 곡식을 거둬들인 집이 약 20% 정도였으며, 적당량의 곡식을 확보한 집은 80%였다. 상대적으로 흉년이 난 마을의 경우는 80%가 엄청 손해를 본 반면, 20%는 약간 부족하다 싶을 정도로 곡식을 수확했다. 그 후, 파레토는 이 20 대 80이라는 비율이 비단 자연뿐이 아니라 인간사에도 공공연하게 일어나고 있다는 사실을 알아냈다. 파레토는 이탈리아 인구의 20%가 국부의 80%를 소유하고 있다며 소득 분포의 불평등에 관한 이론으로 발전시켰다.

루마니아 태생으로 미국 경영컨설턴트인 조셉 주란은 1937년 품질 문제를 해결하는 데 파레토 법칙을 적용하면서 '중요한 소수'와 '사소한 다수'라고 명명했다. 나중에 나머지 80%의 원인을 완전히 무시해서는 안 된다는 의미에서 '중요한 소수'와 '유용한 다수'로 정정하기도 했다.

27

부는 위에서 아래로 흐른다

낙수효과

동물의 왕이 될 뻔한 여우

모든 신의 왕 제우스는 동물들을 위해 왕을 뽑아주기로 했다. 그래서 땅을 내려다보면서 동물들의 행동을 유심히 살폈다. 사자는 몹시 용감했으며 곰은 힘이 셌다. 백조는 우아했으며 공작은 아름다운 깃털을 가지고 있었다. 그러다가 여우를 발견했다. 제우스는 여우가 총명하다는 사실을 알고, 여우에게 왕의 자리를 주기로 결정했다. 제우스 신은 여우를 불러 말했다.

"여우야 너를 동물의 왕으로 삼겠다. 탐욕을 부리지 않고 다른 동물들을 위해 숲속 나라를 잘 다스릴 수 있겠느냐?"

"예, 제가 왕이 된다면 숲속 나라의 모든 동물이 행복해질 것입니다."

여우는 자신 있게 말했다. 제우스의 결정에 따라 여우는 숲속 나라의 왕이 되었다. 그런데 그에게는 걱정이 하나 있었다. 신분 변화에 따라 과연 여우가 그 타고난 탐욕을 버렸는지 어떤지 알 수 없었던 것이다. 그래서 여우를 시험해보기로 했다. 여우가 가마를 타고 거리를 지나고 있을 때이다. 제우스는 그 가마 행렬 앞에 풍뎅이 한 마리를 풀어놓았다. 풍뎅이는 여우가 평소에 즐겨 먹는 간식이었다. 풍뎅이가 눈앞에 날아다니는 것을 본 여우는 입안에 군침이 돌아 참을 수가 없었다. 여우는 그만 참지 못하고 가마 밖으로 뛰쳐나왔다. 풍뎅이를 잡아먹기 위해 왕의 체통을 지키지 않고 이리저리 뛰어다니는 여우의 모습을 본 제우스는 화가 났다.

"동물의 왕이란 놈이 풍뎅이 하나 때문에 그렇게 뛰어다니고 있단 말이냐? 너는 동물의 왕이 될 자격이 없다."

이렇게 말한 후 여우를 다시 평범한 짐승으로 만들어버렸다.

흘러내린 물이
바닥을 적시는 효과

제우스 신은 여우를 통해 동물들을 다스리려고 했다. 사자나 곰처럼 힘만 있으면 약육강식이 벌어지고, 겉모습만 그럴듯한 백조와 공작은 리더십이 부족할 수 있다. 그래서 이들을 제압해 동물의 왕국에 평화가 깃들게 하려면 여우의 꾀가 필요하다고 판단했다. 일종의 '낙수효과'를 기대했던 것이다. 그러나 낙수효과도 당사자가 탐욕스러우면 실패할 가능성이 크다. 남보단 자신의 욕심만 채우려는 독재자가 되기 때문이다.

'낙수효과'란 영어 'Trickle Down Effect'에서 비롯된 말인데, 직역하면 '흘러내린 물이 바닥을 적시는 효과'라는 뜻이다. 이는 경제학에서 부자나 대기업의 부가 증가하면 점차 하위계층이나 소규모 기업에 이익으로 돌아가는 것을 묘사한다. 다시 말해 부자가 더 많은 돈을 벌어 투자할 경우 이것이 일자리 창출이나 소비 증가로 이어져 나라 경제가 발전한다는 것이다.

낙수효과라는 말은 미국의 월 로저스(Will Rogers)라는 유머 작가가 미국의 제31대 허버트 후버 대통령의 대공황 극복을 위한 경제정책을 비꼬면서 세상에 알려졌다. 로저스는 "상류층 손에 넘어간 모든 돈이 부디 빈민들에게 낙수되기(Trickle down)를 고대한다"라고 풍자했다. 그로부터 수십 년이 흐른 뒤 이 말은 미국 경제의 기본 정책이 됐다. 미국 제40대 대통령 로널드 레이건에 의해서였다. 1980년대 등장한 레이건 행정부는 두 차례 오일쇼크로 스태그플레이션(경제 활동이 침체하는 속에서 물가 상승이 동시에 발생하는 상태)을 겪고 있던 미국 경제 회복을 위해 '레이거노믹스'라는 처방책을 내놓았다. 레이거노믹스의 핵심은 부유층의 소득을 증가시켜 저소득층으로 흘러 내려가게 하는 것이고, 그 실천 방안으로 부유층 감세, 즉 세금을 깎아주는 것을 제안했다. 감세정책의 이론적 근거는 '래퍼곡선(Laffer Curve)'이었다.

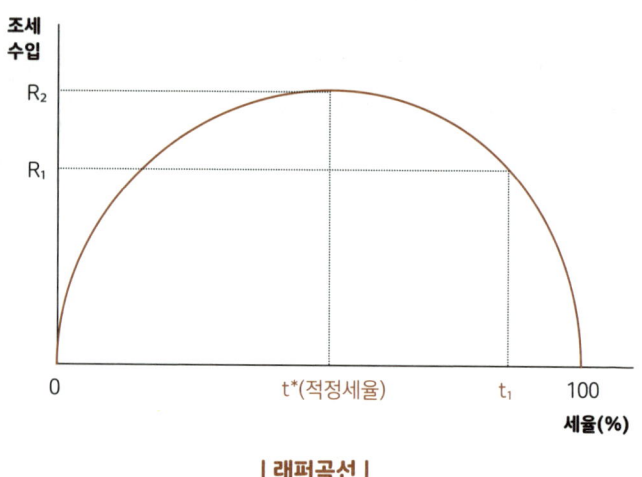

| 래퍼곡선 |

세율이 오르면 일반적으로 세수도 늘어나지만, 적정세율을 넘어서면 오히려 세수가 줄어든다는 것이 래퍼곡선의 요지이다. 과도한 세금은 경제 활동을 위축시켜 오히려 세원을 줄일 수 있기 때문이다.

정말 대기업과 부유층의 부를 먼저 늘려주면 중소기업과 소비자에게도 혜택이 돌아갈까?

한 기업이 신제품을 출시했다고 가정해보자. 이 회사는 제품을 생산하고 판매를 위해 더 높은 노동력이 필요해진다. 새로운 직원을 채용하고 이들에게 임금을 지급한다. 벌어들인 돈으로 직원들은 생활비를 충당하고 자신이 필요로 하는 상품이나 서비스를 구매하게 된다. 이같이 기업의 성장과 투자가 일자리 창출과 소비 증가를 끌어내 경제 전반에 긍정적인 결과를 낳는 것이 낙수효과의 선순환 구조이다.

증시에서도 낙수효과가 자주 나타난다. 앞서 예를 든 기업의 주가가 강세를 보이면 이와 관련이 있는 장비·소비·부품 주식이 그 뒤를 잇는다. 기업이 투자를 확대하면 생산시설 확충에 필요한 장비나 소재를 공급하는 회사의 매출과 순이익이 단기적으로 늘어나 주가가 올라가게 된다.

낙수효과는 나라의 정책 결정에도 중요한 역할을 한다. 경제정책을 만드는 정부 입장에서는 이 개념을 고려해 사회 전체에 폭넓게 골고루 혜택이 돌아갈 수 있도록 설계한다. 예를 들어보면, 정부가 대기업에 세금을 깎아주는 등 세제 혜택을 제공하는 경우가 있다. 이런 세제 혜택을 받은 대기업이 투자를 하거나 새로운 사업을 개발하면 이로 인해 새로운 일자리가 생기고 공급망에 속한 중소기업에도 긍정적인 영향을 미칠 수 있다. 이런 모습이 바로 낙수효과의 전형적인 사례이다.

찾아보기 힘든
낙수효과

마침내 레이건 행정부는 소득세와 법인세를 대폭 인하했다. 결과는 성공적이라는 평가가 나왔다. 부유층은 소득세가 줄어든 데 따른 실질 소득 증가로 소비를 늘렸고 기업들은 투자를 확대하기 시작했다. 먹구름이 잔뜩 끼어 있던 미국 경제에 회생 조짐이 보이기 시작했다.

우리나라도 1960~1970년대 고도 성장기 때 낙수효과를 기대하고 대기업을 집중 지원하는 경제정책을 펼쳤다. 대기업 주도의 성장은 우리나라가 개발도상국에서 벗어나 중진국 대열에 합류하는 데 일등공신이 됐다. 정부는 온갖 정책적 혜택을 몰아주며 수출전선에서 싸우는 대기업을 응원했고 대기업의 몸집은 '연못 속 고래'처럼 커졌다. 지금은 세계적인 기업으로 성장한 삼성, 현대자동차, SK 등이 이때 탄생했다. 대기업의 성장이 중소기업이나 소상공인에게 낙수효과를 일으켰느냐는 논란의 여지가 있지만 어쨌든 국가의 경제발전을 이끌었던 건 사실이다.

낙수효과는 분배보다 성장을 우선시하는 경제정책이 추구하는 목표이다. 성장을 통해 부의 절대적인 크기를 늘리면, 자연스럽게 누구나 더 풍요로워질 수 있다고 기대한다. 부유층의 소득 증대가 유발하는 소비와 투자가 경제 성장으로 이어져 결과적으로 저소득층도 그 과실을 맛보게 된다는 이야기이다.

물론 이런 논리에는 전제가 따른다. 성장의 과실이 아래로 골고루 스며들게 방해요인이 없어야 한다. 위 우화에서 동물 왕국을 잘 다스리라고 여우를 왕으로 발탁했지만, 사리사욕에 눈이 멀면 낙수효과는 물 건너가 버린다. 정부가 부유층의 투자와 소비를 늘리기 위해 지원했더라도 그 돈이 저축이나 투기에 머물러 다른 계층으로 흘러가지 않으면 효과가 없다.

사실 역사적으로 보면 낙수효과의 성공 사례는 거의 찾아보기 어렵다. 한때 성공 사례로 꼽혔던 레이거노믹스조차도 결국에는 양극화를 초래했다는 비판을 받았다. 부자만 살찌우고 중산층과 하위계층은 성장의 과실을 누리지 못하는 '빈익빈 부익부'를 가져왔다는 것이다. 영국의 경제 전문지 〈이코노미스트〉는 2012년 기준으로 미국 상위 0.1%가 보유한 부가 하위 90%의 부와 맞먹는다고 보도했다. 국제통화기금은 지난 2015년 낙수효과 이론은 완전히 틀렸다며 폐기했다. 전 세계 150여 개국의 사례를 분석한 결과 상위 20%의 소득이 1%포인트 늘면 이후 5년의 경제성장률은 0.08% 하락하고, 하위 20%의 소득이 1%포인트 상승하면, 경제성장률은 0.38% 증가했다는 결론을 얻었기 때문이다.

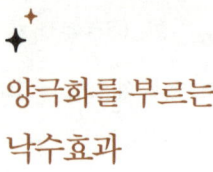

양극화를 부르는
낙수효과

이처럼 낙수효과는 이론적으로는 그럴듯하지만, 현실에선 잘 작동하지 않는다. 미국이나 우리나라는 생산·수출 등 거시적인 지표는 분명 개선됐지만, 성장의 과실은 주로 대기업이나 고소득층에만 집중됐다. 반면 중소기업과 저소득층은 소득이 감소하고 고용률도 낮아졌으며 가계부채 증가와 소비심리 악화 같은 부작용도 나타났다. 우리나라의 경우 대기업의 세금을 줄여주고 각종 규제를 철폐해줬더니 이런 혜택을 바탕으로 대기업들은 큰 이익을 남겼지만 이렇게 벌어들인 돈을 투자나 고용으로 이어가기보다는 사내유보금 형태로 축적하는 경향을 보였다. 기업 입장에서는 경기가 급변하고 미래에 대한 확신이 없는 상황에서 무리하게 투자하고 싶지 않았을 것이다. 또한 투자를 줄이고 자신의 부를 저축하거나 해외로 이전하기도 했으며, 일부는 주주와 종업원들에게

만 배분되기도 했다.

결국 대기업에서 투자가 막히자 중소기업으로 이어져야 할 낙수효과가 제대로 나타나지 않았다. 그 결과 부는 여전히 대기업에만 머물고 아래로 퍼지지 못하는 상황이 이어졌다. 또 감세로 인해 정부의 재정 여력이 줄어 사회적 안전망이 약해지고 교육·보건·환경 등에 대한 투자가 감소하는 문제도 생겼다. 따지고 보면 1997년 우리나라를 국가 부도 위기로 몰고 간 IMF(국제통화기금) 사태도 정부의 전폭적인 지원을 받았던 일부 대기업의 경영 부실과 과도한 부채가 원인이 됐다.

낙수효과를 통한 경제정책이 효과적으로 작동하려면 돈이 제대로 유통되고 소비로 이어지며, 전반적인 경제 활동이 활발해지는 환경이 마련되어야 한다. 단순히 대기업에 더 많은 혜택을 주는 데 그친다면 국민의 세금을 낭비하는 결과가 될 수 있다. 낙수효과는 지원받은 기업이 어떻게 행동하느냐에 따라 결과가 달라진다. 그 기업이 자기 앞가림만 해 돈이 아래로 흐르지 않고 고여 있다면 낙수효과는 허구가 된다.

낙수효과는 단지 경제적 통찰만이 아니라 우리 사회의 형평성과 분배 문제에 대한 고민으로도 이어진다. 사회 각 계층 간의 경제적 격차가 커지는 것은 안정적인 사회 구조를 위협할 수 있기 때문이다. 그래서 경제정책은 성장과 효율성 추구, 형평성 유지 사이에서 균형을 찾는 것이 중요하다.

낙수효과의 반대, 분수효과

낙수효과의 반대 개념인 분수효과는 저소득층의 소득이 늘어나면서 그 소비가 확대되고, 그로 인해 경제 성장이 이루어진다는 의미이다. 즉, 부유층에 대한 세금은 늘리고 저소득층에 대한 복지정책 지원을 증대시켜야 한다는 주장이다. 저소득층에 대한 직접 지원을 늘리면 소비 증가를 가져올 것이고, 소비가 증가하면 생산 투자로 이어지므로 이를 통해 경기를 부양시킬 수 있다는 것이다. 경제 성장의 원동력이 분수처럼 아래에서 위로 뿜어져 나오는 것 같다고 하여 분수효과라고 부른다. 분수효과를 노린 정책으로는 최저임금제나 기본소득제, 지역상품권 지급 등을 꼽을 수 있다.

분수효과는 영국의 경제학자인 존 케인스(John M. Keynes, 1883~1946)가 주장한 이론인데, 그는 불황을 극복하려면 정부 지출을 확대함과 동시에 저소득층 및 중산층에 부과하는 세금을 인하해 민간 소비를 자극해야 한다고 강조했다. 그는 저소득층이 고소득층보다 한계소비 성향이 더 높다는 점에 주목했다. 세금 인하를 통해 가처분소득(개인 소득 중 소비와 저축을 자유롭게 할 수 있는 소득)이 증가할 경우 고소득층보다 저소득층의 소비 증가량이 늘어난다는 의미이다.

저소득층 및 중산층에서 유발되는 소득 증대가 소비 및 생산 증대로 이어지고, 결국 다시 소득이 증대되는 경제의 선순환 고리가 형성되는데, 이 모습이 마치 분수가 분출하는 것과 같다고 했다. 최근 선진국들의 잇따른 낙수효과 정책 실패로 인해 더 주목받고 있는 이론이기도 하다. 그러나 분수효과 역시 단점이 있다. 우선 정부가 저소득층에게 혜택을 주기 위해선 돈이 필요하므로 더 많은 세금을 걷거나 재정 지출을 늘려야 하는 문제가 생긴다. 그렇게 되면 정부 재정에 빨간불이 켜지고 세금이 올라 국민들의 조세부담이 커질 수 있다. 또 수혜를 입은 사람들은 일을 열심히 하지 않고 정부에 의존할 수 있다. 부자에게 더 많은 세금을 걷는다면 해외로 돈이나 일자리가 옮겨갈 가능성도 생긴다. 결국 분수효과도 장단점이 함께 있기 때문에 잘 조절해 정책을 펼치는 것이 중요하다.

28

자유무역 vs. 보호무역

신국제무역이론

새끼를 편애하는 원숭이 엄마

어느 숲속에 어미 원숭이가 새끼 두 마리를 키우면서 살고 있었다. 그런데 같이 태어난 새끼 두 마리 중 유독 한 마리를 더 많이 사랑해 늘 안고 다녔다. 어미의 관심을 받지 못한 다른 새끼 원숭이는 혼자서 외롭게 나무를 오르내리며 스스로 먹이를 찾아야 했다.

그러던 어느 날 이웃 숲에 사는 다른 원숭이들이 습격해왔고, 어미 원숭이는 평소 사랑하는 새끼가 다칠세라 더욱 꼭 껴안고 피해 다녔다. 얼마간 시간이 지난 후 이웃 원숭이들이 물러가고 한바탕 소동이 진정되자 어미 원숭이는 한숨을 돌리며 품에 안고 있던 새끼를 들여다보곤 깜짝 놀랐다. 어미가 너무 꼭 껴안고 도망 다닌 탓에 숨이 막힌 새끼가 그만 죽어 있었던 것이다. 반면 혼자서 이 나무 저 나무를 오르며 먹이를 찾던 다른 새끼 원숭이는 평소처럼 이리저리 피해 다닌 덕에 살아남을 수 있었다.

잘사는 나라 만드는 자유무역

온실에서 자란 화초보다 들판의 야생화가 더 생명력이 강한 법이다. 프랑스의 사상가 장자크 루소는 자식을 불행하게 하는 가장 확실한 방법은 무엇이든지 손에 넣을 수 있게 해주는 일이라고 말했다. 소중한 아이일수록 일정한 거리를 두어야 스스로 시련을 극복하는 힘을 기르고 자신감을 키울 수 있다.

과보호도 나쁘지만 무관심도 나쁘다. 사랑의 본질은 스킨십이므로 많이 안아주고 많이 쓰다듬어줘야 한다. 과보호는 금물이지만 어느 정도의 보호는 필요하다. 이것은 나라와 나라 간에 재화와 서비스가 거래되는 무역에도 적용된다.

무역에는 자유무역과 보호무역이 있는데, 자유무역을 채택한 나라가 훨씬 잘 산다. 자유무역은 정부가 가급적 개입을 삼가는 것이고, 보호무역은 정부가 다양한 정책 수단으로 적극적으로 개입하는 것을 말한다. 경제학자들도 보호무역보다는 자유무역이 자원과 노동력의 생산성을 증가시켜 더 많은 부를 만들어낼 수 있다고 말한다. 2025년 도널드 트럼프 대통령이 무역 관세를 대폭 인상한 미국의 사례가 이를 잘 보여준다. 왜 그런지는 무역의 발생 원인을 뜯어보면 알 수 있다.

우리는 사과를 줄게, 너희는 바나나를 줘

1950년대 초 열대과일인 바나나가 갑자기 시장에 넘쳐나기 시작했다. 그전까지만 해도 국내 재배가 안 돼 부유층 아니면 사 먹기 힘들던 바나나를 보통 사람도 즐길 수 있게 되었다. 어떻게 이런 일이 가능해진 걸까? 그건 바로 한국과 대만이 바나나와 사과를 서로 수출입하기로 합의했기 때문이다. 일종의 물물교환 방식인 '바터(Barter)무역'이다. 이 무역 덕분에 사과만 먹던 한국인과 바나나만 먹던 대만 사람이 사과도 먹고 바나나도 먹을 수 있게 되었다. 어디 그뿐이겠는가. 대만으로 수출 길이 열린 국내 사과 재배 농가들의 소득도 늘어났다. 무역이 발생하는 이유는 국가마다 생산하는 재화와 서비스가 서로 다르기 때문이다. 또한 서로 교역을 하면 자급자족을 할 때보다 더 큰 이득을 얻을 수 있기 때문이다. 우리나라가 바나나를 수입하지 않고 국내 재배를 통해 수요를 충당하는 경우를 가정해보자. 우리나라는 바나나 생산 여건이 맞지 않아 대만산에 비해 맛이나 크기가 훨씬 못할 테고 사과 농가는 수출을 기대하기 힘들어질 것이다. 국내 바나나 가격도 대만산보다 훨씬 비싸질 것이다.

자유무역의 최대 무기는 국제 분업(한국은 사과, 대만은 바나나 생산에 특화)이다. 국제 분업은 주어진 자원을 가장 효율적인 용도와 방식으로 국경을 초월해 활용될 수 있도록 한다.

국제 분업의 이론적 기반을 제공한 것은 18세기 영국의 경제학자 데이비드 리카도의 '비교우위론'(《이솝우화로 읽는 경제 이야기》61쪽 참조)이다. 각 나라가 외국보다 더 낮은 비용으로 생산할 수 있는 상품을 자국에서 충분히 생산해 남는 부분을 수출하고, 대신 생산비가 더 많이 드는 상품은 수입한다면 세계 전체 자원이 보다 효율적으로 이용돼 전 세계적으로 이익이 된다는 것이 비교우위론이다. 여기시 각국이 생산 능력에 따라 특정 상품의 생산에 특화하는 것을 국제 분업이라 하고, 국제 분업에 따라 자유무역이 성립된다는 것이다.

비교우위론은 20세기 초반의 무역 패턴을 명확하게 설명해준다. 산업혁명에 성공한 1910년대 영국은 자신들이 가진 제조업 상품을 주로 수출하고 비제조업 상품을 수입했다. 특화된 제조업 상품은 수출만 되고 특화하지 않은 비제조업 상품은 수입만 되는 양상이었다. 서로 다른 산업 간에 이루어지는 무역의 모습이 뚜렷이 나타났다.

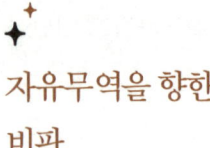

자유무역을 향한 비판

그러나 세상은 변한다. 1990년대 영국은 제조업 상품의 수출·수입이 비슷한 비중으로 동시에 발생하면서 똑같은 산업 내부에서 무역이 이루어지고 있었다. 이는 제조업 상품(특화상품)이 주로 수출만 되었고, 비제조업 상품(비특화상품)은 수입되었던 1910년대와는 다르다. 오늘날 무역의 특징은 경제 수준이 비슷한 국가끼리 교역하고, 같은 산업 안에서도 서로 다른 상품을 수출입하는 형태가 많다는 점이다.

비교우위론으로 이해하기 어려운 이런 무역 패턴을 설명하기 위해 '신국제무역이론'이 등장했다. 이 이론의 핵심은 각국이 모든 면에서 서로 동일하다 해도 국제 무역과 국제 분업이 발생할 수 있다는 것이다. 한국의 삼성전자가 만드는 갤럭시 스마트폰이 미국에 수출되고 미국의 애플이 생산하는 아이폰이 수입되는 것을 보면 현대 무역은 비교우위론보다는 신국제무역이론을 적용할 수 있다.

　다시 바나나 이야기이다. 바나나 수입으로 인해 우리나라 소비자들이 사과나 배 등 전통 과일 소비를 줄인다고 가정해보자. 전국의 과일 재배 농가들이 바나나 때문에 다른 과일이 잘 안 팔린다며 아우성을 칠 것이다. 사실 자유무역은 외국보다 경쟁력이 뒤떨어진 산업 분야의 생산을 줄어들게 해 그 산업에 종사하는 사람들의 일자리를 위협할 수 있다. 또 취약산업의 생산 감소로 물가가 오르기도 한다. 결국 자유무역은 산업이 발달한 선진국에만 유리하게 작용해 세계 빈부의 격차를 확대한다는 비판을 받는다.

국내 산업 보호를 위한
보호무역

이럴 경우 정부가 나서서 보호무역의 칼을 빼어 들 수 있다. 국내 산업을 보호한나는 명분으로 관세율 인상, 수입량을 제한하는 수입할당제, 특정 품목의 수입 제한, 수입 과징금 부과, 수출 보조금 지급 등 외국과의 무역에 국가가 개입해 수입을 제한하는 것이 보호무역이다.

보호무역은 취약한 국내 산업을 보호하고, 경쟁력을 갖출 때까지 성장할 수 있는 시간적 여유를 마련해줄 수 있다. 이건 보호무역을 실시하는 국가 입장에서 보면 엄청난 장점이다. 보호무역 기간 동안 자국 산업이 중흥기를 맞이한다면 강대국으로 도약할 수 있는 발판이 마련된다. 자원이 풍부한 나라는 수출가격을 올리고, 관세 수입이 늘어나 나라 곳간이 풍성해진다.

그러나 보호무역 역시 장점 못지않게 단점도 많다. 무엇보다 소비자들은 값싼 외국 제품 대신 울며 겨자 먹기로 비싼 국내 제품을 쓸 수밖에 없다. 무역 상대국들도 보복에 나서 수입을 제한하면 수출 시장을 잃게 돼 관련 업계의 일자리가 줄어든다. 더 나아가 세계적으로 교역량이 줄어들어 세계 경제가 어려워지고, 이게 부메랑이 되어 보호무역을 실시한 국가로 날아온다.

그러고 보니 국제 무역은 이래도 탈, 저래도 탈이다. 따지고 보면 순수 보호무역, 순수 자유무역은 현실적으로 존재하지 않는다. 역사적으로도 강대국들은 자유무역과 보호무역 사이를 오가며 국제 무역을 쥐락펴락했다. 19세기 세계 최강의 산업국이었던 영국은 자국 수출품이 어떤 시장에서든 경쟁에서 이길 수 있을 것이라는 믿음에서 자유무역 정책을 추구했다. 이와는 반대로 당시 독일과 미국은 상대적으로 취약한 자국 산업을 영국 수출품으로부터 보호하려고 보호무역으로 맞섰다. 제2차 세계대전 이후에는 상황이 바뀌었다. 세계 최강의 산업국으로 부상한 미국은 자유무역을 펴는 반면, 패전국인 독일과 일본은 보호무역을 실시했다. 하지만 1980년대에 상황이 다시 역전됐다. 미국이 보호무역으로 돌아섰고, 독일과 일본은 자유무역을 외쳤다. 그러고 보니 각 나라는 살 만하면 자유무역을, 형편이 어려우면 보호무역을 선호하는가 보다.

신국제무역이론이 비교우위와 다른 점

신국제무역이론은 고전파 무역이론인 비교우위와 달리 같은 종류의 상품 교역이 이루어지는 것을 말한다. 그 이유는 다음과 같다. 현대 기업들은 '독점적 경쟁시장'에 뛰어들 때가 많다. 독점적 경쟁시장은 독점시장과는 달리 기업들이 제품의 차별화로 경쟁한다는 점에서 구별된다. 이는 소비자의 다양한 기호를 충족시키는 역할을 한다. 생산자도 초기 투자비용 같은 고정비가 발생하지만 대량생산에 따라 평균 생산비용이 감소하는 '내부 규모의 경제'가 생긴다. 시장 크기가 작은 경우 비용 차이에 따른 경쟁력 약화를 이겨내지 못하는 기업은 퇴출될 수 있다. 이렇게 되면 소비자들이 누릴 수 있는 '다양성의 이익'은 제한된다. '내부 규모의 경제'와 '소비자들의 상품 다양성 욕구' 사이에서 충돌이 발생하는 것이다.

2008년 노벨경제학상을 받은 폴 크루그먼(Paul Krugman, 1953~)

이 주장한 신국제무역이론은 산업조직이론과 국제무역이론을 결합해 산업의 특성이 국제 무역 패턴을 일으킨다고 설명했다. 그의 신국제무역이론의 핵심이 위에서 설명한 독점적 경쟁시장이다. 크루그먼은 1979년 발표한 논문을 통해 이런 상황에서 상품 다양성을 늘리는 방법은 국제 무역이라고 주장했다. 국제 무역은 시장의 확대를 가져오기 때문이라는 것이다. 국제 무역을 통해 외국 기업이 생산한 상품도 소비함에 따라 상품 다양성이 증가하게 된다는 이야기이다.

게다가 기업들은 시장 크기가 커짐에 따라 생산량을 늘릴 수 있고 평균 생산비용이 감소하는 이점을 누릴 수 있게 된다. 다시 말해 국제 무역은 '내부 규모의 경제' 효과를 증대한다고 볼 수 있다. 이에 따라 상품 가격은 내려가고 국민의 실질임금은 증가하게 된다.

29

블랙 스완과 회색 코뿔소

개방 경제의 그늘

돌발 악재에 당한 애꾸눈 사슴

한쪽 눈이 보이지 않는 사슴이 있었다. 애꾸눈 사슴은 항상 주의를 게을리하지 않았다. 한쪽 눈을 가지고는 무서운 동물이나 사냥꾼들이 다가오는 것을 잘 알 수가 없으므로 더욱 조심스럽게 행동했던 것이다.

그러던 어느 날 애꾸눈 사슴은 어린 나뭇잎을 먹기 위해 바닷가로 나갔다. 사냥꾼이 다가오는지 감시하기 위해 잘 보이는 눈을 육지 쪽으로, 안 보이는 눈을 바다 쪽으로 향하게 했다.

바다 쪽에는 별로 위험한 일이 없을 거라고 생각했던 것이다.

애꾸눈 사슴은 육지를 경계하면서 열심히 나뭇잎을 먹었다.

그런데 배를 타고 그 부근을 지나가던 바다의 밀렵꾼들이 사슴을 발견했다. 밀렵꾼들은 사슴을 향해 살금살금 다가갔다.

그러나 바다 쪽으로 향한 눈은 전혀 보이지 않는 탓에 사슴은 아무런 위험도 없다고 생각하면서 계속 나뭇잎을 먹었다.

밀렵꾼들은 가까이 다가와서 사슴을 향해 화살을 쏘았다.

"이 화살이 어디서 날아왔지?"

애꾸눈 사슴은 깜짝 놀라서 몸을 피했지만 이미 때는 늦었다.

애꾸눈 사슴은 화살을 맞고 이렇게 말했다.

"참으로 억울한 일이구나. 나는 육지 쪽이 위험할 거라 생각해 그쪽을 경계하고, 바다 쪽은 안전할 거라 여겨 마음을 놓고 있었는데 오히려 바다 쪽이 더 위험했다니!"

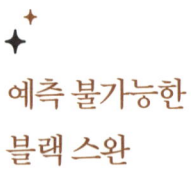

예측 불가능한
블랙 스완

애꾸눈 사슴은 육지만 경계하다가 바다에서 다가오는 밀렵꾼들을 보지 못하고 말았다. 밀렵꾼이 바다 쪽에서 올 줄 전혀 예상하지 못해 꼼짝없이 당하고 만 것이다. 때때로 위기는 가장 안전하다고 믿는 곳에서 발생한다. 우리는 항상 모든 위험에 미리 대비할 수 있어야 한다. 잠시 방심하는 사이에 위기는 찾아오는 법이다

위기에는 두 종류가 있다. 예측 불가능한 위기와 예측 가능한 위기이다. 예측 가능한 위기야 얼마든지 대비할 수 있으니 그 충격을 어느 정도 흡수할 수 있다. 그래서 예고된 위기는 위기가 아니라고 말한다. 문제는 예측 불가능한 위기이다. 이게 진짜 위험하다. 애꾸눈 사슴이 그랬듯이 돌발적 상황이라 꼼짝없이 당하고 만다. 잘 굴러가던 경제에도 가끔 부지불식간에 위기가 어느 날 불쑥 찾아와 나라를 곤경에 빠뜨린다. 요즘은 전 세계적으로 경제의 개방화가 진행되면서 한 나라에 발생한 사건이 엄청난 파장을 일으키기도 한다. 기업들이 장사를 잘하는 일 못지않게 '위기 관리'를 중요한 경영 전략으로 삼는 이유이다.

경제 용어 중에 '블랙 스완(Black Swan)'이란 말이 있다. 블랙 스완은 우리말로 검은 백조란 뜻이다. 모든 백조는 흰색이라는 인식 때문에 검은 백조는 '실제로는 존재하지 않는 어떤 것' 또는 '고정관념과는 전혀 다른 어떤 상상'이라는 은유적 표현으로, 서양 고전에서 사용하던 용어이다. 그러나 17세기 한 생태학자가 실제로 호주에 살고 있는 검은 백조를 발견함으로써 그 의미가 달라졌다. '존재하지 않는 것'에서 '불가능하다고 인식된 상황이 실제 발생하는 것'이란 의미로 변한 것이다.

최초의
블랙 스완 사건

블랙 스완이 금융계에 널리 회자한 것은 레바논 출신의 금융 전문가 나심 니콜라스 탈레브(Nassim Nicholas Taleb, 1960~)가 2007년《블랙 스완》(동녘사이언스, 2018)이라는 책을 출간하면서이다. 탈레브는 블랙 스완의 속성을 세 가지로 정리한다. 첫째, 과거 경험에 비추어볼 때 나타날 가능성이 희박하므로 일반의 기대에서 벗어나는 '통계적 극단값'이 존재한다. 누구도 예상하지 못하는 사건이나 사고라는 의미이다. 둘째, 파괴적이다. 블랙 스완이 출현한 그 나라뿐만 아니라 전 세계로 파급돼 세계 경제와 인간의 삶을 송두리째 바꿔놓을 수 있다. 셋째, 블랙 스완이 출현하면 그제야 원인이 무엇인지 알아내느라 법석을 떤다.

최초의 블랙 스완 사건은 1929년부터 시작된 대공황이다. 그해 10월 24일 뉴욕증권거래소를 강타한 주가 대폭락은 미국 경제를 불황 속으로 밀어 넣었고, 이어 1933년 말까지 거의 모든 자본주의 국가가 여기에 말려들면서 전 세계적인 대공황으로 번졌다. 제1차 세계대전 이후 미국 경제는 겉으로는 번영을 누리는 것처럼 보였지만 만성적인 과잉 생산과 증시 과열로 경제에 거품이 부글부글 끓고 있었는데, 이것이 주가 대폭락을 부른 원인으로 지목

된다. 주가 폭락은 경제의 각 부문에 파급되면서 물가 급락, 생산 축소, 기업 도산, 실업자 급증 등 10여 년 동안 세계 경제를 마비시켰다. 특히 대공황이 한창이던 1933년에는 미국 근로자의 30%인 1,500만 명의 실업자가 쏟아졌다고 한다.

정치적인 블랙 스완 사건도 있다. 2001년 9월 11일 발생한 '9·11 테러'이다. 이슬람 과격 테러 단체인 알카에다의 테러범들이 항공기 4대에 나눠 타고 뉴욕의 세계무역센터 쌍둥이빌딩, 팬타곤 건물 등에 자살 테러를 저지른 사건이다. 이 테러로 미국 전역은 비상사태에 빠졌고, 400억 달러의 긴급 지원금과 111억 달러의 재난 복구 지원금이 투입되는 등 환산하기 어려울 정도의 피해를 입었다. 뉴욕 증시는 테러의 충격으로 4일 동안 폐장됐다. 닷새 만에 장이 열리긴 했으나 다우존스 산업평균 지수는 일주일 동안 14%나 폭락하는 등 60일 동안 하락이 이어졌다.

우리나라가 블랙 스완의 공격 대상이 된 적도 있다. 승승장구하던 우리 경제에 1997년 위기가 닥쳤다. 그동안 기업들이 외국에서 무리하게 돈을 빌려 몸집만 키웠고, 정부는 외환을 제대로 관리하지 못했기 때문이었다. 때마침 태국, 필리핀, 말레이시아 등 동남아 국가들도 외환위기를 겪고 있었는데, 이에 불안해하던 외국인 투자자들이 갑자기 보유 주식을 팔고 투자자금을 빼내가는 바람에 주가가 폭락하고 외환 보유고가 바닥을 드러냈다. 외환이 부족하니 외국에서 빌린 돈을 제때 갚지도 못하고, 물건을 만들 원료를 수입할 수도 없는 등 여러 가지 문제가 생겼다. 나라의 경제가 휘청거리자 문을 닫는 기업과 공장이 늘어나고 직장에서 일자리를 잃는 사람도 많아졌다. 대기업은 절대로 망하지 않는다 던 신화도 이때 깨졌다. 결국 우리나라는 국제통화기금에서 부족한 외환을 빌리고, 관리를 받게 되었다. 이 영향으로 금리가 치솟고, 많은 기업이 외국인 손으로 넘어갔다. 이걸 'IMF 사태', 또는 '환란'이라고 부른다.

IMF의 권고에 따라 기업들은 문어발처럼 벌인 사업을 정리하고, 중심이 되는 사업에만 집중하기 시작했다. 정부는 외국인들이 우리나라에 투자하도록 설득에 나섰다. 국민은 금 모으기 운동을 벌여 정부의 외환 보유고 늘리기에 힘을 보탰다. 한국의 금 모으기 운동은 외국 신문에 크게 보도되면서 국제적인 화제가 되기도 했다. 이러한 노력 덕분에 우리나라는 2001년에 IMF를 졸업했고, 나라 경제도 되살아났다.

이 밖에 1987년 10월 '검은 월요일', 2000년 3월 IT버블 붕괴, 2008년 9월 '서브프라임 모기지 사태', 2012년 6월 유럽재정 위기, 2020년 3월 코로나19 사태, 2022년 2월 우크라이나-러시아 전쟁 등이 경제를 마비시킨 굵직한 블랙 스완 사건이다. 그러고 보니 2000년대 들어 블랙 스완의 출현이 잦아진 것은 주목할 만하다. 이 시기엔 글로벌 경제의 국제화와 동조화가 빠르게 진행됐다. 각국 경제의 칸막이가 낮아지거나 제거되면서 한 사건의 파장이 빠르고 넓게, 그리고 깊게 퍼져 나갔다. 결국 국제화가 블랙 스완이 자라는 토양을 제공한 셈이다.

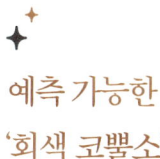

예측 가능한
'회색 코뿔소'

예측이 불가능한 블랙 스완과 달리 예측이 가능한 위기도 있다. 이걸 '회색 코뿔소'라고 한다. 회색 코뿔소는 지속적인 경고로 인해 사회가 충분히 예상할 수 있지만 가볍게 여기거나 무시해서 발생하는 위기를 뜻한다. 코뿔소는 덩치가 커서 멀리서도 쉽게 눈에 띈다. 그러나 멀리 있다고 생각하면 대수롭지 않게 여기기 쉽다. 하지만 코뿔소가 달리기 시작하면 땅이 흔들릴 정도로 위력이 크다. 코뿔소와 부딪히면 위험하다는 것을 알기에 그제야 피하려고 하지만 다가오는 속도가 너무 빨라 아무것도 할 수 없다. 세계정책연구소(WPI) 소장인 미셸 부커가 2013년 다보스포럼에서 회색 코뿔소라는 개념을 처음 제시했다. 가파른 물가 상승, 금리 인상, 가계 부채, 경기 침체, 인구 고령화와 저출산, 국민연금 고갈 등은 누구나 관심을 가지면 알 수 있는 위험이다. 의도적으로 무시하거나 급하지 않다고 미루어 놓았다가 위험이 현실화하면 감당하기 힘든 '회색 코뿔소'가 되는 것이다.

블랙 스완과 회색 코뿔소는 서로 성격이 다르지만 공통점이 있다. 둘 다 거품이 잔뜩 낀 경제 상황일 때 찾아온다는 것이다. 경제의 거품은 부동산이나 주식 같은 투자자산이 만들어낸다. 경기가 좋아지면 시중에 돈이 넘쳐나게 된다. 언론이나 주위에선 장밋빛 전망이 쏟아지면서 사람들의 탐욕에 불을 지른다. 너도나도 돈을 싸 들고 부동산 시장과 증시로 몰려들어 과열 분위기를 조성한다. 아파트값과 주가는 하늘 높은 줄 모르고 치솟는다. 경제의 거품은 이런 식으로 형성되는데, 거품이 낀다는 것은 위험이 차곡차곡 쌓여 폭발하기 일보 직전임을 의미한다. 이런 상황에선 조그만 악재도 충격파를 몰고 와 결국 거품이 '펑' 하고 터지고 만다. 거품이 끼는 도중에 조심하라는 징후가 나타나긴 하지만 사람들은 탐욕에 취하거나 무사안일에 빠져 무시하다가 꼼짝없이 당하고 만다.

새로운 판이 짜여가는 과도기적 현상

어쩌면 블랙 스완과 회색 코뿔소는 과도기적 현상으로도 볼 수 있다. 그전까지 벌여왔던 판이 돌출 악재를 만나 깨지고 새판이 짜인다는 이야기이다. 상처가 난 자리에 새살이 돋는 인체의 자연치유 능력을 닮았다. 1929년에 시작된 대공황은 1939년 제2차 세계대전의 발발로 이어졌다. 한편 한국경제는 1997년 IMF 외환위기를 맞아 큰 충격을 받았지만, 구조조정을 거치며 다시 체질을 정비하게 되었다. 이 과정에서 많은 중산층이 몰락하고 빈부격차가 크게 벌어졌다. 그러나 금융위기 이후 증시가 빠르게 회복되면서 주식투자를 통해 새롭게 부를 축적한 사람들도 적지 않게 등장했다. 2020년 전 세계를 공포에 떨게 했던 코로나19 사태는 얼굴을 맞대지 않고 경제 활동을 하는 '비대면 경제'의 탄생을 불러왔다.

　판이 바뀌면 게임의 룰도 바뀐다. 이때 과거에 쌓아온 기록이나 경험에만 의존한 방식을 고집하는 우를 범해서는 안 된다. 다윈의 '적자생존'은 강한 사람이 살아남는 것이 아니라 변화하는 환경에 가장 잘 적응하는 자가 살아남는다는 말이다. 즉, 환경에 적응하지 못한 사람은 도태되고, 바뀐 룰을 잘 활용하는 사람이 살아남고 승리하게 된다.

블랙 스완 투자법

발생 가능성이 확률적으로 수만, 수천 분의 1에 불과했던 금융위기가 2000년대 들어 툭하면 터졌다는 것은 검은 백조가 불가사의가 아닌 흔한 일이 됐다는 것을 의미한다. 앞으론 검은 백조의 출현이 더욱 빈번해지리라는 걸 어렵지 않게 예상할 수 있다. 전통적인 투자이론은 시세 변동이 사람들이 정상 범위라고 느끼는 영역 안에서 움직일 것이라고 보고, 급격한 변동은 예외적인 현상으로 여겼다. 그러나 앞으론 금융시장의 불안정성을 비정상이 아닌 보편적 과정으로 인식하는 것이 필요하다. 탈레브는 검은 백조의 출현을 예측하는 것이 불가능하다면, 그 사건이 일어날 확률보다는 그로 인해 나타날 결과와 영향에 더 주목하라고 충고한다. 극단적 시세 변동을 포트폴리오의 가치를 결정하는 변수로 고려해야 한다는 뜻이다.

실제 검은 백조는 투자기법으로 활용된다. 시장이 불확실할 때는 중간 위험을 택하지 않고 투자금 대부분을 지극히 안전한 자산에 투자하고, 그 나머지를 옵션 등 투기적인 상품에 투자하는 것을 '검은 백조 투자법'이라고 한다. 이 같은 투자전략은 대체로 약간 손실을 보도록 설계돼 있지만 시장이 폭락하면 큰 수익을 낼 수 있다는 강점을 지니고 있다. 그러나 시장이 안정되면 검은 백조 투자법은 힘을 쓰지 못한다.

30

진짜 부자는 누구?

신부자학 개론

잘 먹는 개가 부럽지 않은 늑대

깜깜한 밤, 배고픈 늑대가 통통하게 살이 찌고 털에는 윤기가 흐르는 개를 만났다. 늑대는 개에게 말했다.

"나는 아무것도 못 먹어서 비쩍 말랐는데, 너는 어찌 된 거니?"

개가 의기양양하게 대답했다.

"나는 먹이를 찾지 않아도 돼. 아늑한 집에서 주인이 주는 먹이를 먹으면 되니까. 대신 그 집에 도둑이 들어오지 못하게 지키는 거지."

늑대는 그건 자기도 할 수 있다며 주인을 소개해달라고 졸랐
다. 개는 늑대의 부탁을 받고 함께 가면서 자기가 주인님께
잘 말해보겠다고 답했다. 주인집으로 가는 도중 늑대는 개의
목에 있는 상처를 보고 궁금해서 물어봤다. 개는 목줄을 차서
생긴 상처라고 대답했다. 그러자 늑대는 가던 길을 멈추고 이
렇게 말했다.

"개 목걸이에 묶인 채 음식을 먹느니 아무것도 먹지 않겠어.
비록 춥고 배고프더라도 자유롭게 돌아다닐 수 있는 지금이
좋아."

부자에 대한
새로운 정의

산과 들에서 사는 늑대는 스스로 먹이를 구해야 생명을 이어갈 수
있다. 그러나 먹이 찾기란 결코 쉬운 일이 아니다. 때로는 사냥에
실패해 쫄쫄 굶어야 할 때도 많다. 그래서 편안하게 주인이 주는
음식을 먹으며 윤택한 생활을 하는 개가 부러웠다. 하지만 그건
구속의 대가라는 것을 알았다. 이 이야기에는 나오지 않지만 개도
자유롭게 사는 늑대가 부러웠을지 모른다. 먹는 문제만 해결된다

면 아마 늑대를 따라나섰을 수도 있었을 것이다.

이 우화를 경제적으로 해석하면 개는 야생의 자유를, 늑대는 안락한 생활을 각각 포기함으로써 둘 다 큰 대가를 치르고 있다고 볼 수 있다. 둘 다 그렇게 성공적인 삶은 아닌 거다.

모든 사람은 부자를 꿈꾼다. 서점에 가보면 주식투자라든가 부동산으로 돈 버는 법에 관한 책이 늘 베스트셀러 순위에서 상위권을 차지한다. 그러나 부자 꿈을 꾸는 사람이 많은 만큼 실제로 부자가 된 사람은 극소수에 불과하다. 대다수의 사람은 그날그날의 먹고사는 문제에 매달려 살아간다. 학업 중인 자녀가 있고 빚이 있다. 노부모를 모시는 가정은 경제적 부담이 커서 허리가 휘어질 정도다. 하루하루 쫓기는 삶이 이어지다 보면 부자 되는 꿈은 죽을 때까지 이룰 수 없을 것처럼 보인다.

독일의 경제학자 카를 마르크스(Karl H. Marx, 1818~1883)는 부(富)라는 것에 개념에 독특한 해석을 내놨다. 부에는 경제적인 것과 실질적인 것 두 가지가 있다는 것이다. 경제적 부란 처분 가능한 자산의 규모라고 정의했다. 집, 자동차, TV 등 당장 팔면 돈이 되는 자산이 바로 일반적으로 생각하는 경제적 부라는 것이다. 이에 반해 실질적 부는 노동시간 이외의 처분 가능한 시간을 의미한다고 주장했다. 쉽게 말해 돈을 버는 데 투입되는 시간이 아니라 하고 싶은 것을 하는 데 사용할 수 있는 시간이 진정한 부이고, 그런 시간이 많은 사람이 부자라는 이야기이다.

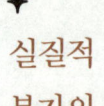

실질적
부자의 삶

앞에 소개한 우화에서 개는 기업체 임원에 비유할 수 있다. 대기업 임원은 보통 월급쟁이와는 비교가 안 될 정도로 임금이 많다. 하지만 밤늦도록 직장에 남아 실적을 올리기 위해 비지땀을 흘려야 하고 주말이나 휴일에도 제대로 쉬지 못한다. 돈은 많이 벌지 모르지만 가처분 시간이 별로 없는 삭막한 삶이다. 반면 늑대는 직장을 관두고 여행을 다니면서 자유롭게 사는 프리랜서의 삶을 닮았다. 기업체 임원만큼 잘살지는 못하지만 벌어놓은 돈을 여가를 즐기는 데 쓰면서 적당히 일도 한다.

개와 늑대 중 누가 더 부자일까? 경제적 부의 관점에서만 보면 개가 더 부자일 수 있다. 그러나 실질적 부의 관점에서 개는 가난하다. 좋은 집에서 살고 주인이 주는 맛있는 밥을 먹지만 목줄을 단 채 하루 종일 도둑 지키는 일을 하며 쉴 시간조차 없기 때문이다. 마음대로 사용할 수 있는 가처분 시간이 없는 것이다. 반면 늑대는 야생에서 살며 개보다 맛있는 음식을 먹지는 못하지만, 자유 시간이 많다. 사냥 시간을 제외하면 대부분의 시간을 자기 마음대로 쓸 수 있다. 늑대는 경제적인 부자는 아닐지 모르지만 실질적인 부자로 볼 수 있다.

물론 현실적으로 우리는 개와 같은 경제적 부자가 되고 싶어 한다. 하지만 부자가 되고 싶은 궁극적인 이유는 돈을 많이 벌어 직장에 매이지 않고 시간을 자유롭게 쓰기 위해서가 아닐까? 돈 없이 원하는 만큼 시간을 맘대로 쓰라는 것은 하나 마나 한 이야기이다. 실질적인 부자가 되려면 경제적인 부를 축적하는 과정을 밟아야 한다. 부모가 상당한 재산을 물려주지 않는다면 일을 해야 돈을 벌 수 있다. 돈은 곧 자유를 가져다준다. 늑대의 자유를 얻기 위해선 개처럼 살아야 하는 건 그래서이다.

따지고 보면 일과 자유는 선택의 문제이다. 둘 다 가질 수 없다는 말이다. 일을 하려면 자유를 포기해야 하고, 자유를 얻으려면 일을 줄여야 한다. 한마디로 '기회비용'이 발생한다. 될 수 있는 한 기회비용을 줄이는 게 합리적인 경제생활이다. 선진사회일수록 일은 줄이고 자유 시간을 늘리는, 마르크스의 실질적 부자의 삶을 추구하는 사람이 늘어나는 추세이다.

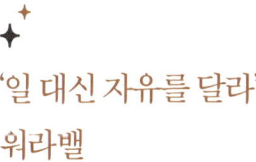

'일 대신 자유를 달라' 워라밸

대표적으로 1970년대 영국에서 태동한 '워라밸'이 있다. 일(Work) 과 사생활(Life)의 균형(Balance)이라는 영문 머리글자를 딴 '워라밸'은 여성이 직장일과 가정일을 모두 하려면 정부와 기업에서 유연한 근무시간제와 출산휴가와 육아휴직 등 모성 보호 관련 휴식 제도를 강화해야 한다는 뜻이었다. 미국에서는 1986년부터 이 용어를 사용하기 시작했으며, 점차 성별이나 결혼 여부와 상관없이 모든 노동자의 근무시간을 직장 생활과 가정생활의 양립을 위해 최적화해야 한다는 의미로 발전했다. 세계 각국에서는 2000년대에 들어 일과 삶의 균형이 사회적 관심사로 떠오르면서 정책화하기 시작했다.

우리나라는 워라밸이 직장 근로자의 생산성 향상에 도움이 된다는 판단 아래 2017년 '일·가정 양립과 업무 생산성 향상을 위한 근무 혁신 10대 제안'을 고용노동부가 발표하기에 이르렀다. 정시퇴근, 퇴근 후 업무 연락 자제, 업무 집중도 향상, 생산성 위주의 회의, 명확한 업무 지시, 유연한 근무, 효율적 보고, 건전한 회식 문화, 연가 사용 활성화, 관리자부터 실천 등이 그 내용이다. 한 여론조사에 따르면 한국인 10명 중 7명이 연봉과 워라밸 중에서 워라밸을 더 중시했다고 한다. 워라밸은 이후 '욜로(YOLO)'와 '파이어(FIRE)'로 발전했다. 두 개념 모두 일하는 시간을 줄이고 자유시간을 늘리는, 말하자면 '늑대의 삶'을 살아간다는 의미를 담고 있다.

 **'욜로' vs. '파이어'**

'인생은 한 번뿐이다'를 뜻하는 '욜로'는 'You Only Live Once'의 머리글자를 딴 용어로 현재 자신의 행복을 가장 중시하며 소비하는 태도를 말한다. 즉, 미래 또는 타인을 위해 희생하지 않고 현재의 행복을 위해 소비하는 라이프스타일이라 할 수 있다.

따라서 욜로를 추구하는 욜로족은 내 집 마련이나 노후준비보다 지금 당장의 삶의 질을 높여줄 수 있는 취미생활, 자기계발 등에 더 많이 투자하는 특징이 있다. 이들의 소비는 단순히 물욕을 채우는 것을 넘어 자신의 이상을 실현하는 과정으로 충동구매와 구별된다. 하지만 일부에선 욜로를 즐기는 젊은이들이 불확실한 미래를 비관해될 대로 되라는 식의 과소비에 열중한다고 비판하기도 한다.

욜로라는 개념은 오래전부터 있었다. '카르페디엠(Carpe Diem, 현재를 즐기며 살아라)'이라는 라틴어에서 알 수 있듯이 현재의 삶을 중시하는 것은 예전부터 중요했다. 욜로가 대중적으로 알려진 표현이 된 것은 미국의 작곡가 드레이크가 자신의 음악에 사용하면서부터이다. 2011년에 발매된 '카더 모토'에 욜로가 나오면서 널리 퍼졌다.

'파이어'는 '경제적 지립(Financial Independence)'을 토대로 자발적 '조기 은퇴(Retire Early)'를 추진하는 현상을 일컫는 용어이다. 파이어를 추구하는 파이어족은 일반적인 은퇴 연령인 50~60대가 아닌 30대 말이나 늦어도 40대 초반까지는 조기 은퇴하겠다는 목표로,

회사 생활을 시작하는 20대부터 소비를 줄이고 수입의 70~80%
이상을 저축하는 등 극단적 절약을 선택한다. 파이어족은 원하는 목
표액을 달성해 부자가 되겠다는 것이 아니라, 조금 덜 쓰고 덜 먹더
라도 자신이 하고 싶은 일을 하면서 사는 것을 목표로 한다. 파이어
족은 생활비 절약을 위해 주택 규모를 줄이고, 오래된 차를 타고, 외
식과 여행을 줄이는 것은 물론 먹거리를 스스로 재배하기도 한다.
파이어 운동은 1990년대 미국에서 처음 등장했으며, 2008년 글로
벌 금융위기 이후 전 세계적으로 확산했다. 특히 글로벌 경제위기
이후 이어진 경기 침체기에 사회생활을 시작한 밀레니얼 세대(1980
년대 초~2000년대 초 사이에 출생한 세대)를 중심으로 미국은 물론 영
국, 호주, 네덜란드 등 전 세계로 퍼져 나갔다. 주로 고학력·고소득
계층을 중심으로 파이어 운동이 확산하는데, 이는 일에 대한 불만족
도, 높은 청년실업률, 경제적 불확실성 확대와 맞물려 동력을 얻고
있다는 분석이다.

Part 4 경제의 미래는 아무도 모른다

사자·당나귀·여우의 3분법

사자와 당나귀 그리고 여우가 우연한 기회에 친구가 되었다. 잘 어울릴 것 같지 않은 조합이었지만, 의외로 사이좋게 지냈다. 의기투합한 이들은 팀을 이뤄 사냥에 나서기로 했다. 여우기 꾀를 내 유인하고 당나귀가 사냥감을 몰아가면 사자가 덮쳐 해결하는 방식이었다. 매우 적절한 역할 분담이어서인지 사냥이 수월했고 많은 먹잇감을 얻을 수 있었다.

사자는 수고 많았다며 당나귀에게 사냥에 성공한 먹잇감을 나

뭐 가질 수 있게 분배하라고 지시했다. 당나귀는 셋이서 사냥을 했으니 먹잇감을 공평하게 3등분해서 똑같이 나눴다.

"사자야, 오늘 사냥한 짐승들을 셋으로 나눴어. 각자 골라 가지면 돼."

당나귀가 나눈 몫을 본 사자는 불같이 화를 냈다.

"이게 공평하게 나눈 거라고? 짐승을 많이 잡은 게 내 덕이지 네 덕인 줄 알았냐?"

그렇게 말하면서 당나귀를 덮쳐 먹어버렸다. 그런 다음 사자는 여우를 쳐다보며 다시 명령했다.

"하여간 조금 잘해주면 제 분수를 모른다니까. 이번에는 여우, 네가 사냥한 짐승들을 나눠봐라."

여우는 자기 몫으로 조금만 떼어놓은 다음 나머지를 한군데에 잔뜩 쌓아뒀다.

"사자님, 다 나눴어요. 이게 제 것이고, 저것이 사자님 몫이에요."

"오, 대단히 지혜롭게 나눴구나. 이렇게 분배하는 걸 누가 가르쳐주더냐?"

여우는 사자의 눈치를 살피면서 조심스럽게 말했다.

"당나귀가 당한 불행을 보면서 지혜를 얻었습니다."

인류의 역사는 공정 분배를 위한
투쟁의 역사

모든 일에는 공과(功過)가 있게 마련이고, 열매도 그에 따라 나눠야 당사자들이 불만 없이 받아들일 수 있다. 그런데 당나귀는 미련하게 똑같이 나누려다 희생됐다. 여우는 사자에 대한 '아부성' 분배로 위기를 모면했다. 힘이 지배하는 동물의 세계에선 공정 분배란 어려운 일인가 보다.

인류의 역사는 모든 사람이 가지고 싶어 하는 것을 어떻게 나누어야 할까를 놓고 벌인 갈등과 싸움으로 얼룩져 있다. 공정성의 핵심은 한정된 자원을 누구도 불만이 없게 나누는 것인데, 이는 현실적으로 불가능한 문제이기 때문이다. 경제학에서도 사람이 살아가는 데 필요한 것을 생산하고 이를 나눠 소비하는 활동인 분배의 공정성에 관한 개념을 정확히 정립하지 못하고 있다. 분배는 경제적인 것뿐만 아니라 사회적·정치적 이해까지도 고려해야 하기 때문이다.

특히 경제적 분배가 잘못되면 소득 불평등 문제가 발생한다. 사회가 불안해지고 경기가 불황에 빠지면 소비 위축으로 헤어나기 어려워진다. 자녀 출산과 교육에 대한 투자가 줄어 경제 성장에도 나쁜 영향을 미친다. 대중영합주의, 즉 '포퓰리즘' 정책이 남발되며 비생산적인 정부 지출도 늘어나 국가 재정을 좀먹는다. 그렇다면 모두가 만족할 수 있는 '공정 분배'는 어떻게 이루어질 수 있을까?

친구와 케이크를 나눠 먹을 때 똑같이 절반으로 나누면 아무런 문제가 없을 것처럼 보인다. 그러나 누가 자르고, 누가 먼저 고르느냐에 따라 공정성 이슈가 불거진다. 예를 들어 내가 좋아하는 초콜릿이 박힌 쪽으로 반을 가른다고 할 때 상대방이 초콜릿을 좋아하지 않으면 별문제가 없지만 좋아한다면 불만을 제기할 것이다. 그러면 내 몫을 절반보다 작게 하고 상대방 몫을 절반보다 크게 한다면 상대방은 초콜릿이 없는 대신 양적으로 보상받았으니 '공정한 분배'라고 할 수 있다. 그런데 만약 케이크를 먹으려는 사람이 여러 명이라면 해법이 아주 복잡해지고, 한 치의 오차도 없는 균등 분할도 어려워진다. 공정이란 이처럼 각자의 입장에 따라 의미가 달라지기 때문이다.

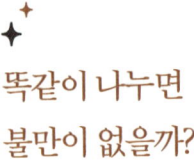

똑같이 나누면
불만이 없을까?

사실 우리의 일상생활에서 가장 많이 활용되는 분배의 원칙은 '균등'이다. 넉넉지 않은 재원을 누구는 많이 주고 누구는 적게 주면 차별 문제가 발생한다. 회사의 어느 부서가 높은 실적을 올려 회식비 50만 원이 나왔는데, 직원 중에 기여도가 작다고 회식에 불참시킬 수는 없는 노릇이다. 그렇다고 기여도가 큰 직원이라고 맛있는 음식을 독차지하면 안 된다. 부서장은 화합을 위해 모든 부서원을 참석시키고 마음껏 하루를 즐길 수 있도록 해야 한다.

분배의 기준이 마땅하지 않을 때는 균등이 대안이다. 가장 간단하고 이해하기 쉽기 때문이다. 그러나 균등 분배는 회식비나 음식값 같은 사소한 사안에서는 효과적일 수 있지만, 이해관계가 얽힌 민감한 사안에서는 문제가 그리 간단하지 않다.

위 우화 속 당나귀는 순진하게 사냥한 먹잇감을 균등하게 나누려다 권력자 사자한테 희생당했다. 사실 각자 맡은 역할에 최선을 다했고 먹잇감도 생겼으니 당나귀의 방식대로 균등 분배가 답이 될 수 있다. 하지만 성과에 대한 참여자들의 개별 기여도나 개별적인 필요성 여부를 감안하지 않는다면 균등 배분은 공정하지 않다. 노력한 대로 보상을 받지 못하고, 참여자의 입장을 헤아려주지 않는 조직에서는 누구도 최선을 다하지 않기 때문이다. 그러면 조직의 활력이 떨어지고 성과도 내지 못하는 악순환에 빠질 가능성이 크다. 공동 생산·공동 분배의 공산주의 경제 시스템을 적용한 북한 사회가 살아 있는 반면교사이다.

우화 속 사자의 입장은 어떨까? 당나귀와 여우가 각자 맡은 역할을 성공적으로 수행해 먹잇감을 얻는 데 공을 세운 건 맞지만 사자는 이들과 다른 대접을 받기를 원했을 것이다. 무엇보다 사자는 덩치가 당나귀나 여우와는 비교할 수 없을 정도로 크다. 따라서 이들보다는 10배, 20배는 먹어야 한다. 이런 사자에게 균등 배분은 '소 귀에 경 읽기'이다. 여우가 사자의 입장을 헤아렸는지는 몰라도 사자의 몫을 크게 해 목숨을 부지할 수 있었다. 그러나 여우는 앞으로 사자와 사냥 게임을 다시는 하지 않을 것으로 보인다. 사자는 배분 방식이 마음에 안 든다고 친구인 당나귀를 죽였고, 먹잇감의 대부분을 차지했기 때문이다. 사자는 앞으로 아무도 도와주는 이 없이 홀로 사냥에 나서야 하는 처지가 될 것이다.

칭기즈칸의 분배 구조 개혁이
몰고 온 결과

이 우화와 비슷한 사건이 중세 몽골에서 벌어졌다. 몽골은 유럽과 아시아를 제패한 초강대국이었지만 12세기에는 인구가 200만 명도 안 되는 가난한 부족국가였다. 그 가운데 군인은 10분의 1인 20만 명 정도였다고 한다. 당시 몽골에서는 부를 축적하는 중요한 수단으로 약탈이 성행했다. 하지만 소수의 귀족만 약탈품을 차지할 권한이 있었다. 부족끼리 전쟁이 벌어지면 적을 섬멸하기보다 약탈에 더 열을 올렸다. 그러다 보니 전쟁에 패한 부족은 물자를 그대로 두고 달아나면 남은 전력을 유지할 수 있었고, 나중에 복수전에도 나설 수 있었다. 이처럼 적의 섬멸보다 약탈에만 집중하게 만드는 분배 구조는 약탈과 복수가 반복되는 악순환을 만들었고, 몽골의 통일을 막는 가장 큰 원인이 되었다.

이때 등장한 인물이 바로 칭기즈칸(Chingiz Khan, 1162~1227)이다. 칭기즈칸은 이런 문제점을 간파하고 분배의 규칙에 수술을 가했다. 전쟁이 완전히 끝날 때까지 개인적인 약탈을 전면 금지하고, 이를 어기면 큰 벌을 내렸다. 전쟁이 끝나면 약탈한 물건들을 한곳에 모아 각자의 역할과 전공에 따라 공정하게 분배했다. 심지어 이전의 전쟁에서 숨진 전사의 유족들에게까지 전리품이 배분되었다. 규칙 하나를 바꿨을 뿐인데도 칭기즈칸의 군대는 몽골의 최강자로 거듭났다. 군사들은 공을 세운 대로 전리품을 받을 수 있어 약탈보다 적을 섬멸하는 데 더욱 힘을 쏟았다. 전사한 군인의 유족에게도 전리품을 나눠준다는 믿음은 목숨을 아끼지 않고 싸우게 만들었다.

공정 분배 전략은 세대를 거듭할수록 강력한 군대를 만드는 원동력이 됐다. 이는 나라를 부강하게 만들고 풍요로운 분배를 가져오는 선순환을 일으켜 몽골이 세계 최강의 제국으로 발돋움하는 데 한몫했다.

소득 불평등 문제를 해소할 수 있을까?

사람은 철저하게 자신의 이익만을 따지는 '이기적인 존재'가 아니라 '공정함을 함께 추구하는 존재'이다. 정당한 분배가 이루어지지 않는 경제 구조에서는 사람들이 노력하지 않게 되고 아예 포기하는 일도 생긴다. 이런 현상이 경제 전반으로 퍼지면 생산성이 크게 떨어지고, 장기적인 성장 동력은 사라질 수밖에 없을 것이다.

불행히도 우리나라는 정당한 분배가 이루어지는 경제와는 거리가 있다. 국제통화기금에 따르면 우리나라의 고용시장은 비정규직과 정규직으로 양분돼 소득 분배의 공정성이 악화하고 있다. 2023년 기준 대기업 비정규직 임금은 대기업 정규직의 67%이고 중소기업 비정규직은 44%였다. 이를 시정하기 위해 IMF는 비정규직을 정규직으로 전환하는 노동 개혁을 권고했다. 아울러 직무·성과 중심의 급여 체계 확대, 정년 연장, 여성의 노동시장 참여율을 높여야 한다고 지적했다.

우리나라는 '금수저·흙수저'란 말이 유행할 만큼 소득 불평등으로 인한 청년세대의 좌절감이 크다. 공교육 시스템이 젊은이들을 적성과 능력에 맞는 인재로 키우는 역할을 하는지 돌아봐야 한다. 그래서 부모가 아닌 자신의 노력으로 원하는 삶을 살아갈 수 있도록 해야 한다. 청년실업률이 꽤 높다. 대학교육을 개혁해 학생들의 구직을 도와주는 지식과 기술을 가르치고 그들이 졸업 후 능력을 발휘할 수 있도록 노동시장 여건도 개선해야 한다.

우리나라는 선진국에 비해 조세 및 소득 이전 제도를 통한 소득 재분배 기능이 부족하다. 취약계층을 위한 사회안전망을 확대하고 복지 지출을 늘려가야 한다. 사회복지 재원을 확보해 소득 재분배 강화를 위한 조세제도 개혁에도 나서야 한다. 이런 과정을 통해 '공정한 분배와 지속 가능한 성장'을 위한 경제발전 모델을 만들 수 있다.

32

경제의 미래는 아무도 몰라
슈뢰딩거의 고양이

제 앞가림 못하는 점쟁이

점을 잘 치는 점쟁이가 있었다. 그 점쟁이는 찾아오는 손님에게 돈을 받고 미래를 예언해주면서 생활을 꾸려나갔다. 마을 사람들은 어렵고 괴로운 일이 있거나 혹은 어떤 일을 결정하기가 힘들 때 점쟁이를 찾아가 점을 보았다. 점쟁이는 다행히 앞날을 잘 맞힌다고 입소문이 나서 날이 갈수록 많은 사람이 찾아왔다. 때로는 신분 높은 정치가나 돈이 많은 상인까지도 점쟁이를 찾아와 중요한 문제를 의논하곤 했다. 그러던 어느 날 점쟁이는 점을 보러 찾아온 사람에게 말했다.

"당신은 오늘 별로 운이 좋지 못하구려. 여행을 떠나는 일은 뒤로 미루는 것이 좋겠소."

또 다른 사람에게는 이렇게 말했다.

"조금만 기다리면 당신에게 커다란 행운이 찾아올 거요. 어려운 일이 있더라도 참고 기다리구려."

점쟁이는 찾아온 사람들의 앞날을 척척 예언하면서 자신 있게 충고해주었다. 마을 사람들은 그의 말을 듣고 고개를 끄덕이면서 돌아갔다. 그런데 갑자기 점쟁이의 이웃에 사는 사람이 숨을 헐떡이면서 달려오더니 큰 소리로 외쳤다.

"여보게 자네 집에 도둑이 들었다네. 대문이 활짝 열려 있고 집 안에 있는 물건도 몽땅 없어졌다는군."

점쟁이는 그 말을 듣고 깜짝 놀라 멍하니 서 있기만 했다.

"왜 가만히 서 있는 건가? 어서 집으로 가야지. 빨리 서두르게나."

이웃 사람의 재촉을 받은 점쟁이는 그제야 정신이 들어 다급히 집으로 달려갔다. 점쟁이의 뒷모습을 보면서 그때까지 점을 치기 위해 줄을 시시 기다리던 사람들은 저마다 한 마디씩 소리쳤다.

"이제부터는 다른 사람의 미래를 알고 있다고 잘난 척하지 마시오. 정작 자신에게 닥칠 일도 모르면서 말이오."

슈뢰딩거의 고양이는
죽었을까, 살았을까?

점쟁이는 점을 잘 친다고 소문이 났지만 정작 자기의 앞날에 대해서는 아무것도 몰랐다. 앞날이 어떻게 될지는 누구도 알 수 없다. 미래는 불확실하고 아무도 모른다. 그래서 미래를 예측하는 일은 이 세상에 나와 있는 온갖 이론이나 기법을 동원해도 틀릴 수밖에 없다. 오죽하면 미래를 예측하는 최선의 방법은 미래를 창조하는 것이라는 말이 나왔겠는가. 미래 예측의 부정확성을 설명하는 물리학 이론 중에 '슈뢰딩거의 역설'이 있다. '슈뢰딩거의 고양이'로 더 잘 알려져 있다.

오스트리아 물리학자 에르빈 슈뢰딩거(Erwin Schrodinger, 1887~1961)는 1935년 양자역학의 불완전성을 증명하기 위한 실험을 했다. 철로 만든 상자 안에 고양이를 가두고 방사성 물질이 들어 있는 가이거 계수기, 계수기와 연결된 망치, 독가스가 들어 있는 유리병을 넣었다. 한 시간 안에 핵이 붕괴할 확률은 50%, 즉 반반이다. 만약 핵 장치가 폭발하면 망치가 유리병을 깨뜨리고 독가스가 방출되어 고양이는 죽게 된다. 고양이가 죽을 확률과 살아 있을 확률은 각각 50%이다. 상자를 열어 확인하기 전까지 죽은 상태와 살아 있는 상태가 동시에 존재한다고 볼 수 있다. 양자역학에서는 이 상태를 '고양이가 반은 살았고, 반은 죽었다'라고 표현한다. 즉, 고양이는 죽었는지 살았는지 모르는 불확실한 상태로 존재한다는 이야기이다. 슈뢰딩거는 죽었으면서 동시에 살아 있는 고양이는 존재하지 않고 고양이의 생사 여부는 뚜껑을 열어봐야 알 수 있다고 말했다. 양자역학도 이 고양이의 상태와 마찬가지로 불완전하고 현실적이지 않다는 것이다. 한마디로 현재 상태를 정확히 알고 자연현상을 지배할 수 있다면 미래를 100% 예측할 수 있다는 물리학적 가설이 틀렸음을 보여준다. 즉, 미래는 아무도 알 수 없다는 사실을 설명한다.

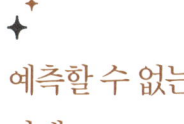

예측할 수 없는 미래

슈뢰딩거의 역설은 경제학으로 넘어와 미래의 경제 예측이 틀릴 수밖에 없는 이유를 설명하는 근거로 사용되고 있다.《10년 후 미래》(청림출판, 2011)를 쓴 대니얼 앨트먼 뉴욕대학 교수는 슈뢰딩거의 고양이를 거론하며 "세계 경제를 예측하는 일도 이와 비슷하다"라고 토로했다.

의사는 어떤 불치병에 걸린 사람이 대략 몇 개월 후에 죽는지 예측한다. 대개 그 예측은 들어맞는다. 의학을 비롯한 과학 분야는 전문가 의견이 일치할 때가 많고 예측의 정확성이 상당히 높다. 하지만 경제는 다르다. 전문가들의 예측이 실제와는 거꾸로일 때가 많다.

지난 2019년 말 우리나라 중앙은행인 한국은행과 국책 연구기관인 한국개발연구원(KDI), 기획재정부는 2020년 경제성장률 예측치를 발표했다. 한국은행과 KDI는 경제가 전년에 비해 2.3%, 기재부는 2.6% 성장할 것이라고 내다봤다. 그러나 2020년이 시작되자마자 코로나19 팬데믹이 터졌다. 두 달 앞도 내다보지 못한 예측은 무용지물이 됐다. 경제 예측 실패는 이전에도 많았다. 1920년대 미국 대공황, 1970년대 석유 파동, 2008년 글로벌 금융위기를 예측한 전문가는 거의 없었다. 지난 2022년 말에는 미국의 금리 인상으로 2023년 미국 경기가 침체에 돌입할 것이라고 예측됐으나 실제로는 GDP(국내총생산)가 1분기 2.0%, 2분기 2.1%, 3분기 5.2% 각각 상승한 것으로 나타났다.

왜 이렇게 책임 있는 정부 기관, 세계적인 경제학자, 주식시장의 손꼽히는 투자 전문가의 경제 예측이 터무니없이 빗나가는 것일까?

가장 큰 이유는 경제는 인간의 행동과 심리 변화에 절대적 영향을 받기 때문이다. 행동 주체인 개인의 변덕은 죽 끓듯 한다. 심리와 행동이 시시때때로 변한다는 말이다. 지구상에는 80억 명에 가까운 인구가 살고 있다. 개인들을 자극하는 외부 변수 역시 무한하게 존재한다. 수많은 변수는 부동산, 주식, 환율, 금리, 무역, 경제 패턴을 돌변하게 만든다.

인간의 행동과 심리가 날것으로 표출되는 곳이 증시이다. 증시는 대중 심리에 따라 움직인다. 대중 심리에 변화가 생기면 증시는 즉각적으로 영향을 받는다. 주가를 '경제의 선행 지표'라고 하는 이유가 여기에 있다. 보통 주가가 경제보다 6개월 정도 앞서간다고 한다. 시장 분위기 변화에 투자자들이 대응할 수 있는 즉각적인 방법이 주식을 사고파는 것이어서 이런 말이 나온 듯하다. 하지만 시장의 변화에도 불구하고 경제 기조(펀더멘털)의 변화는 상당히 뒤늦게 나온다. 시장이 변하는 시점과 경제 전문가들이 이를 뒷받침하는 데이터가 제시되는 시점 사이에 큰 시간 편차가 있다. 전문가들이 경기가 침체에 빠져들 것이라고 예고할 때쯤이면 이미 경기는 침체의 정점에 있다. 아마 전문가들은 경제 상황을 가장 마지막으로 알아차리는 집단일지도 모른다.

뒷북치는
전문가들

전문가들이 뒷북치는 가장 큰 이유는 우선 경제 예측의 근거가 되는 분석 자료들이 모두 '흘러간 노래'라는 점을 들 수 있다. 과거 정보로 한 번도 가보지 않은 앞날을 내다본다는 것은 '백미러를 보면서 운전하는 것'과 다를 바 없다. 또 경제 주체들이 합리적 기대에 따라 미리 반응하는 것도 예측력을 약화한다. 예를 들어 경기 부진이 예상될 때 정부가 경기부양책을 추진하고, 기업과 가계는 경기 침체에 따르는 대응책을 마련하기 때문에 미래 상황은 달라질 수 있다. 예를 들어 경기 침체일 때 정부는 금리를 인하해 시중의 돈줄을 풀 가능성이 크다. 풀린 돈은 증시로 몰려들고 소비 심리를 부추긴다. 소비가 늘면 기업들의 투자가 증가해 경제가 좋아진다. 이렇게 되면 금리를 내리기 어려워진다. 만약 경제가 좋아지는 상황에서 금리를 내리게 되면 인플레이션이 고개를 든다. 결국 정부는 금리 인하 카드를 슬그머니 접는다. 정부의 금리 인하 방침에 따라 경제가 호전되리라는 예측도 빗나갈 수밖에 없다.

누구도 현재의 경제 상태를 정확히 알 수 없다는 점도 예측의 한계로 작용한다. 지금의 국내외 경기 상황을 반영한 경제지표들은 빨라야 한두 달 뒤에나 산출되는데, 전망치는 최근 상황의 연장선상에 놓여 있기가 쉽다. 다시 말해 전망 시점에서 가장 가까웠던 시기의 경기 상황에 영향받기 때문에 경기 상황이 좋을 때는 앞날을 너무 좋게 보고, 나쁠 때는 너무 부정적으로 판단하는 오류가 생기게 된다. 지난 1997년 IMF 외환위기나 2008년 글로벌 금융위기 때 그 직전의 경제 전망은 항상 장밋빛이었다.

그러면 자꾸 틀리기만 하는데 경제 전망을 그만둬야 할까? 그렇지 않다. 틀릴 게 뻔한데도 경제 전망은 필요하다. 제시된 경제 예측을 토대로 정부는 정책을 수립하고 기업과 가계는 사업계획과 예산을 짠다. 경제 예측이 없으면 나라가 굴러가기 어렵다.

다만 전망 수치 자체보다는 그 근거에 주목할 필요가 있다. 이를테면 한국은행이 올해 경제성장률을 예상하면서 변수로 러시아-우크라이나 전쟁, 금리, 반도체를 꼽았다고 하자. 성장률보다는 러시아-우크라이나 전쟁이 어떻게 전개될 것인지, 금리 인하는 언제쯤 실행될 것인지, 반도체 경기의 회복 시점은 언제인지 등 '줄거리'를 더 눈여겨봐야 한다는 이야기이다.

점사가 잘 맞지 않다는 걸 알면서도 사람들이 점집에 가는 이유는 불안감을 걷어내고 안심과 확신을 얻기 위해서이다. 미래를 낙관하고 매사에 신중하게 행동해서 나쁠 건 없다. 경제 전망도 틀리건 맞건, 인간의 삶에 도움이 된다. 경제가 좋아진다고 하면 암울한 현실에서 꿈을 꿀 수 있고, 나빠진다고 하면 대책을 세울 것이다. 경제 예측이 의미가 있는 이유이다.

'세트리스 파리부스'와 '복합계 경제학'

'세트리스 파리부스(Ceteris Paribus)'라는 경제학 용어가 있다. 라틴어로 '다른 조건이 동일하다면'이라는 뜻이다. 이는 어떤 변수의 변화가 결과에 미치는 영향을 분석할 때, 다른 모든 요인은 변하지 않는다고 가정하는 방법이다.

예를 들어 가격이 상승하면 수요가 감소한다는 법칙은 세트리스 파리부스 조건을 전제로 한다. 즉, 소비자의 소득, 취향, 대체재의 가격 등 다른 요소들이 모두 동일하다는 가정 아래에서만 성립한다. 현실에서는 이러한 조건이 완벽히 유지되기 어렵지만, 이 가정을 통해 경제학자는 복잡한 현실을 단순화해 핵심적인 인과관계를 도출할 수 있다.

그러나 이 개념에는 한계도 존재한다. 실제 경제는 수많은 변수가 동시에 변하는 복합적 시스템이기 때문에, 세트리스 파리부스 가정은 현실을 지나치게 단순화할 위험이 있다. 금융시장처럼 상호작용이 강한 영역에서는 하나의 변수 변화가 다른 변수들을 연쇄적으로 바꾸므로 단순한 인과관계로 설명하기 어려울 때가 많다.

이런 세트리스 파브리스의 한계를 극복하기 위해 '복합계 경제학'이 등장했다. 복합계 경제학은 경제를 단순한 기계적 시스템이 아니라 수많은 구성요소가 상호작용하며 끊임없이 변화하는 복잡한 시스템으로 이해하려는 접근이다. 전통적인 경제학이 합리적 개인과 균형 상태를 중심으로 분석했다면, 복합계 경제학은 비합리성, 네트워크 효과 그리고 예측 불가능성을 중요한 요소로 본다. 이는 복잡계 이론의 영향을 받아 발전한 분야로, 경제 현상을 생태계처럼 살아 움직이는 과정으로 해석한다.

여기서는 경제 주체들이 서로 독립적으로 행동하지 않고, 끊임없이 영향을 주고받으며 집단적 패턴을 만들어낸다고 본다. 예를 들어 금융시장에서는 투자자들의 기대와 심리가 상호작용하면서 가격이 급등하거나 급락하는 현상이 나타난다. 이러한 현상은 단순한 수요와 공급의 균형만으로 설명하기 어렵고, 다수의 행위자가 만들어내는 비선형적 결과로 이해된다.

복합계 경제학을 바탕으로 한 개인 투자전략은 시장을 '예측 가능한 공식'이 아니라 '끊임없이 변하는 생태계'로 보는 데서 출발한다. 따라서 한 가지 지표나 이론에만 의존하기보다 다양한 정보와 흐름을 함께 살피는 것이 중요하다.

우선 투자 자산을 분산해 예상치 못한 충격에 대비해야 한다. 시장은 여러 투자자의 심리와 행동이 얽혀 급변하므로 특정 자산에 집중하면 위험이 커진다. 또한 단기적인 가격 변동에 휘둘리지 말고 큰 흐름과 구조적 변화에 주목해야 한다.

아울러 군중 심리에 휩쓸리지 않는 태도도 중요하다. 많은 사람이 동시에 같은 방향으로 움직일 때 시장은 과열되거나 급락할 가능성이 크다. 복합계 관점에서는 이러한 집단행동이 가격을 왜곡시킬 수 있다고 보기 때문이다.

결국 핵심은 유연성이다. 상황에 따라 전략을 조정하고, 확실한 예측보다 다양한 가능성에 대비하는 것이 장기적으로 안정적인 투자로 이어진다.